高等职业教育高水平专业群创新系列教材·汽车类

汽车发动机电控系统检修

主　编　金艳秋　王丽梅　李　晗
副主编　张凤云　张　金　郭大民

北京理工大学出版社
BEIJING INSTITUTE OF TECHNOLOGY PRESS

内容简介

本书是在学习德国汽车职业教育的先进理念，深入分析汽车维修企业的岗位能力需求的基础上，结合汽车运用与维修技术"1+X"标准和汽车技术技能大赛，联合企业共同开发的基于工作过程的项目化教材。教材涵盖丰富的图片、动画、微课、实操等教学资源，设计三段（课前、课中、课后）六环节（领任务、明作用、懂原理、会检测、能维修和善分享）教学环节，紧跟"1+X"考核要点，根据每个任务设计检修作业工作流程手册和学生工作活页。

本书由现代汽车发动机电控系统维修工作中的典型工作项目构成，共包括6个模块27个工作任务（模块五、六以二维码体现）。全书涵盖38个企业案例、27个项目的学生工作活页、27个项目的企业检修工作手册、27套项目测试题、64个微课和28个课程思政微视频，融入维修企业新技术、新标准、新规范知识达14个。

本书可作为高等职业院校汽车检测与维修技术及相关专业的教材，也可作为中等职业学校汽车相关专业及企业汽车技术培训的教材，还可作为汽车维修及工程人员的参考用书。

版权专有　侵权必究

图书在版编目（CIP）数据

汽车发动机电控系统检修 / 金艳秋，王丽梅，李晗主编. -- 北京：北京理工大学出版社，2021.11
　ISBN 978-7-5763-0623-1

Ⅰ. ①汽⋯　Ⅱ. ①金⋯ ②王⋯ ③李⋯　Ⅲ. ①汽车—发动机—电子系统—控制系统—检修—教材　Ⅳ. ①U472.43

中国版本图书馆 CIP 数据核字 (2021) 第 225861 号

出版发行	/ 北京理工大学出版社有限责任公司
社　　址	/ 北京市海淀区中关村南大街5号
邮　　编	/ 100081
电　　话	/（010）68914775（总编室）
	（010）82562903（教材售后服务热线）
	（010）68944723（其他图书服务热线）
网　　址	/ http://www.bitpress.com.cn
经　　销	/ 全国各地新华书店
印　　刷	/ 河北盛世彩捷印刷有限公司
开　　本	/ 787毫米 × 1092毫米　1/16
印　　张	/ 19
字　　数	/ 423千字
版　　次	/ 2021年11月第1版　2021年11月第1次印刷
定　　价	/ 59.80元

| 责任编辑 / 封　雪 |
| 文案编辑 / 封　雪 |
| 责任校对 / 刘亚男 |
| 责任印制 / 李志强 |

图书出现印装质量问题，请拨打售后服务热线，本社负责调换

前 言

本教材的编写认真贯彻党的二十大精神和中共中央办公厅、国务院办公厅《关于推动现代职业教育高质量发展的意见》及全国职业教育大会精神，以企业岗位能力为导向，以培养学生综合职业能力为目标，以企业实际工作中典型工作任务为载体，按照汽车维修企业中发动机电控系统维修作业的规律来设计，旨在使学生熟悉汽车维修工作的基本要求和基本规范，学会发动机电控系统维修的基本技能，掌握汽车发动机电控系统故障诊断及排除的一般方法和规律，并养成良好的职业习惯。在编写过程中，充分考虑了目前国内职业教育的特点，力求从生产一线对汽车维修人才知识、能力的需要出发，本着理论知识必需、够用的原则，以完成具有职业特征的典型工作任务为学习目标，强化技能操作标准流程和规范，加强劳动教育和工匠精神培养。

本教材配套课程按照工学结合的课程开发理念，采用项目引领任务驱动的教学模式，精心设计了三段（课前、课中、课后）六个（领任务、明作用、懂原理、会检测、能维修和善分享）教学环节任务，作为一门理论性和实践课都很强的课程，以4S店故障案例为载体，配套丰富的图片、动画、实操视频等。通过本课程的学习，可掌握汽车发动机各系统的基本工作原理、结构组成和各系统之间的关系，以及实车检修标准化操作检修流程；掌握故障诊断方法和故障排除的操作流程，为将来的职业发展打下坚实的基础。课程将学习过程、工作过程以及学生能力发展联系起来，满足教学课前、课中、课后三段式学习，从理论到实操再到应用，逐步突破教学重难点。过程中培养了学生自主学习的能力，并介绍了汽车的最新技术，使学生适应职业发展需求。

本教材以汽车运用与维修技术"1+X"标准的初级、中级、高级三维目标为依据，紧跟"1+X"考核要点和全国职业院校汽车技术技能大赛，岗位赛证融通，根据每个任务设计检修作业工作流程手册和学生工作活页、教师评价活页。

本教材的编写得到了辽宁众志成汽车销售服务有限公司、辽宁和兴大众汽车销售服务

有限公司、沈阳广通行汽车服务有限公司、辽宁鑫迪汽车销售服务有限公司的大力支持，在此表示衷心的感谢。

本教材由辽宁省交通高等专科学校金艳秋、王丽梅、李晗担任主编，由辽宁省交通高等专科学校张凤云、辽宁农业职业技术学院张金、辽宁省交通高等专科学校郭大民担任副主编，参加编写的还有黄艳玲、惠有利、王立刚、宋孟辉、卢中德、周正等。

由于时间仓促和编者水平有限，书中出现不妥与疏漏之处在所难免，恳请使用本教材的广大读者批评指正。

编　者
2022 年 5 月 22 日于沈阳

目 录

模块一　认识汽油发动机电控系统 ················· 1
　　任务1.1　汽油发动机电控系统元件识别 ················· 3
　　任务1.2　发动机电控系统常用检测设备的使用 ················· 14

模块二　发动机进气控制系统检修 ················· 28
　　任务2.1　认识空气供给系统 ················· 30
　　任务2.2　进气流量传感器检修 ················· 40
　　任务2.3　进气压力传感器检修 ················· 54
　　任务2.4　进气温度传感器检修 ················· 62
　　任务2.5　电子节气门检修 ················· 74
　　任务2.6　加速踏板位置传感器检修 ················· 88
　　任务2.7　可变进气系统检修 ················· 97
　　任务2.8　可变配气系统检修 ················· 109
　　任务2.9　废气涡轮增压系统检修 ················· 126

模块三　发动机电控燃油供给系统检修 ················· 142
　　任务3.1　认识燃油供给系统 ················· 144
　　任务3.2　燃油系统压力检测 ················· 155
　　任务3.3　电动燃油泵检修 ················· 163
　　任务3.4　喷油器检修 ················· 173
　　任务3.5　直喷燃油供给系统检修 ················· 186

  任务3.6 冷却液温度传感器检修 ··· 207

  任务3.7 氧传感器检修 ··· 217

模块四 发动机电控点火系统检修 ·· 233

  任务4.1 认识发动机点火系统 ·· 235

  任务4.2 点火线圈检修 ··· 254

  任务4.3 曲轴位置传感器检修 ·· 269

  任务4.4 凸轮轴位置传感器检修 ··· 279

  任务4.5 爆震传感器检修 ·· 288

模块五 发动机排放控制系统检修 ·· 297

模块六 发动机电控系统常见故障诊断 ·· 297

参考文献 ··· 298

模块一 认识汽油发动机电控系统

模块简介

随着排放法规要求的不断提高和汽车电子技术的飞跃发展,发动机电控系统技术日新月异。发动机电控系统的首要任务,是根据各种性能指标来确定发动机系统的最佳特性,使发动机具有较大的柔性,可以相应于各种工况、环境和状态,自动作响应调整和补偿,使发动机始终在最优状况运行。随着汽车技术的不断发展,汽车维修工作的技术难度不断提高。

本模块包含两个学习任务,即汽油发动机电控系统元件识别和发动机电控系统常用检测设备的使用。

学习目标

★ 知识目标

1. 了解发动机电控系统的基本组成和分类(×初级)。
2. 熟悉发动机电控系统的基本控制原理(×初级+大赛)。
3. 能够说出电控系统的基本组成和各部分的基本功用(×初级+大赛)。
4. 能够掌握电控系统检修的基本工具(×中级+大赛)。

★ 能力目标

1. 能够正确识别发动机电控系统(×初级)。
2. 能够正确找到发动机各系统的元部件的位置(×初级+大赛)。
3. 能快速查询汽车维修资料、技术服务信息、用户手册和保养手册(×高级+大赛)。
4. 学会基本检测工具的使用方法(×初级+大赛)。
5. 能使用故障诊断仪或解码器对车辆进行基本检查,读取故障码,了解和读取相关元件的基本数据流(×高级+大赛)。

★ 素质目标

1. 能够制订工作计划，独立完成工作学习任务。
2. 能够在工作过程中与小组其他成员合作、交流并进行学习任务分工，具备团队合作和安全操作的意识。
3. 养成服从管理、规范作业的良好工作习惯。
4. 培养安全工作的习惯。

★ 思政目标

1. 爱国守法、崇德向善、诚实守信。
2. 爱岗敬业、积极进取、团结协作。
3. 热爱劳动、沟通流畅、勇于创新。
4. 精益求精、工匠精神、7S 管理。

任务 1.1　汽油发动机电控系统元件识别

任务描述

1. 任务要求
一辆宝来轿车,需要对发动机电控系统进行全面的检查,确认每个元器件的位置。

2. 任务目标
(1)掌握汽油发动机电控系统的功用和组成(×初级+大赛)。
(2)能够准确找到汽油发动机电控系统各元件的位置(×初级+大赛)。

3. 任务分组
对班级学生进行分组,6～8人一组,利用随机抽签的方法抽取本项目的项目经理。分组完成后,有序坐好,小组讨论制定组名、组训,营造小组凝聚力和文化氛围,并确定任务分工,完成任务单的填写。任务实施过程中,采用班组轮值制度,学生轮值担任项目经理、机电维修工程师、质检工程师、前台接待等角色,每个人都有锻炼组织协调项目管理、项目实施、项目验收能力的机会。通过小组协作,培养学生团队合作、互帮互助的精神和协同攻关的能力。

任务资讯

众所周知,汽车发动机的运行工况是多变的,要求电子控制单元具有强有力的综合处理功能,才能使发动机在各种运行工况下实现全面优化运行,从而提高发动机性能。

一、电控技术对发动机性能的影响

电控技术在发动机上的使用,使得发动机的性能得以大大改善,主要体现在以下几方面:

1. 提高发动机的动力性
在汽油发动机上,部分发动机采用了进气控制系统来提高充气效率,如可变进气系统、可变配气系统、废气涡轮增压等,电控系统可保证进入发动机气缸的空气得到充分利用,从而提高发动机的动力性。

2. 提高发动机的燃油经济性
在各种运行工况和运行环境下,电控系统均能精确控制发动机工作所需的混合气浓度,使燃烧更完全、燃油利用更充分,从而提高发动机的燃油经济性。

3. 降低发动机的排放污染

电控系统对发动机在各种工况和环境下的运行进行优化控制，提高了燃烧质量，同时各种排放控制系统在汽车上的应用都使发动机的排放污染大大降低。

4. 改善发动机的加速和减速性能

在加速或减速运行的过渡工况下，电子控制单元的高速处理功能，使控制系统能够迅速响应，使汽车的加速或减速反应更加灵敏。

5. 改善发动机的起动性能

在发动机起动和暖机过程中，控制系统能根据发动机温度变化，对进气量和供油量进行精确控制，从而保证发动机顺利起动并平稳经过暖机过程，可明显改善发动机的低温起动性能和热机运转性能。

此外，电控系统对发动机各种运行工况的优化控制和电控系统的不断完善，使发动机的故障发生率大大降低。自我诊断与报警系统的应用，提高了故障诊断的速度和准确性，缩短了汽车因发动机故障而停驶的时间，具有良好的社会效益和经济效益。

汽油发动机管理系统主要控制功能

二、发动机电子控制系统

目前，汽车上广泛应用的是集中控制系统，应用在发动机上的电子控制系统主要包括电控进气控制系统、电控燃油供给系统、电控点火系统和其他辅助控制系统等。

1. 电控进气控制系统

电控进气控制系统的功能是根据发动机转速和负荷的变化，对发动机进气进行控制，以提高发动机的充气效率，从而改善发动机的动力性。现代汽车发动机为了提高进气质量，采用可变进气系统、可变配气系统和增压控制系统。

2. 电控燃油供给系统

电控燃油供给系统的功能是电子控制单元（ECU）主要根据进气量、发动机转速确定基本的喷油量，再根据其他传感器（如冷却液温度传感器、节气门位置传感器等）信号对喷油量进行修正，使发动机在各种工况下均能获得最佳浓度的混合气，从而提高发动机的动力性、经济性和排放性。此外，电控燃油喷射系统还包括喷油正时控制、断油控制和燃油泵控制。

3. 电控点火系统

电控点火系统的主要功能是实现对点火提前角的控制。该系统根据各相关传感器信号，判断发动机的运行工况和运行条件，选择最理想的点火提前角点燃混合气，从而改善发动机的燃烧过程，以实现提高发动机动力性、经济性和排放性的目的。此外，电控点火系统还有通电时间控制和爆燃控制功能。

4. 电控排放控制系统

电控排放控制系统的功能主要是对发动机排放控制装置的工作实行电子控制。排放控制的项目主要包括燃油蒸气排放控制和二次空气喷射控制等。

5. 巡航控制系统

驾驶员设定巡航控制模式后，ECU 根据汽车运行工况和运行环境信息，自动控制发动机工作，使汽车自动维持一定车速行驶。

6. 警告提示系统

由 ECU 控制各种指示和报警装置，一旦控制系统出现故障，该系统能及时发出信号以警告提示，如氧传感器失效、油箱油温过高等。

7. 故障自诊断与报警系统

在发动机控制系统中，ECU 都设有故障自诊断系统，对控制系统各部分的工作情况进行监测。当 ECU 检测到来自传感器或输送给执行元件的故障信号时，立即点亮仪表盘上的故障指示灯，以提示驾驶员发动机有故障；同时，系统将故障信息以设定的数码（故障码）形式储存在存储器中，以便帮助维修人员确定故障类型和范围。对车辆进行维修时，维修人员可通过故障诊断仪调取故障码。

8. 失效保护系统

失效保护系统的功能主要是当传感器或传感器线路发生故障时，控制系统自动按电脑中预先设定的参考信号值工作，以便发动机能继续运转。此外，当对发动机工作影响较大的传感器或电路发生故障时，失效保护系统则会自动停止发动机工作。

9. 应急备用系统

应急备用系统的功能是当控制系统电脑发生故障时，自动启用备用系统，按设定的信号控制发动机进入强制运转状态，以防车辆停驶在路途中。应急备用系统只能维持发动机运转的基本功能，但不能保证发动机性能。

三、发动机电控系统的组成及类型

1. 发动机电控系统的基本组成

发动机电控系统一般由传感器、ECU 和执行元件三大部分组成，其工作关系如图 1-1-1 所示。各种传感器是感知发动机信息的部件，主要功用是采集控制系统所需的信息，并将其转换成电信号输送给 ECU。具体来说，传感器是向 ECU 提供汽车运行状况和发动机工况的部件。

汽油发动机管理系统的组成

图 1-1-1 发动机电控系统组成

发动机电控系统主要传感器有空气流量计 G70（或进气管绝对压力传感器）、进气温度传感器、节气门位置传感器（在电子节气门 J338 内）、霍尔传感器（凸轮轴位置传感器）G40、转速传感器（曲轴位置传感器）G28、冷却液温度（冷却水）传感器 G62、氧传感器 G130 和 G39、爆震传感器 G61 和 G66 等，如图 1-1-2 所示。

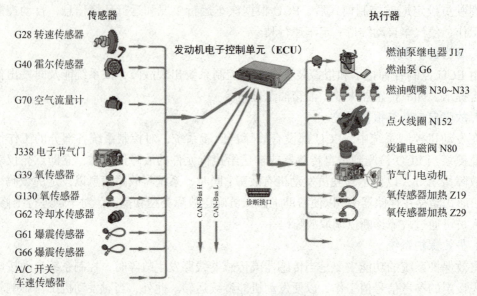

图1-1-2　发动机电控系统结构

ECU 是一种综合控制电子装置，其功用是给各传感器提供参考（基准）电压，接收传感器或其他装置输入的电信号，并对所接收的信号进行存储、计算和分析处理，根据计算和分析的结果向执行元件发出指令。

执行器接收 ECU 的指令，完成控制功能。发动机电控系统主要的执行器有燃油泵 G6、喷油器（燃油喷嘴）N30～N33、点火线圈 N152、炭罐电磁阀 N80、节气门电动机等。

2. 发动机电控系统的类型

发动机电控系统有两种基本类型，即开环控制系统和闭环控制系统。

开环控制系统的控制方式比较简单，ECU 只根据各传感器信号对执行元件进行控制，而控制的结果是否达到预期目标对其控制过程没有影响，如图 1-1-3 所示。

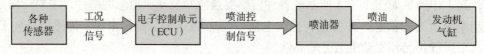

图1-1-3　开环控制系统

闭环控制系统除具有开环控制的功能外，还对其控制结果进行检测，并将检测结果（即反馈信号）输入 ECU，ECU 则根据反馈信号对其控制误差进行修正，所以闭环控制系统的控制精度比开环控制系统高，如图 1-1-4 所示。

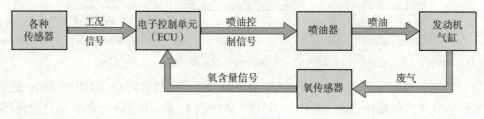

图1-1-4　闭环控制系统

四、汽车电路信号的类型

1. 直流电压信号

汽车中的直流电压信号主要是指直流电源的信号和传感器产生的模拟信号。直流电源信号有蓄电池电压（12 V）和ECU输出给传感器的参考电压（5 V）。控制模块根据直流电压信号的大小识别传感器信息，如图1-1-5所示。

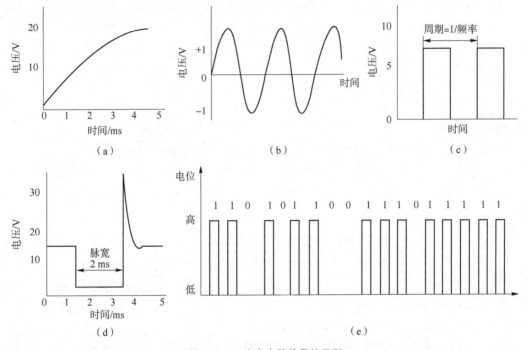

图1-1-5　汽车电路信号的类型

（a）直流电压信号；（b）交流电压信号；（c）频率调制信号；（d）脉宽调制信号；（e）串行数据信号

2. 交流电压信号

汽车中的交流电压信号主要是指传感器产生的交流电压信号，控制模块根据交流电压信号的频率和幅值识别传感器信息。

3. 频率调制信号

汽车中的频率调制信号主要是指传感器产生的频率可变信号，控制模块根据频率调制信号的频率变化识别传感器信息。

4. 脉宽调制信号

汽车中的脉宽调制信号主要是指由控制模块产生的控制执行器工作的脉宽可调的输出信号，包括喷油器、点火线圈、电磁阀等。控制模块通过改变脉宽调制信号的脉宽控制执行器的工作。

5. 串行数据信号

串行数据信号是指汽车电路各控制模块之间、控制模块与故障诊断仪之间相互通信的信号。

任务决策

任务 1.1 汽油发动机电控系统元件识别任务单

组名			
组训			
项目经理（组长）	学号：		姓名：
团队成员	学号	角色	具体分工
任课教师		实训教师	
领任务	一辆宝来轿车，请对发动机电控系统进行全面的检查，确认每个元器件的位置。		
明作用	1. 简要说明电控技术对发动机性能的影响有哪些。 2. 发动机上的电子控制系统有哪些？		
懂原理	1. 发动机电控系统一般由_____、_____和_____三大部分组成。 2. 图 1–1–2 中属于进气控制的传感器包括_____。 　图 1–1–2 中属于进气控制的执行器包括_____。 　图 1–1–2 中属于燃油控制的传感器包括_____。 　图 1–1–2 中属于燃油控制的执行器包括_____。 　图 1–1–2 中属于点火控制的传感器包括_____。 　图 1–1–2 中属于点火控制的执行器包括_____。		
	请根据本车主要传感器和执行器系统归属和组成制作思维导图		

任务实施

请按照以下工作手册，进行检修工作流程。

汽油发动机管理系统
主要部件位置识别

任务 1.1 汽油发动机电控系统元件识别工作手册

查找发动机电控系统元部件

步骤 1：查找空气供给系统

如图 1-1-6 所示，空气供给系统电控元件包括空气流量传感器（空气流量计或进气歧管压力传感器）和节气门体（包含节气门位置传感器和节气门电机）等。有的车型空气流量传感器上集成了进气温度传感器。

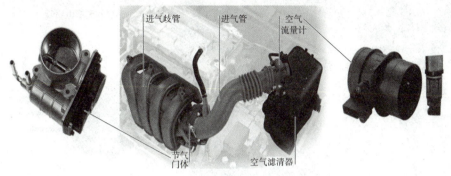

图 1-1-6　空气供给系统

步骤 2：查找燃油供给系统

如图 1-1-7 所示，燃油供给系统电控元件包括燃油泵、喷油器和氧传感器等。

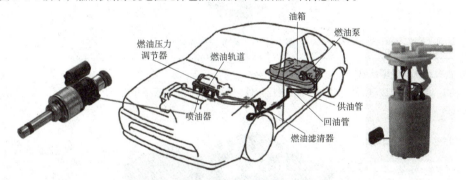

图 1-1-7　燃油供给系统

步骤 3：查找点火控制系统

如图 1-1-8 所示，点火电控系统的电控元件包括点火线圈、火花塞、曲轴位置传感器和凸轮轴位置传感器、爆震传感器等。

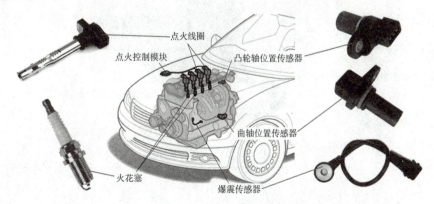

图 1-1-8　点火控制系统

续表

步骤 4：查找可变配气系统

如图 1-1-9 所示，可变配气系统的电控元件包括凸轮轴调节电磁阀等。

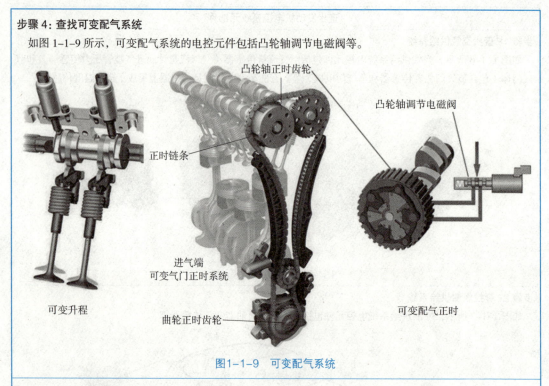

图1-1-9　可变配气系统

步骤 5：查找废气涡轮增压系统

如图 1-1-10 所示，废气涡轮增压系统的电控元件包括增压压力传感器和增压压力调节阀、涡轮增压器循环空气阀等。

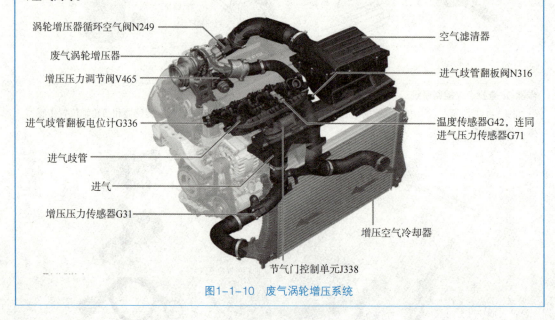

图1-1-10　废气涡轮增压系统

续表

步骤6：查找可变进气系统

如图1-1-11所示，可变进气系统的电控元件包括可变进气转换电磁阀等。

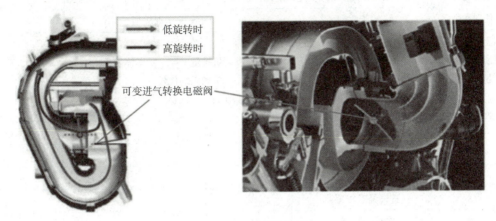

图1-1-11　可变进气系统

步骤7：查找燃油蒸发排放系统

如图1-1-12所示，燃油蒸发排放系统的电控元件包括活性炭罐电磁阀等。

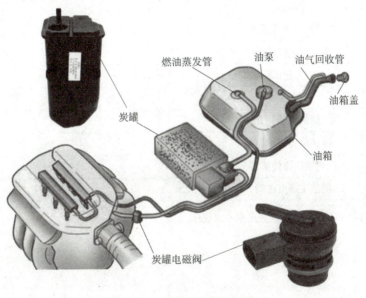

图1-1-12　燃油蒸发排放系统

任务 1.1 汽油发动机电控系统元件识别学生工作活页

姓名			班级		学号	
任务名称	任务 1.1 汽油发动机电控系统元件识别			日期		组长	
任课教师				实训教师		

记录要检修车辆发动机的基本信息：
制造年份_____制造商_____品牌型号_____发动机排量_____车体颜色_____。
变速器形式_____发动机号码_____车辆识别代号_____。

查找发动机传感器和执行器的位置

序号	名称	位置	所属系统
1	进气压力传感器		
2	空气流量计		
3	进气温度传感器		
4	电子节气门		
5	加速踏板位置传感器		
6	电动燃油泵		
7	喷油器		
8	冷却液温度传感器		
9	前、后氧传感器		
10	点火线圈		
11	火花塞		
12	爆震传感器		
13	曲轴位置传感器		
14	凸轮轴位置传感器		
15	活性炭罐电磁阀		

善分享：请分享本次项目学习的关键要点和心得收获。

任务评价	评价主体	评价等级	确认签字
	自评	优秀□ 良好□ 中等□ 及格□ 不及格□ （优秀比例不超过20%，良好比例不超过30%）	
	互评	优秀□ 良好□ 中等□ 及格□ 不及格□ （优秀比例不超过20%，良好比例不超过30%）	

任务 1.1 汽油发动机电控系统元件识别工作评价活页

班级：　　　　学号：　　　　姓名：　　　　日期：

按要求完成在□打√，未按要求完成在□打×并扣除对应分数，扣分不得超过该项的总分。

工作评价活页（教师用）				
序号	评分项及配分标准	得分条件	得分	扣分
1	作业安全和职业操守（10分）	□1.能进行工位7S（整理、整顿、清理、清洁、素养、节约、安全）操作（4分） □2.能进行设备和工具安全检查（2分） □3.能进行工具、测量仪器清洁、校准和存放操作（2分） □4.能做到油液、水液、工具三不落地操作（2分）		
2	信息查询和资讯检索（10分）	1.能正确使用维修手册查询资料（6分） 　□1.1 查询各元器件的位置（3分） 　□1.2 查询各元器件的拆装流程（3分） 2.能在规定时间内查询所需资料（4分） 　□2.1 能正确记录所查询资料章节页码（2分） 　□2.2 能正确记录所需检修信息（2分）		
3	位置查找作业（50分）	1.查找进气系统相关元器件位置（15分） 　□进气压力传感器、空气流量计、进气温度传感器、电子节气门组件、加速踏板位置传感器 2.查找燃油供给系统相关元器件位置（15分） 　□电动燃油泵、喷油器、冷却液温度传感器、前氧传感器、后氧传感器 3.查找点火系统相关元器件位置（15分） 　□点火线圈、火花塞、爆震传感器、曲轴位置传感器、凸轮轴位置传感器 4.查找辅助控制相关元部件位置（5分） 　□活性炭罐电磁阀（5分）		
4	诊断、检测、调校分析（10分）	□1.能正确判断各元器件所述系统（6分） □2.各系统分类正确（4分）		
5	表单填写和报告撰写（10分）	□1.语句通顺（4分） □2.无错别字（2分） □3.无抄袭（4分）		
6	团队合作和沟通表达（10分）	□1.团队合作、集体责任、共同决策（5分） □2.沟通表达、交流分享、分工明确（5分）		
合计				
教师签字				

任务小结

任务小结　　思政：团结协作　　任务测试　　企业案例
　　　　　　女排精神

任务1.2 发动机电控系统常用检测设备的使用

任务描述

1. 任务要求
一辆宝来轿车，请在实车上找到某一传感器或执行器，进行各检测工具的使用。

2. 任务目标
（1）掌握发动机电控系统常用检测设备的使用方法（×中级+大赛）。
（2）能够正确使用发动机电控系统常用检测设备进行故障诊断（×中级+大赛）。

3. 任务分组
对班级学生进行分组，6~8人一组，利用随机抽签的方法抽取本项目的项目经理。分组完成后，有序坐好，小组讨论制定组名、组训，营造小组凝聚力和文化氛围，并确定任务分工，完成任务单的填写。任务实施过程中，采用班组轮值制度，学生轮值担任项目经理、机电维修工程师、质检工程师、前台接待等角色，每个人都有锻炼组织协调项目管理、项目实施、项目验收能力的机会。通过小组协作，培养学生团队合作、互帮互助的精神和协同攻关的能力。

任务资讯

随车诊断系统及解码器的使用

一、汽车故障诊断仪

1. 随车诊断系统

OBD是"ON-BOARD DIAGNOSITICS"的英文缩写，即随车诊断系统。OBD—Ⅱ则是指第二代随车诊断系统。OBD—Ⅱ是由美国汽车工程师学会（SAE）提出的，经环保机构（EPA）和加州资源协会（CARB）认证通过。

OBD装置监测多个系统和部件，包括发动机、催化转化器、颗粒捕集器、氧传感器、排放控制系统、燃油系统、废气再循环（EGR）系统等。OBD是通过各种与排放有关的部件信息，连接到ECU，ECU具备检测和分析与排放相关故障的功能。当出现排放故障时，ECU记录故障信息和相关代码，并通过故障灯发出警告，告知驾驶员。ECU通过标准数据接口，保证对故障信息的访问和处理，如图1-2-1所示。

汽车按标准装用统一的16端子诊断座，并将诊断座统一安装在驾驶室仪表盘下方，如图1-2-2所示。

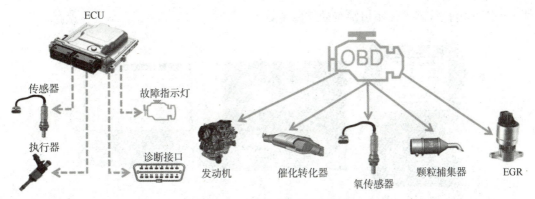

图1-2-1 随车诊断系统（OBD）

图1-2-2 OBD-Ⅱ诊断座

OBD-Ⅱ具有数据传输功能，并规定了两个传输线标准：欧洲统一标准（ISO-Ⅱ）规定数据传输用"7"号和"15"号端子，美国统一标准（SAE-J1850）规定数据传输用"2"号和"10"号端子。OBD-Ⅱ具有行车记录功能，能记录车辆行驶过程的有关数据资料；能记录和重新显示故障码，可利用仪器方便、快速地调取或清除故障码。OBD-Ⅱ汽车采用相同的故障码代号，故障码意义统一。故障码由1个英文字母和4个数字组成，如图1-2-3所示。

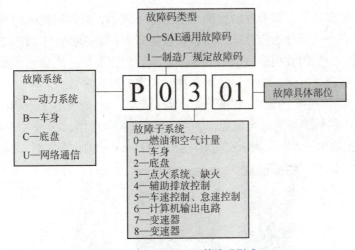

图1-2-3 OBD-Ⅱ故障码形式

2. 汽车故障诊断仪的使用

汽车故障诊断仪如图1-2-4所示，也叫作汽车故障解码器，是汽车电控单元维修时的常用工具之一，这种仪器能够快速准确地判断出汽车故障的位置，甚至精确到某个电气元件，是汽车电控故障维修不可缺少的维修工具。

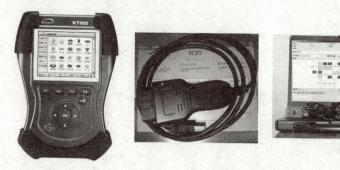

图1-2-4　汽车故障诊断仪

汽车故障诊断仪主要诊断功能如下：

①读取故障码，通过故障码掌握故障的位置、范围以及故障产生的元器件。

②清除故障码，在排除故障后必须清除故障码，从而保证系统工作正常。

③读取数据流，通过数据流掌握汽车各个系统的工作情况，如果能够获取汽车相关的数据资料，通过与实际数据对比，分析有没有故障以及故障的产生原因。

④执行元件测试，如燃油泵、炭罐电磁阀等，注意只有少数执行器能够被检测。

⑤系统基本调整，对于采用电子节气门的汽车，当更换了ECU，或者更换、清洗了节气门体后需要对节气门进行基本调整（初始化）。

⑥通道匹配，如汽车防盗系统，当更换发动机ECU或者更换防盗ECU后，需要对两个系统进行通道匹配。

二、万用表

万用表是一种多功能、多量程的便携式电工电子仪表，是发动机电控系统检修必备的仪表之一。万用表一般可分为指针式万用表和数字式万用表两种，下面主要介绍数字式万用表的使用方法。一般的万用表可以测量直流电流、直流电压、交流电压和电阻等。有些万用表还可测量电容、电感、功率、晶体管共射极直流放大系数H_{FE}等。

数字万用表的结构主要由表头、转换开关（选择开关）和红黑表笔三部分组成，如图1-2-5所示。注意表盘上的数值均为最大量程，"V-"表示直流电压挡，"V～"表示交流电压挡，"A-"表示直流电流挡，"A～"表示交流电流挡，"Ω"表示电阻挡，"F"表示电容挡。

图1-2-5　数字万用表的结构

1. 电阻的测量

将红黑表笔插进"VΩ"和"COM"座孔中，数字万用表欧姆挡有如下几个量程挡：200 Ω、2 kΩ、20 kΩ、200 kΩ、2 MΩ、20 MΩ。测量电阻时，应先估计一下所测电阻大小，确定所需量程，然后将转换开关旋至电阻挡相应量程，测量时可将红黑表笔分别连接电阻两端。

2. 电压的测量

1）直流电压的测量

首先将黑表笔插进"COM"座孔，红表笔插进"VΩ"座孔。将转换开关旋至"V−"直流电压挡，接着把表笔连接到被测元件的两端（红表笔接正、黑表笔接负），保持接触稳定。数值若显示为"1."，则表明量程太小，需加大量程后再测量；如果在数值左边出现"—"，则表明表笔极性与实际电源极性相反。

2）交流电压的测量

红黑表笔与万用表的连接和直流电压的测量一样，将转换开关旋至交流电压挡"V～"处所需的量程即可。交流电压无正负之分，测量方法与前面相同。无论测交流还是直流电压，都要注意人身安全，不要随便用手触摸表笔的金属部分。

3. 电流的测量

1）直流电流的测量

首先先将黑表笔插入"COM"座孔，红表笔插进"20 A"座孔。将转换开关旋至直流电流挡"A−"，将万用表串进电路中，保持接触稳定，即可读数。若显示为"1."，则要加大量程重新测量；如果在数值左边出现"—"，则表明电流从黑表笔流进万用表。

2）交流电流的测量

测量方法与直流电流相同，但转换开关需旋至交流电流挡"A～"，电流测量完毕后应将红表笔插回"VΩ"座孔。

4. 检测线路通断

首先将黑表笔插进"COM"座孔，红表笔插进"VΩ"座孔，将转换开关旋至蜂鸣挡，检测时将红黑表笔接到待测线路两端，如果两点之间的阻值低于（70±20）Ω，内置蜂鸣器发声，发光二极管变亮，蜂鸣器发声即说明线路导通；如果没有鸣叫声，显示"OL"，则说明检测点之间的电阻大于（70±20）Ω，即线路断开。另外，不可长时间让红黑两表笔短接，否则易损坏万用表。

三、示波器

电压表是用来测量稳定的直流电压的，但是在测量和分析快速变化的电压时，数字式电压表就显得无能为力。如果电压信号变化过快，数字式电压表给出的读数仅仅是一段时间的电压平均值。而示波器在显示屏上同时提供电压和时间测量，并且显示电压信号随时间变化而变化的曲线图，它提供了更多的对信号电压变化趋势、幅度、频率、相关性等的分析依据及方法。它显示电信号比万用表更全面、更准确、更形象，适合于测量快速变化的信号。

1. 示波器连接

先断开仪器电源，选择并连接接头、接线和扩展模块等部件，再接通仪器电源，调整仪器进入测试准备，连接好搭铁，连接测试部位输入信号，波形界面如图1-2-6所示。串行联机接口用于连接电脑、扩展模块的通信接口，严禁连接非指定的连接线及非指定的设备。使用完毕应卸下所有接头及连接线，并保存好。

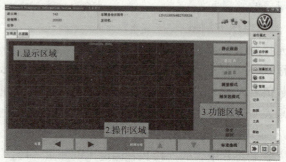

图1-2-6 示波器波形界面

2. 波形调整电压比例

电压比例值决定了信号波形的高度，即幅度，"V/格"是指屏幕垂直方向上显示的每个格子所对应的实际电压值。电压比例设定值越低，示波器显示屏上显示的波形就越高，如图1-2-7所示。

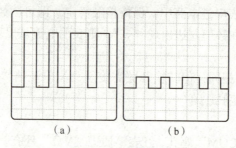

图1-2-7 调整时基
（a）1 V/格时的显示；（b）5 V/格时的显示

3. 波形时基的选择

时基的选择决定了重复性信号在屏幕上显示的频数，"ms/格"是指屏幕水平方向上显示的每个格子所对应的实际时间值。同样的信号使用不同时基的显示情况如图1-2-8所示。

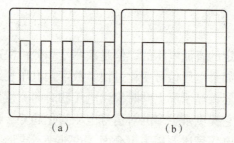

图1-2-8 时基的选择
（a）2 ms/格时的显示；（b）1 ms/格时的显示

4. 波形调整触发

触发参数（触发电平、触发沿、触发源）的调整是使信号在屏幕上能稳定显示的前提。触发电平用于调节波形的起始显示电压值，如果触发电平超出了信号范围，示波器无法确定显示的起始位置，因此波形左右晃动，无法锁定；如果触发电平设定正确，示波器可以准确锁定波形，如图1-2-9所示。

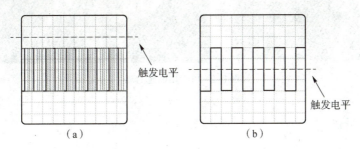

图1-2-9 调整触发
（a）触发电平超出信号范围；（b）触发电平设定正确

四、测试灯

测试灯如图1-2-10所示，用于检测电路的断路、短路和搭铁故障，还可以用于检测低频数字信号，例如喷油器的控制信号。测试灯分为有源试灯和无源试灯两类，有源试灯用于电路断电状态下的检查，无源试灯用于电路通电状态下的检查。检测发动机电控系统必须使用高内阻的测试灯。

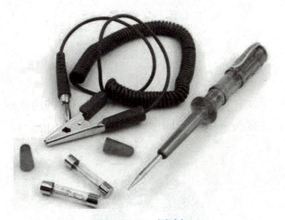

图1-2-10 测试灯

五、燃油压力表

燃油压力表用于检测燃油系统的油压，如图1-2-11所示，测试时将燃油压力表连接在油路的测试口上，有些燃油表需要排除空气，才可读出燃油压力。有些燃油系统没有测试口，就必须另外安装一个三通接头，再与燃油压力表连接。

 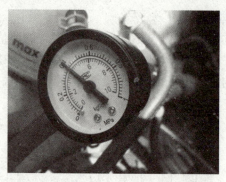

图1-2-11 燃油压力表

六、汽车听诊器

汽车听诊器如图1-2-12所示,用于确定发动机或其他设备噪声的声源,快速确定故障部位。

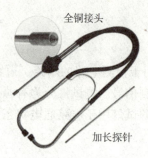

图1-2-12 汽车听诊器

七、跨接线

跨接线是一段专用导线,如图1-2-13所示,不同形式的跨接线主要是其长短和两端接头不同,跨接线两端的接头一般是不同形式的插头或鳄鱼夹,以适应不同位置的跨接,主要用于电路故障的诊断。

图1-2-13 跨接线

任务 1.2 发动机电控系统常用检测设备的使用任务单

组名			
组训			
项目经理（组长）	学号：		姓名：
团队成员	学号	角色	具体分工
任课教师		实训教师	
明作用	简述诊断系统的作用和组成。		
懂原理	1. 说明故障码 P0301 的具体含义，以及每一位指代的含义。 2. 简要说明汽车故障诊断仪主要诊断功能是什么。 3. 常用的汽车检测维修工具有哪些？		
请制作发动机电控系统常用工具使用思维导图			

任务实施

请按照以下工作手册，进行检修工作流程。

故障诊断仪的使用

任务 1.2 发动机电控系统常用检测设备的使用工作手册

常见检测工具使用流程
1. 故障诊断仪使用
步骤 1：故障码读取 如图 1-2-14 所示，选取故障存储器功能，读取故障码，然后清除故障码，再读取故障码。 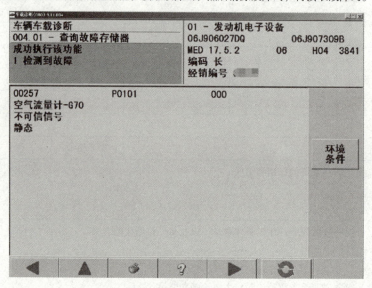 图1-2-14　故障码读取
步骤 2：数据流读取 如图 1-2-15 所示，选取读取测量值功能，读取数据流。 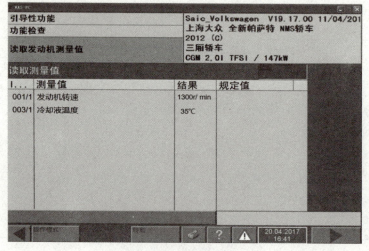 图1-2-15　数据流读取

续表

步骤 3：执行元件测试

如图 1-2-16 所示，选取执行元件诊断功能，进行执行元件测试。

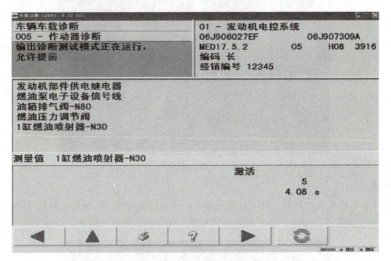

图1-2-16　执行元件测试

2. 万用表使用

步骤 1：校表

连接红黑表笔，并完成万用表校表。

步骤 2：供电电压检测

如图 1-2-17 所示，找到氧传感器，拔下其线束插头，将万用表转换开关旋至 20 V 直流电压挡，红表笔接传感器线束端供电端子，黑表笔接蓄电池负极可靠搭铁，将车辆点火开关置于 ON 挡，此时万用表读数应为 12 V 左右。

图1-2-17　供电电压检测

步骤 3：搭铁检测

如图 1-2-18 所示，找到凸轮轴位置传感器，拔下线束插头，将万用表转换开关旋至 200 Ω 电阻挡，红表笔接传感器线束端搭铁端子，黑表笔接蓄电池负极可靠搭铁，将车辆点火开关置于 OFF 挡，此时万用表读数应约为 0。

续表

图1-2-18　搭铁检测

步骤4：电阻检测

如图1-2-19所示，找到氧传感器，拔下其线束插头，将万用表转换开关旋至200 Ω 电阻挡，红黑表笔分别接氧传感器加热电阻的两个端子，将车辆点火开关置于OFF挡，此时万用表读数应为3～10 Ω。

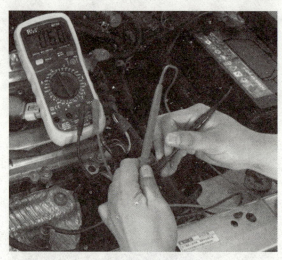

图1-2-19　电阻检测

步骤5：信号检测

如图1-2-20所示，找到氧传感器，将万用表转换开关旋至20 V 交流电压挡，安插备针于氧传感器的信号端子，红黑表笔接到氧传感器信号端子备针上，起动车辆，此时万用表读数在0.1～0.9 V 跳动。

图1-2-20　信号检测

续表

3. 示波器波形检测

如图1-2-21所示,选择曲轴位置传感器和凸轮轴位置传感器,连接示波器,读取波形。

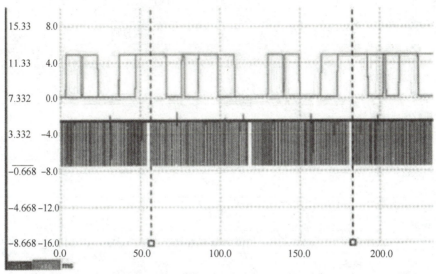

注:红色,排气凸轮轴信号波形;绿色,进气凸轮轴信号波形;蓝色,曲轴信号波形。

图1-2-21　示波器波形检测

4. 测试灯控制信号检测

如图1-2-22所示,选择凸轮轴位置传感器,安插备针于信号端子,试灯一端连接备针,另一端连接蓄电池负极,起动车辆,试灯闪烁。

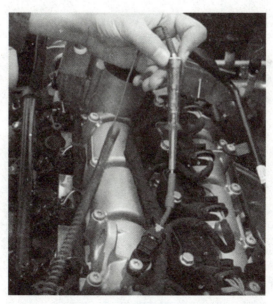

图1-2-22　控制信号检测

任务 1.2 发动机电控系统常用检测设备学生工作活页

姓名			班级		学号	
任务名称	任务 1.2 发动机电控系统常用检测设备的使用		日期		组长	
任课教师				实训教师		

故障诊断仪
1. 发动机故障码读取 记录故障码：_____。 2. 发动机数据流读取 记录数据流：_____ _____。 3. 发动机执行元件测试 测试元件：_____。

会检测				
序号	名称	工具（挡位）、连接针脚号	测量值（单位）	标准值（单位）
万用表	校表			
	供电检测			
	搭铁检测			
	电阻检测			
	信号检测			
示波器	波形检测			
测试灯	控制信号检测			

善分享
请分享本次项目学习的关键要点和心得收获。   不足之处：

任务评价	评价主体	评价等级	确认签字
	自评	优秀□ 良好□ 中等□ 及格□ 不及格□ （优秀比例不超过 20%，良好比例不超过 30%）	
	互评	优秀□ 良好□ 中等□ 及格□ 不及格□ （优秀比例不超过 20%，良好比例不超过 30%）	

任务1.2 发动机电控系统常用检测设备的使用评价活页

班级：　　　　　　学号：　　　　　　姓名：　　　　　　日期：

按要求完成在□打√，未按要求完成在□打×并扣除对应分数，扣分不得超过该项的总分。

工作评价活页（教师用）				
序号	评分项及配分标准	得分条件	得分	扣分
1	作业安全和职业操守（10分）	□1. 能进行工位7S（整理、整顿、清理、清洁、素养、节约、安全）操作（4分） □2. 能进行设备和工具安全检查（2分） □3. 能进行工具、测量仪器清洁、校准、存放操作（2分） □4. 能做到油液、水液、工具三不落地操作（2分）		
2	信息查询和资讯检索（10分）	1. 能正确使用维修手册、维修电路图查询资料（6分） 　□1.1 查询传感器或执行器的拆装流程（3分） 　□1.2 查询传感器或执行器接线端子的功用（3分） 2. 能在规定时间内查询传感器或执行器测量所需资料（4分） 　□2.1 能正确记录所查询资料章节页码（2分） 　□2.2 能正确记录所需检修信息（2分）		
3	仪器使用（50分）	1. 故障诊断仪使用（15分） 　□1.1 数据流读取（5分） 　□1.2 故障码读取（5分） 　□1.3 执行元件测试（5分） 2. 万用表使用（20分） 　□1.1 供电检测（5分） 　□1.2 搭铁检测（5分） 　□1.3 电阻检测（5分） 　□1.4 信号检测（5分） 3. 示波器使用（10分） 　□波形检测（10分） 4. 测试灯使用（5分） 　□控制信号检测（5分）		
4	诊断、检测、调校分析（10分）	□1. 能判断测量仪器使用决策（6分） □2. 维修方案正确（4分）		
5	表单填写和报告撰写（10分）	□1. 语句通顺（4分） □2. 无错别字（2分） □3. 无抄袭（4分）		
6	团队合作和沟通表达（10分）	□1. 团队合作、集体责任、共同决策（5分） □2. 沟通表达、交流分享、分工明确（5分）		
合计				
教师签字				

任务小结

任务小结

思政：技能强国、技能成才
——世赛冠军蒋应成

任务测试

企业案例

模块二　发动机进气控制系统检修

模块简介

　　空气供给系统的功用是向发动机提供与发动机负荷相适应的、清洁的空气，同时对流入发动机气缸的空气质量进行直接或间接计量，并以电信号的形式告知 ECU。如果空气供给系统相关零部件出现故障，那么将导致混合气浓度与发动机工况的不协调，从而引起发动机工作不良，出现这种情况时，往往需要对空气供给系统进行检修和维护。因此，学习空气供给系统的组成、工作原理和检修方法，对于正确、快速地进行故障诊断和检测十分重要。本项目包含 9 个学习项目，即认识空气供给系统、进气流量传感器检修、进气压力传感器检修、进气温度传感器检修、电子节气门检修、加速踏板位置传感器检修、可变进气系统检修、可变配气系统检修和废气涡轮增压系统检修。

学习目标

★ 知识目标

　　1. 熟悉空气供给系统主要零部件的安装位置及外部构造，并理解它们的作用（×初级）。
　　2. 理解空气供给系统各系统工作原理（×中级）。
　　3. 掌握可变进气控制系统的检测和故障诊断方法（×中级＋大赛）。
　　4. 掌握配气相位控制及可变升程控制系统的检测和故障诊断方法（×中级＋大赛）。
　　5. 掌握涡轮增压系统的检测和故障诊断方法（×中级＋大赛）。

★ 能力目标

　　1. 能够检测进气流量传感器、进气压力传感器，并分析、确认故障原因（×高级＋大赛）。
　　2. 能够检测电子节气门和加速踏板位置传感器，并分析、确认故障原因（×高级＋大赛）。
　　3. 能够检测可变进气系统、可变配气系统和废气涡轮增压系统，并分析、确认故障原因（×高级＋大赛）。
　　4. 能快速查询汽车维修资料、技术服务信息、用户手册和保养手册（×高级＋大赛）。

5. 学会基本检测工具的使用方法，能够根据测量结果判断传感器的好坏(×高级＋大赛)。

6. 能使用故障诊断仪对车辆进行基本检查，读取故障码，了解和读取相关元件的基本数据流（×高级＋大赛）。

7. 能熟练分析、判断元件故障和线路短路、断路等故障（×高级＋大赛）。

★ 素质目标

1. 能够制订工作计划，独立完成工作学习任务。

2. 能够在工作过程中与小组其他成员合作、交流并进行学习任务分工，具备团队合作和安全操作的意识。

3. 养成服从管理、规范作业的良好工作习惯。

4. 培养安全工作的习惯。

★ 思政目标

1. 爱国守法、崇德向善、诚实守信。

2. 爱岗敬业、积极进取、团结协作。

3. 热爱劳动、沟通流畅、勇于创新。

4. 精益求精、工匠精神、7S 管理。

任务 2.1 认识空气供给系统

任务描述

1. 任务要求

一辆装备电控发动机的轿车,车主反映发动机故障指示灯常亮,发动机加速不良。经过对发动机进行全面的检测,确认为空气供给系统故障。

2. 任务目标

(1)掌握空气供给系统的功用和构造(×初级)。
(2)能够准确找到空气供给系统各元件的位置(×初级+大赛)。

3. 任务分组

对班级学生进行分组,6～8人一组,利用随机抽签的方法抽取本项目的项目经理。分组完成后,有序坐好,小组讨论制定组名、组训,营造小组凝聚力和文化氛围,并确定任务分工,完成任务单的填写。任务实施过程中,采用班组轮值制度,学生轮值担任项目经理、机电维修工程师、质检工程师、前台接待等角色,每个人都有锻炼组织协调项目管理、项目实施、项目验收能力的机会。通过小组协作,培养学生团队合作、互帮互助的精神和协同攻关的能力。

任务资讯

一、空气供给系统的作用

空气供给系统的作用是向发动机提供与负荷相适应的清洁的空气,同时对流入发动机气缸的空气质量进行直接或间接计量,把进气量的多少以电信号的形式告知ECU,作为喷油的主要依据,使空气与喷油器喷出的汽油形成空燃比符合要求的可燃混合气。

二、空气供给系统的组成

空气供给系统主要由空气滤清器、进气总管、进气歧管、空气计量装置(空气流量传感器或进气压力传感器)、节气门体(含节气门位置传感器)等组成,如图2-1-1所示。

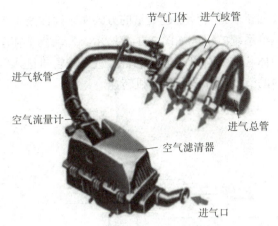

图2-1-1 空气供给系统组成

空气滤清器是把空气中的杂质和水分过滤掉，保证供给气缸足够量的洁净空气。此外，优质的空气滤清器还有降低发动机吸入气体时的噪声和节省燃料的作用。空气滤清器内装有一个滤清器芯，在外部空气进入发动机时，可从空气中除去灰尘和其他颗粒。空气滤清器滤芯必须定期清洗或更换，如图2-1-2所示。

 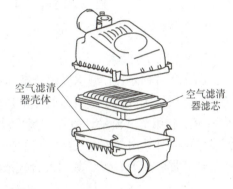

图2-1-2 空气滤清器

空气流量计（或进气歧管压力传感器）用来计量吸入发动机气缸的空气量。

节气门体是用于安装节气门、节气门位置传感器等部件的装置。

进气管一般包括进气软管、进气总管和进气歧管。进气软管用于连接空气滤清器与节气门体，进气总管用于连接节气门体与进气歧管。有些发动机的进气总管与进气歧管制成一体，有些则是可以分开的，用螺栓连接。进气歧管的作用是将进气总管的空气均匀地分配到各气缸对应的进气道。进气歧管通常由铝合金或工程塑料铸造而成，用螺栓固装在气缸盖的侧面。在进气歧管与气缸盖之间装有密封垫，以防止漏气。

三、空气供给系统的分类

1. D型空气供给系统

D型空气供给系统是利用进气歧管绝对压力传感器检测进气管内的绝对压力，发动机ECU根据进气歧管内的绝对压力和发动机转速推算出发动机的进气量，再根据进气量和发动机转速确定基本喷油量。这种计量进气量的方式属于速度密度型，其结构简单，应用比较广泛。D型空气供给系统的组成如图2-1-3所示。发动机工作时，经空气滤清器滤清后的空气，通过节气门体和进气总管被分配到各缸进气歧管再进入气缸。流入进气室的空气量取决于节气门体内的节气门开度和发动机转速。

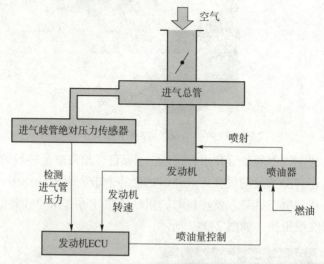

图2-1-3　D型空气供给系统组成

2. L型空气供给系统

如图2-1-4所示，L型空气供给系统的组成与D型空气供给系统相比，空气流量传感器（空气流量计）取代了进气歧管绝对压力传感器，其他的组成部件基本相同。L型空气供给系统是利用空气流量计直接测量发动机的进气量，ECU不必进行推算，即可根据空气流量计信号计算出与该空气量相应的基本喷油量。因消除了推算进气量的误差影响，其测量的准确程度高于D型，故对混合气浓度的控制更精确。

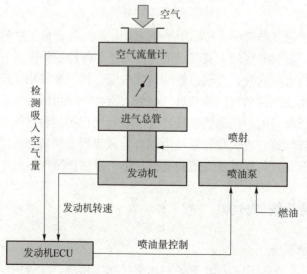

图2-1-4　L型发动机电控系统的空气供给系统组成

四、空气供给系统的工作原理

如图2-1-5所示，空气经过空气滤清器过滤后，通过空气流量计（或进气歧管压力传感器）、节气门体、进气总管、进气歧管进入各气缸。L型电控发动机的空气流量计或D型电控发动机的进气歧管压力传感器都是用于检测空气流量的。空气流量受节气门开度的控制，而节气门开度又由驾驶人通过加速踏板（俗称油门）控制。踩下加速踏板时，节气门开度增大，空气流量加大，发动机功率增大；反之，发动机功率减小。

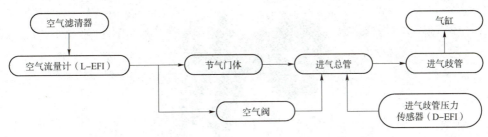

图2-1-5　空气供给系统的工作原理

五、可变进气系统

为了进一步提高发动机的工作性能，部分汽车发动机采用了可变进气系统。可变进气系统的主要目的是利用发动机进气管中空气的波动效应来增大进气量，或利用进气旋流作用来改善燃烧过程。一般来讲，由于这种波动效应，细而长的进气管对发动机低速性能有利，粗而短的进气管对发动机高速性能有利。利用可变进气歧管长度时，在低、中转速，空气必须经过较细长的进气歧管，由于进气流速快，且进气脉动惯性增压的结果，较多的混合气进入气缸，提高了转矩输出；而在高转速时，空气则经过较短的进气歧管，管径变大，进气阻力小，充填效率高，以维持高转矩输出，如图2-1-6所示。

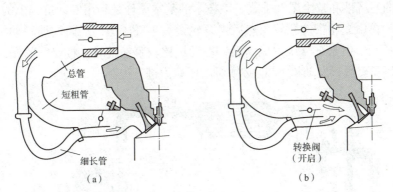

图2-1-6　空气供给系统的工作原理
(a) 中、低速工作时；(b) 高速工作时

六、可变配气系统

可变配气系统能在一定范围内调整凸轮轴的转角和升程，优化控制配气正时，提高发

动机的动力性和经济性,改善发动机高速及低速时的性能及稳定性,降低发动机的排放量。为了改变充气效率随转速变化的趋势,调整发动机的转矩特性,高速时要求有较大的进气门迟闭角,以利于最大功率的发挥;中、低速时则要求有较小的进气门迟闭角。进气管内混合气随活塞运动,当发动机转速低时,活塞运动慢,为避免混合气回流进气管,进气门应提前关闭,即进气凸轮轴相位应提前调整;发动机转速高时,进气管内气流速度快,活塞在向上运动过程中,混合气仍可继续涌入气缸,为增加混合气量,进气门延迟关闭,如图2-1-7所示。

图2-1-7 可变配气系统

七、废气涡轮增压系统

为了进一步提高发动机的功率,汽车发动机采用了废气涡轮增压技术。涡轮增压的主要作用就是提高发动机进气量,从而提高发动机的功率和扭矩,增强动力性。一台发动机装上涡轮增压器后,其最大功率与未装增压器时相比可以增加40%甚至更高。这样也就意味着同样一台发动机在经过增压之后能够产生更大的功率。如1.8T涡轮增压发动机,增压之后,动力可以达到2.4 L发动机的水平,但是耗油量与1.8 L发动机相比并不高多少,从而提高燃油经济性和减少尾气排放。该技术的基本原理是利用发动机排出的废气推动涡轮高速运转,再由涡轮带动泵轮,然后由泵轮增大进气压力,从而增加发动机的进气量,如图2-1-8所示。但是进气压力提高后,发动机比较容易过热,且爆震的倾向也加大了,为了避免过热和爆震,发动机ECU必须对增压压力进行控制。

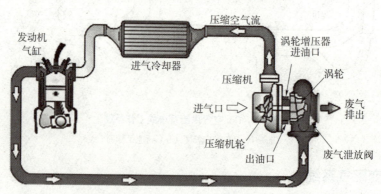

图2-1-8 废气涡轮增压系统

任务决策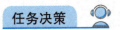

任务 2.1 认识空气供给系统任务单

组名			
组训			
项目经理（组长）	学号：		姓名：
团队成员	学号	角色	具体分工
任课教师		实训教师	
明作用	1. 空气供给系统的作用是向发动机提供与负荷相适应的清洁的＿＿＿＿，同时对流入发动机气缸的＿＿＿＿进行直接或间接计量，使＿＿＿＿与喷油器喷出的＿＿＿＿形成空燃比符合要求的可燃混合气。 2. 空气供给系统是把＿＿＿＿的多少以电信号的形式告知电脑（ECU），作为＿＿＿＿的主要依据。		
懂原理	1. 请根据图 2-1-5 简要说明空气供给系统的工作原理。 2. 请根据图 2-1-6 简要说明可变进气系统的工作原理。		
请画出空气供给系统的组成和各子系统元器件组成的思维导图			

请按照以下工作手册，进行检修工作流程。

任务 2.1 认识空气供给系统工作手册

查找空气供给系统元器件
步骤 1：查找空气流量传感器 如图 2-1-9 所示，空气流量传感器（空气流量计）是测量发动机吸入空气量的装置，它将吸入的空气量转换为电信号送至 ECU，作为燃油喷射和点火控制的主要控制信号。空气流量传感器安装位置在空气滤清器与节气门体之间。  图2-1-9　空气流量传感器
步骤 2：查找进气歧管压力传感器 如图 2-1-10 所示，进气歧管绝对压力传感器根据发动机的负荷状态测出进气歧管内绝对压力（真空度）的变化，并转换成电压信号，与转速信号一起输送到 ECU，作为确定喷油器基本喷油量的依据。进气歧管压力传感器安装位置在节气门体与进气歧管之间。  图2-1-10　进气歧管压力传感器
步骤 3：查找进气温度传感器 如图 2-1-11 所示，进气温度传感器检测进气温度，并向 ECU 输入进气温度信号，作为燃油喷射的修正信号。其多数与空气流量计和进气歧管压力传感器集成在一起。  图2-1-11　进气温度传感器

续表

查找空气供给系统元器件

步骤4：查找电子节气门

如图2-1-12所示，电子节气门位于空气滤清器之后。节气门位置传感器将节气门开度及转角变化率的大小转变为电信号输入ECU。ECU可以根据节气门位置信号判别发动机的工况，并根据不同的工况控制喷油时间。

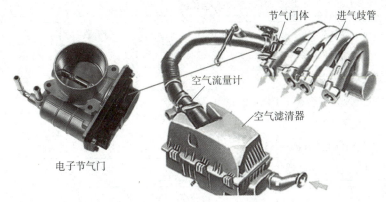

图2-1-12　电子节气门

步骤5：查找加速踏板位置传感器

如图2-1-13所示，加速踏板位置传感器将加速踏板踩下的量（角度）转换成电信号输送给发动机ECU。ECU可以根据此信号控制电子节气门电机。其位于加速踏板支架上。

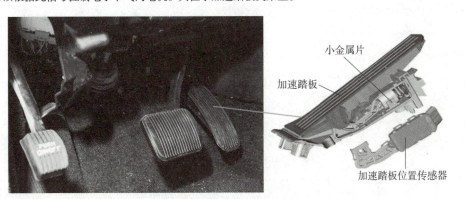

图2-1-13　加速踏板位置传感器

任务 2.1 认识空气供给系统学生工作活页

姓名			班级		学号	
任务名称	任务 2.1 认识空气供给系统		日期		组长	
任课教师			实训教师			
车辆信息						
会检测							
序号	名称	位置		端子数		备注	
步骤 1	空气流量传感器						
步骤 2	进气歧管压力传感器						
步骤 3	进气温度传感器						
步骤 4	电子节气门						
步骤 5	节气门位置传感器						
步骤 6	加速踏板位置传感器						

善分享

请分享本次项目学习的关键要点和心得收获。

不足之处：

任务评价	评价主体	评价等级	确认签字
	自评	优秀☐ 良好☐ 中等☐ 及格☐ 不及格☐ （优秀比例不超过 20%，良好比例不超过 30%）	
	互评	优秀☐ 良好☐ 中等☐ 及格☐ 不及格☐ （优秀比例不超过 20%，良好比例不超过 30%）	

任务 2.1 认识空气供给系统工作评价活页

班级：　　　　学号：　　　　姓名：　　　　日期：

按要求完成在□打√，未按要求完成在□打×并扣除对应分数，扣分不得超过该项的总分。

工作评价活页（教师用）				
序号	评分项及配分标准	得分条件	得分	扣分
1	作业安全和职业操守（10分）	□1.能进行工位7S（整理、整顿、清理、清洁、素养、节约、安全）操作（4分） □2.能进行设备和工具安全检查（2分） □3.能进行工具、测量仪器清洁、校准及存放操作(2分） □4.能做到油液、水液、工具三不落地操作（2分）		
2	信息查询和资讯检索（10分）	1.能正确使用维修手册、维修电路图查询资料（6分） 　□1.1 查询空气供给系统的拆装流程（3分） 　□1.2 查询空气供给系统接线端子的功用（3分） 2.能在规定时间内查询空气供给系统测量所需资料(4分) 　□2.1 能正确记录所查询资料章节页码（2分） 　□2.2 能正确记录所需检修信息（2分）		
3	保养、拆装、检测作业（50分）	1.拆装空气供给系统（15分） 　□1.1 检查准备测量仪器，查阅了解拆装顺序（5分） 　□1.2 拆卸空气供给系统线束插接器（10分） 2.查找空气供给系统各元器件的位置（35分） 　□2.1 空气流量传感器（5分） 　□2.2 进气歧管压力传感器（5分） 　□2.3 进气温度传感器（5分） 　□2.4 电子节气门（10分） 　□2.5 节气门位置传感器（5分） 　□2.6 加速踏板位置传感器（5分）		
4	诊断、检测、调校分析（10分）	□1.能找到空气供给系统各零部件位置（6分） □2.能划分空气供给系统的子系统（4分）		
5	表单填写和报告撰写（10分）	□1.语句通顺（4分） □2.无错别字（2分） □3.无抄袭（4分）		
6	团队合作和沟通表达（10分）	□1.团队合作、集体责任、共同决策（5分） □2.沟通表达、交流分享、分工明确（5分）		
合计				
教师签字				

任务小结

任务小结　　思政：如何保持　　任务测试　　企业案例
　　　　　　团队协作精神

任务 2.2　进气流量传感器检修

任务描述

1. 任务要求
一辆装备电控发动机的迈腾轿车，车主反映发动机故障指示灯常亮，发动机加速不良。请对进气控制系统的进气流量传感器进行检测，确认故障点。

2. 任务目标
（1）掌握进气流量传感器的工作原理（×中级）。
（2）能检测进气流量传感器，并分析、确认故障原因（×高级+大赛）。

3. 任务分组
对班级学生进行分组，6~8人一组，利用随机抽签的方法抽取本项目的项目经理。分组完成后，有序坐好，小组讨论制定组名、组训，营造小组凝聚力和文化氛围，并确定任务分工，项目经理完成任务单的填写。任务实施过程中，采用班组轮值制度，学生轮值担任项目经理、机电维修工程师、质检工程师、前台接待等角色，每个人都有锻炼组织协调项目管理、项目实施、项目验收能力的机会。通过小组协作，培养学生团队合作、互帮互助的精神和协同攻关的能力。

任务资讯

一、进气流量传感器的功用

进气流量传感器也称为空气流量传感器，又称为空气流量计，其功用是检测发动机进气量的大小，并将空气流量信号转换成电信号输入发动机 ECU，以供发动机 ECU 计算确定喷油时间（即喷油量）和点火时间。空气流量信号是发动机 ECU 计算喷油时间和点火时间的主要依据。空气流量增大，进气量增大，喷油增多，点火提前角减小。

二、进气流量传感器的分类

按结构形式和检测进气量的原理不同，进气流量传感器可分为叶片式、热线式、热膜式和卡门旋涡式4种类型。目前广泛采用的是热线式和热膜式进气流量传感器。

三、进气流量传感器的工作原理

1. 热线式进气流量传感器的工作原理

1）热线式进气流量传感器的位置

进气流量传感器工作原理

进气流量传感器一般安装在空气滤清器和节气门体之间，如图2-2-1所示。

图2-2-1 进气流量传感器的位置

2）热线式进气流量传感器的结构

热线式进气流量传感器主要由热线电阻（铂丝制成的发热体）、温度补偿电阻、控制电路板（控制热线电流并输出信号）、采样管和防护网等组成。热线式进气流量传感器的基本构造如图2-2-2所示，热线电阻和温度补偿电阻安装在进气道中，控制电路板安装在进气流量传感器壳体上，进气管连接侧的防护网用于防止回火和脏污物进入进气流量传感器。

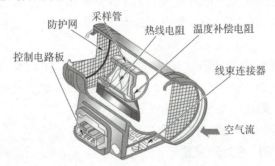

图2-2-2 热线式进气流量传感器结构

3）热线式进气流量传感器工作原理

热线式进气流量传感器的工作原理如图2-2-3（a）所示，当温度较低的进气气流流过放置在空气通道中温度较高的热线时，热线与空气发生热量交换，使热线温度下降。通过热线的空气质量流量越大，被空气带走的热量也越多，热线温度下降也越多。安装在控制电路板上的精密电阻器 R_A 和 R_B、热线电阻 R_H、温度补偿电阻 R_K 组成惠斯通电桥电路。当空气流经热线电阻时，热线电阻温度降低，其相应的电阻值减小，使电桥失去平衡，若要保持电桥平衡，就必须增加流经热线电阻的电流，以恢复其温度和阻值。流经热线电阻的空气量不同，热线电阻器的温度变化量和电阻值的变化量不同，为保持电桥平衡，流经热线电阻的电流也相应变化。由于精密电阻 R_A 的电阻值是一定的，流经精密电阻 R_A 和热线电阻的电流相等，所以精密电阻 R_A 两端的电压随流经热线电阻的空气量相应变化，控制电路将精密电阻 R_A 两端的电压输送给发动机 ECU，即可确定进气量。由此可知，流过热线的空气质量越大，空气带走的热量也越多，为保持电桥平衡，维持热线温度所需的电流也越大，反之则越小。热线式进气流量传感器正是利用流过热线的空气质量与保持热线温度所需热线电流的对应关系测量空气的质量流量的。发动机工作时，热线所需的加热电流一般为 50～120 mA。

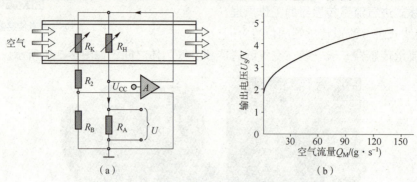

图2-2-3　热线式空气流量传感器的工作原理

(a) 电路图；(b) 输出电压与空气流量的特性曲线

当电桥电流增大时，精密电阻 R_A 上的电压就会升高，从而将空气流量的变化转换为电压信号的变化。输出电压与空气流量之间近似于 4 次方根的关系，特性曲线如图 2-2-3（b）所示。信号电压输入 ECU 后，ECU 便可根据信号电压的高低计算出空气质量流量的大小。

温度补偿电阻 R_K（进气温度传感器）感知进气温度。当进气温度低时，发热元件的温度变化增大，则使发热元件的电流增大，为了保持电桥平衡，温度补偿电阻上的电流也相应增大，以保证发热元件温度与补偿电阻温度之差保持恒定，使测量进气量的精度不会受到进气温度的影响。

为了克服热线易受污染的缺陷，有些电控系统在 ECU 中设有自洁电路，在发动机熄火后，自动将热线加热至 1 000 ℃，持续 1 s，将尘埃烧掉；也有一些电控系统将热线的保持温度提高至 200 ℃，防止污染物污染热线。

2. 热膜式进气流量传感器的工作原理

1）热膜式进气流量传感器的位置

热膜式进气流量传感器一般安装在空气滤清器和进气管之间，如图 2-2-4 所示。

图2-2-4　热膜式进气流量传感器的位置

2）热膜式进气流量传感器的结构

热膜式进气流量计的结构与热线式进气流量计基本相同，不同之处在于发热体由热线改为热膜，即将发热金属铂固定在薄的树脂膜上就形成了热膜。热膜式进气流量传感器是用厚膜工艺将热线、补偿电阻、精密电阻镀在一块陶瓷基片上做成的。用热膜代替热线提高了进气流量传感器的可靠性和耐用性，并且热膜不会被空气中的灰尘沾附。此外，热膜式进气流量传感器的测量元件不直接承受空气流的作用力，使用寿命较长，如图2-2-5所示。

图2-2-5　热膜式进气流量传感器结构

3）新技术：热膜式进气流量传感器HFM6的结构与工作原理

热膜式进气流量传感器HFM6由测量管、传感器电子单元及传感器元件组成，通过测量分流（旁路）中的空气来测量空气质量。通过其特殊的结构，进气流量传感器可以测量吸入及回流的空气质量，如图2-2-6所示。

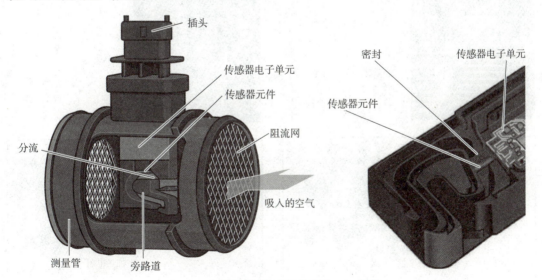

图2-2-6　热膜式进气流量传感器HFM6结构

进气流量传感器HFM6将数字信号传递给发动机ECU。传感器元件位于传感器电子单元旁边，并伸入用于空气质量测量的空气分流内。传感器元件上有一个热电阻、两个与温度相关的电阻R_1和R_2和一个进气温度传感器，如图2-2-7所示。传感器元件在中间通过热电阻被加热到高于进气温度120 ℃，如进气温度30 ℃，热电阻被加热至120 ℃，测得温度为 120 ℃ +30 ℃ =150 ℃，由于与热电阻之间的间距，传感器至边缘的温度逐渐降低。电子模块通过 R_1 和 R_2 的温度差识别出进气空气质量和流向，如图 2-2-7 所示。

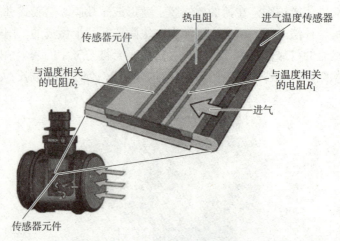

图2-2-7　热膜式进气流量传感器HFM6内部结构

在进气门关闭时，吸入的空气受其阻碍，会回流到进气流量传感器。如果回流未被识别出来，其测量的结果就会出错。回流的空气碰到传感器元件，先流过与温度相关的电阻 R_2，接下来流过热电阻，然后流过与温度相关的电阻 R_1。电子模块通过 R_1 和 R_2 的温度差识别出进气空气质量和流向，如图 2-2-8 所示。

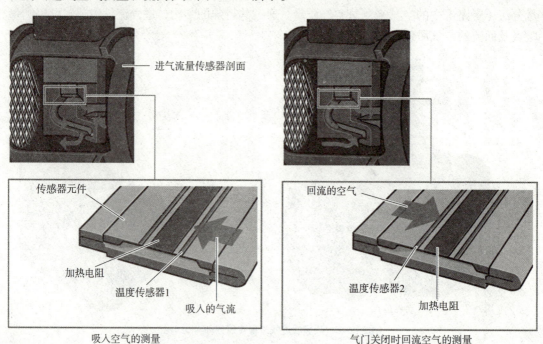

图2-2-8　热膜式进气流量传感器HFM6测量方法

任务决策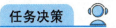

任务 2.2 进气流量传感器检修任务单

组名				
组训				
项目经理（组长）	学号：		姓名：	
团队成员	学号		角色	具体分工
任课教师			实训教师	
领任务	该车辆的故障现象是_____。			
明作用	1.进气流量传感器是测量发动机吸入_____的装置，它将吸入的_____转换为电信号送至_____，作为_____和_____的主要控制信号。 2.空气流量增大，进气量增大，喷油量_____，点火提前角_____。			
找位置	进气流量传感器位于_____和_____之间。			
懂原理	1.常见进气流量传感器类型分为_____和_____两种。 2.请根据图 2-2-3 简要论述进气流量传感器的工作原理。 3.请总结进气流量传感器 HFM6 的特点及工作原理。 			

续表

	控制电路分析
进气流量传感器（4线）电路	如图 2-2-9 所示为桑塔纳 2000AJR 发动机热膜式进气流量传感器与其他部件之间的连接电路。该进气流量传感器共有 5 个端子，其中 1 号端子为空脚、2 号端子为燃油泵继电器供电端子（蓄电池电压）、4 号端子为进气流量传感器供电端子（5 V 左右）、3 号端子为进气流量传感器搭铁端子、5 号端子为进气流量传感器信号端子。 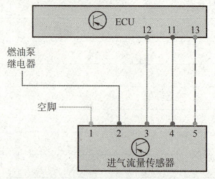 图2-2-9　进气流量传感器（4线）电路
进气流量传感器（3线）电路	如图 2-2-10 所示为迈腾 B7 轿车 1.8TSI 发动机热膜式进气流量传感器与其他部件之间的连接电路。该进气流量传感器共有 3 个端子，其中 T5f/3 号端子为蓄电池供电端子（蓄电池电压）、T5f/2 号端子为进气流量传感器搭铁端子、T5f/1 号端子为进气流量传感器信号端子；当点火开关处于 ON 挡时，T5f/1 号端子供电电压为 5 V 左右（相当于图 2-2-9 的 4 号端子），当起动发动机之后，T5f/1 号端子电压为进气流量传感器信号电压。 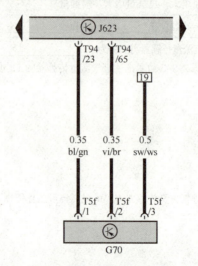 图2-2-10　进气流量传感器（3线）电路
	请根据本车故障现象制定故障检修步骤思维导图

任务实施

请按照以下工作手册，进行检修工作流程。

进气流量传感器电路故障检修

任务 2.2 进气流量传感器检修工作手册

1. 进气流量传感器（4 线）检修工作流程
步骤 1：故障码读取 　　用故障诊断仪的"读取故障码"功能，检查进气流量传感器（空气质量计）的工作情况。选择"读取故障码"功能，读取空气质量计的故障码，如图 2-2-11 所示。 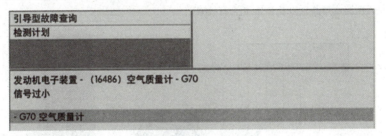 图2-2-11　空气质量计故障码
步骤 2：数据流读取 　　用故障诊断仪的"读取数据流"功能检查空气质量计的工作情况。选择"读取数据流"功能，读取空气质量计的数据流，当冷却液温度大于 80 ℃，发动机怠速时，空气流量的标准值为 2.0～6.0 g/s，如图 2-2-12 所示。 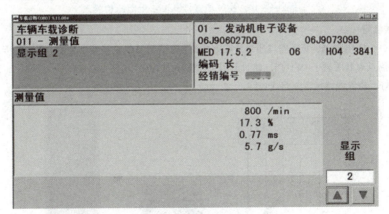 图2-2-12　空气质量计数据流
步骤 3：蓄电池供电电压检测 　　选择万用表，校表后选择 20 V 直流电压挡，拔下空气质量计线束插头，红表笔接线束端 2 号端子，黑表笔接蓄电池负极可靠搭铁，将车辆点火开关置于 ON 挡，此时万用表读数应为 12 V 左右，如图 2-2-13 所示。如果不正常，检查供电线路是否断路或短路，或继电器保险是否损坏。

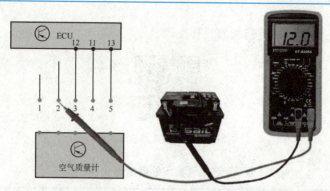

图2-2-13　空气质量计蓄电池供电电压检测

步骤4：ECU供电电压检测

万用表选择20 V直流电压挡，拔下空气质量计线束插头，红表笔接线束端4号端子，黑表笔接蓄电池负极可靠搭铁，将车辆点火开关置于ON挡，此时万用表读数应为5 V左右，如图2-2-14所示。如果不正常，检查供电线路是否断路或短路，以及ECU是否有故障。

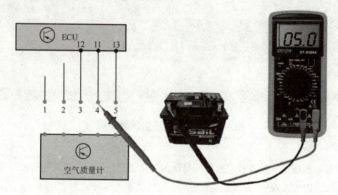

图2-2-14　空气质量计ECU供电电压检测

步骤5：搭铁线检测

万用表选择200 Ω电阻挡，拔下空气质量计线束插头，红表笔接线束端3号端子，黑表笔接蓄电池负极可靠搭铁，将车辆点火开关置于OFF挡，此时万用表读数应约为0，如图2-2-15所示。如果不正常，检查电脑搭铁是否良好、搭铁线路是否断路或短路。

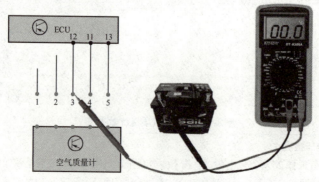

图2-2-15　空气质量计搭铁线检测

续表

步骤6：信号线检测

万用表选择20 V 直流电压挡，安插备针于5号端子，红表笔接5号端子备针，黑表笔接蓄电池负极可靠搭铁，起动车辆，在怠速时读数应为1.5 V 左右，急加速时应达到3.5～4.5 V，信号电压在0～5 V 之间变化，如图2-2-16所示。如果不正常，检查信号线是否断路或短路，检查传感器本身是否损坏。

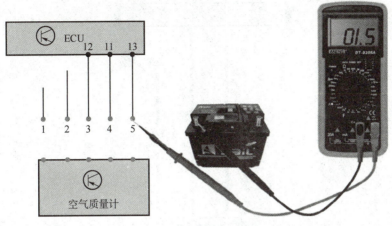

图2-2-16　空气质量计信号线检测

步骤7：传感器线路检测

万用表选择200 Ω 电阻挡，将车辆点火开关置于OFF 挡，拔下空气质量计、ECU 线束插头，分别测量ECU 线束端12、11、13端子与空气质量计线束端3、4、5端子间的电阻，此时万用表读数应为0.5 Ω 左右，如图2-2-17所示。如果不正常，检查线路是否短路或断路。

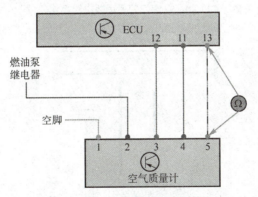

图2-2-17　空气质量计线路检测

2.进气流量传感器（3线）检修工作流程

步骤1：故障码读取

用故障诊断仪的"读取故障码"功能检查空气质量计的工作情况。选择"读取故障码"功能，读取空气质量计的故障码。

步骤2：数据流读取

用故障诊断仪的"读取数据流"功能检查空气质量计的工作情况。选择"读取数据流"功能，读取空气质量计的数据流。

续表

步骤3：蓄电池供电电压检测

　　万用表选择 20 V 直流电压挡，拔下空气质量计线束插头，红表笔接线束端 T5f/3 号端子，黑表笔接蓄电池负极可靠搭铁，将车辆点火开关置于 ON 挡，此时万用表读数应为 12 V 左右，如图 2-2-18 所示。如果不正常，检查供电线路是否断路或短路，或继电器保险是否损坏。

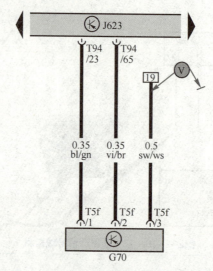

图2-2-18　空气质量计蓄电池供电电压检测

步骤4：搭铁线检测

　　万用表选择 200 Ω 电阻挡，拔下空气质量计线束插头，红表笔接线束端 T5f/2 号端子，黑表笔接蓄电池负极可靠搭铁，将车辆点火开关置于 OFF 挡，此时万用表读数应约为 0，如图 2-2-19 所示。如果不正常，检查电脑搭铁是否良好、搭铁线路是否断路或短路。

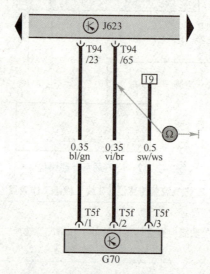

图2-2-19　空气质量计搭铁线检测

续表

步骤 5：信号线检测

万用表选择 20 V 直流电压挡，拔下空气质量计线束插头，红表笔接线束端 T5f/1 号端子，黑表笔接蓄电池负极可靠搭铁，将车辆点火开关置于 ON 挡，此时万用表读数应为 5 V 左右。如果不正常，检查供电线路是否断路或短路，以及 ECU 是否有故障。

万用表选择 20 V 直流电压挡，安插备针于 T5f/1 号端子，红表笔接 T5f/1 号端子备针，黑表笔接蓄电池负极可靠搭铁，起动车辆，在怠速时读数应为 1.5 V 左右；急加速时应达到 3.5～4.5 V，信号电压在 0～5 V 之间变化，如图 2-2-20 所示。如果不正常，检查信号线是否断路或短路，检查传感器本身是否损坏。

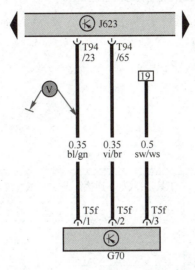

图 2-2-20 空气质量计信号线检测

步骤 6：传感器线路检测

万用表选择 200 Ω 电阻挡，将车辆点火开关置于 OFF 挡，拔下空气质量计、ECU 线束插头，分别测量 ECU 线束端 T94/23、T94/65 端子与空气质量计线束端 T5f/1、T5f/2 端子之间的电阻，此时万用表读数应为 0.5 Ω 左右，如图 2-2-21 所示。如果不正常，检查线路是否短路或断路。

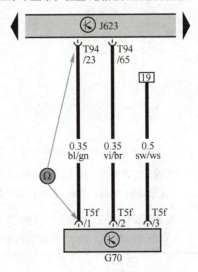

图 2-2-21 空气质量计线路检测

任务 2.2 进气流量传感器检修学生工作活页

姓名		班级		学号	
任务名称	任务 2.2 进气流量传感器检修	日期		组长	
任课教师			实训教师		
领任务	该车辆的故障现象是_____。				
车辆信息					
识电路	请画出实训车辆进气流量传感器电路图。				
会检测					
序号	名称	工具（挡位）、连接针脚号	测量值（单位）	标准值（单位）	
步骤1	发动机故障码读取				
步骤2	蓄电池供电电压检测				
步骤3	ECU 供电电压检测				
步骤4	搭铁线检测				
步骤5	信号线检测				
步骤6	传感器线路检测				
步骤7	发动机数据流读取				
能维修					
请根据检测结果确定故障点及维修方案。					
任务评价	评价主体	评价等级			确认签字
	自评	优秀□ 良好□ 中等□ 及格□ 不及格□ （优秀比例不超过20%，良好比例不超过30%）			
	互评	优秀□ 良好□ 中等□ 及格□ 不及格□ （优秀比例不超过20%，良好比例不超过30%）			

任务 2.2 进气流量传感器检修工作评价活页

班级：　　　　　学号：　　　　　姓名：　　　　　日期：

按要求完成在□打√，未按要求完成在□打×并扣除对应分数，扣分不得超过该项的总分。

检修工作活页（教师用）					
序号	评分项及配分标准	得分条件		得分	扣分
1	作业安全和职业操守（10分）	1.□能进行工位7S（整理、整顿、清理、清洁、素养、节约、安全）操作（4分） 2.□能进行设备和工具安全检查（2分） 3.□能进行工具、测量仪器清洁、校准、存放操作（2分） 4.□能做到油液、水液、工具三不落地操作（2分）			
2	信息查询和资讯检索（10分）	1.能正确使用维修手册、维修电路图查询资料（6分） □1.1 查询进气流量传感器的拆装流程（2分） □1.2 查询进气流量传感器接线端子的功用（2分） □1.3 查询进气流量传感器继电器、熔断器的安装位置（2分） 2.能在规定时间内查询进气流量传感器测量所需资料（4分） □2.1 能正确记录所查询资料章节页码（2分） □2.2 能正确记录所需检修信息（2分）			
3	保养、拆装、检测作业（50分）	1.拆装进气流量传感器（5分） □1.1 检查准备测量仪器，查阅了解拆装顺序（2分） □1.2 拆卸进气流量传感器线束插接器（3分） 2.读取进气流量传感器故障码和数据流（10分） □2.1 读取故障码（5分） □2.2 读取数据流（5分） 3.进气流量传感器检测（35分） □3.1 蓄电池供电线检测（10分） □3.2 ECU供电线检测（5分） □3.3 搭铁线检测（10分） □3.4 信号线检测（10分）			
4	诊断、检测、调校分析（10分）	□1.能判断进气流量传感器维修决策（6分） □2.维修方案正确（4分）			
5	表单填写和报告撰写（10分）	□1.语句通顺（4分） □2.无错别字（2分） □3.无抄袭（4分）			
6	团队合作和沟通表达（10分）	□1.团队合作、集体责任、共同决策（5分） □2.沟通表达、交流分享、分工明确（5分）			
		合计			
		教师签字			

任务小结

任务小结　　思政：汽车强国——　　任务测试　　企业案例
　　　　　　　核心技术

任务 2.3　进气压力传感器检修

任务描述

1. 任务要求

一辆装备电控发动机的宝来轿车，车主反映发动机故障指示灯常亮，发动机加速不良。经过对空气供给系统进行全面检测，确认为进气压力传感器故障。

2. 任务目标

（1）掌握进气压力传感器的工作原理（×中级）。
（2）能检测进气压力传感器，并分析、确认故障原因（×高级＋大赛）。

3. 任务分组

对班级学生进行分组，6～8 人一组，利用随机抽签的方法抽取本项目的项目经理。分组完成后，有序坐好，小组讨论制定组名、组训，营造小组凝聚力和文化氛围，并确定任务分工，项目经理完成任务单的填写。任务实施过程中，采用班组轮值制度，学生轮值担任项目经理、机电维修工程师、质检工程师、前台接待等角色，每个人都有锻炼组织协调项目管理、项目实施、项目验收能力的机会。通过小组协作，培养学生团队合作、互帮互助的精神和协同攻关的能力。

任务资讯

一、进气压力传感器的功用

进气压力传感器全称为进气歧管绝对压力传感器，其作用是测量进气管压力（真空度），并将信号输入 ECU，作为燃油喷射和点火控制的主控制信号。真空度是大气压力与进气歧管绝对压力的差值，是进气歧管压力低于大气压力的差值，真空度越大，说明进气歧管压力与大气压力之间的差值越大，即进气歧管压力越小。

二、进气压力传感器的分类

进气压力传感器的种类较多，按其检测原理可分为压敏电阻式、电容式、膜盒式、表面弹性波式等。在 D 型电控燃油喷射系统中应用最多的是压敏电阻式和电容式两种。

三、进气压力传感器的工作原理

1. 进气压力传感器的位置

进气压力传感器一般装于发动机机舱内,用一根真空管与进气歧管相接或直接装在节气门后方的进气歧管上,如图 2-3-1 所示。

图2-3-1 进气压力传感器的位置

2. 压敏电阻式进气压力传感器的工作原理

1)压敏电阻式进气压力传感器的结构

各型汽车用压敏电阻式进气压力传感器的结构大同小异,主要由硅膜片、绝对真空室、混合集成电路(混合 IC)、真空管接头和线束连接插头等组成,如图 2-3-2 所示。

2)压敏电阻式进气压力传感器工作原理

压敏电阻式进气压力传感器由压力转换元件和对输出信号进行放大的混合集成电路等构成。压力转换元件是利用半导体压阻效应制成的硅膜片。硅膜片为约 3 mm 的正方形,其中部经光刻腐蚀形成直径约 2 mm、厚约 50 pm 的薄膜。在膜片表面规定位置有 4 个应变电阻,以惠斯通电桥方式连接,如图 2-3-3 所示。硅膜片的一侧是真空室,另一侧导入进气歧管压力。进气歧管侧的绝对压力(即进气歧管压力)越高,硅膜片的变形量越大,其变形量与压力成正比,膜片上应变电阻阻值的变化也与硅膜片变形的变化量成正比。这样就可利用惠斯通电桥将硅膜片的变形转换成电信号。由于压力转换元件输出的电信号很弱,所以需用混合集成电路进行放大后才输出。

当发动机工作时,进气歧管压力随进气流量的变化而变化。当节气门开度增大(即进气流量增大)时,空气流通截面增大,气流速度降低,进气歧管压力升高,膜片应力增大,压敏电阻的阻值变化量增大,电桥输出的电压升高,经混合集成电路放大和处理后,传感器输入 ECU 的信号电压升高。反之,当节气门开度由大变小(即进气流量减小)时,进气流通截面减小,气流速度升高,进气歧管压力降低,膜片应力减小,压敏电阻的阻值变化量减小,电桥输出电压降低,输入 ECU 的信号电压降低,如图 2-3-4 所示。

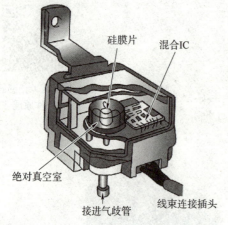

图2-3-2 压敏电阻式进气压力传感器结构

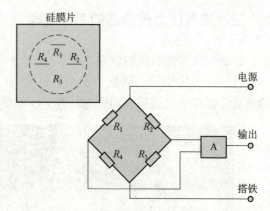

图2-3-3 压敏电阻式进气压力传感器工作原理

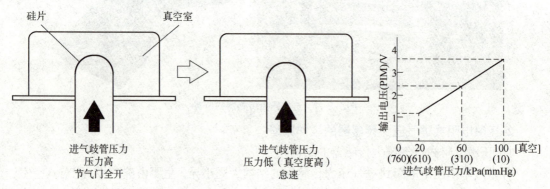

图2-3-4 压敏电阻式进气压力传感器信号电压

3. 电容式进气压力传感器的工作原理

1) 电容式进气压力传感器结构

位于传感器壳体内腔的弹性膜片用金属制成，弹性膜片上、下两个凹玻璃的表面也均有金属涂层，这样在弹性膜片与两个金属涂层之间形成两个串联的电容，如图2-3-5所示。

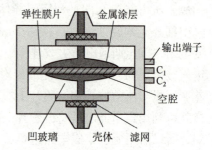

图2-3-5 电容式进气压力传感器结构

2) 电容式进气压力传感器工作原理

电容式进气压力传感器工作原理是利用电容效应检测进气管绝对压力。发动机工作时，进气管内的空气压力作用于弹性膜片上，使弹性膜片产生位移，弹性膜片与两个金属涂层之间的距离发生变化，一个距离减小，而另一个距离增大，在弹性膜片与两个金属涂层之间形成的两个电容的电容量也就一个增加，另一个减小。电容量的变化量与弹性膜片的位移成正比，而弹性膜片的位移取决于上下两个空腔的气体压力，只要弹性膜片上部的空腔为绝对真空，下部空腔通进气管，则可通过检测电容量的变化来检测进气管的绝对压力。电容量的变化量再经过测量电路转换成电压信号输送给ECU，测量电路可以是电容电桥电路或谐振电路等。

任务决策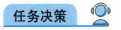

任务 2.3 进气压力传感器检修任务单

组名				
组训				
项目经理（组长）	学号：		姓名：	
团队成员	学号	角色		具体分工
任课教师			实训教师	
领任务	该车辆的故障现象是_____。			
明作用	1. 进气压力传感器又称进气歧管绝对压力传感器，根据发动机的负荷状态测出_____即_____的变化，并转换成电压信号，决定基本_____和基本_____。 2. 进气压力越大，真空度越_____，进气量越_____，喷油越_____，点火提前角越_____。			
找位置	进气压力传感器的位置_____。			
懂原理	1. 常见的进气压力传感器分为_____和_____两种。 2. 请根据图 2-3-3 和图 2-3-4 简要说明压敏电阻进气压力传感器的工作原理。			
进气压力传感器（3线）控制电路分析				

如图 2-3-6 所示为进气压力传感器与其他部件之间的连接电路。该传感器共有 3 个端子，其中 VCC 端子为供电端子（5 V 左右），E2 端子为搭铁端子，PIM 端子为信号端子。

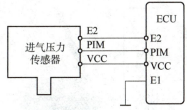

图2-3-6　进气压力传感器电路

请根据本车故障现象制定故障检修步骤思维导图

任务实施

请按照以下工作手册，进行检修工作流程。

进气压力传感器电路故障检修

任务 2.3 进气压力传感器检修工作手册

检修工作流程
步骤 1：数据流读取 用故障诊断仪的"读取数据流"功能检查进气压力传感器的工作情况。选择"读取数据流"功能，读取进气压力传感器的数据流，当冷却液温度大于 80 ℃，发动机怠速时，进气压力传感器的标准值为 70 kPa，如图 2-3-7 所示。 | 数据流名 | 值 | 单位 | | 进气歧管绝对压力 | 63 | kPa | | 发动机转数 | 1 820 | r/min | 图2-3-7　进气压力传感器数据流
步骤 2：供电电压检测 万用表选择 20 V 直流电压挡，拔下进气压力传感器线束插头，红表笔接线束端 VCC 端子，黑表笔接蓄电池负极可靠搭铁，将车辆点火开关置于 ON 挡，此时万用表读数应为 5 V 左右，如图 2-3-8 所示。如果不正常，检查供电线路是否断路或短路，以及 ECU 是否有故障。 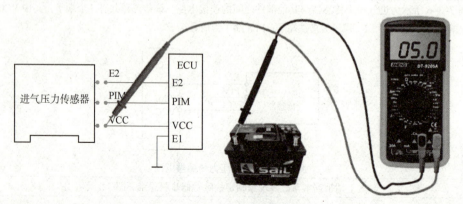 图2-3-8　进气压力传感器供电电压检测
步骤 3：搭铁线检测 万用表选择 200 欧 Ω 电阻挡，拔下进气压力传感器线束插头，红表笔接线束端 E2 端子，黑表笔接蓄电池负极可靠搭铁，将车辆点火开关置于 OFF 挡，此时万用表读数应约为 0，如图 2-3-9 所示。如果不正常，检查电脑搭铁是否良好、搭铁线路是否断路或短路。

续表

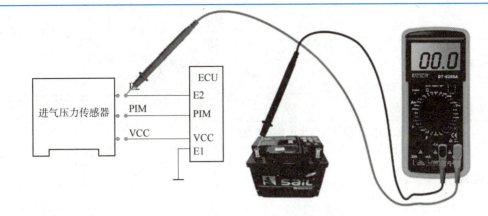

图2-3-9 进气压力传感器搭铁线检测

步骤4：信号线检测

万用表选择 20 V 直流电压挡，安插备针于 PIM 端子，红表笔接 PIM 端子备针，黑表笔接蓄电池负极可靠搭铁，起动车辆，逐渐踩下加速踏板，信号电压随进气压力增大而增大，信号电压在 0～5 V 之间变化，如图 2-3-10 所示。

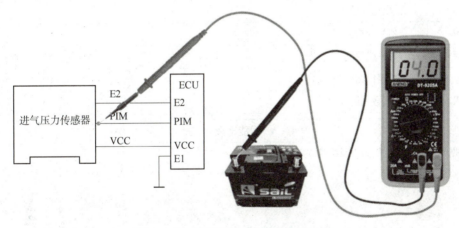

图2-3-10 进气压力传感器信号线检测

步骤5：传感器线路检测

万用表选择 200 Ω 电阻挡，车辆点火开关置于 OFF 挡，拔下进气压力传感器、ECU 线束插头，分别测量 ECU 线束端 E2、PIM、VCC 端子与传感器线束端 E2、PIM、VCC 端子之间的电阻，此时万用表读数应为 0.5 Ω 左右，如图 2-3-11 所示。如果不正常，检查线路是否短路或断路。

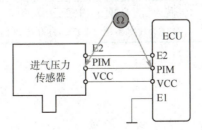

图2-3-11 进气压力传感器线路检测

任务 2.3 进气压力传感器检修学生工作活页

姓名		班级		学号	
任务名称	任务 2.3 进气压力传感器检修	日期		组长	
任课教师			实训教师		
领任务	该车辆的故障现象是_____。				
车辆信息					
识电路	请画出实训车辆进气压力传感器电路图。				
会检测					

序号	名称	工具（挡位）、连接针脚号	测量值（单位）	标准值（单位）
步骤 1	发动机故障码读取			
步骤 2	供电电压检测			
步骤 3	信号线检测			
步骤 4	搭铁线检测			
步骤 5	传感器线路检测			
步骤 6	发动机数据流读取			

能维修	
请根据检测结果确定故障点及维修方案。	

任务评价	评价主体	评价等级	确认签字
	自评	优秀□ 良好□ 中等□ 及格□ 不及格□ （优秀比例不超过 20%，良好比例不超过 30%）	
	互评	优秀□ 良好□ 中等□ 及格□ 不及格□ （优秀比例不超过 20%，良好比例不超过 30%）	

任务 2.3 进气压力传感器检修工作评价活页

班级：　　　　　学号：　　　　　姓名：　　　　　日期：

按要求完成在□打√，未按要求完成在□打×并扣除对应分数，扣分不得超过该项的总分。

序号	评分项及配分标准	得分条件	得分	扣分
		工作评价活页（教师用）		
1	作业安全和职业操守（10分）	□1. 能进行工位7S（整理、整顿、清理、清洁、素养、节约、安全）操作（4分） □2. 能进行设备和工具安全检查（2分） □3. 能进行工具、测量仪器清洁、校准、存放操作（2分） □4. 能做到油液、水液、工具三不落地操作（2分）		
2	信息查询和资讯检索（10分）	1. 能正确使用维修手册、维修电路图查询资料（6分） 　□1.1 查询进气压力传感器的拆装流程（3分） 　□1.2 查询进气压力传感器接线端子的功用（3分） 2. 能在规定时间内查询进气流量传感器测量所需资料(4分) 　□2.1 能正确记录所查询资料章节页码（2分） 　□2.2 能正确记录所需检修信息（2分）		
3	保养、拆装、检测作业（50分）	1. 拆装进气压力传感器（5分） 　□1.1 检查准备测量仪器，查阅了解拆装顺序（2分） 　□1.2 拆卸进气流量传感器线束插接器（3分） 2. 读取进气压力传感器故障码和数据流（10分） 　□2.1 读取故障码（5分） 　□2.2 读取数据流（5分） 3. 进气压力传感器检测（35分） 　□3.1 供电线检测（10分） 　□3.2 搭铁线检测（10分） 　□3.3 信号线检测（15分）		
4	诊断、检测、调校分析（10分）	□1. 能判断进气压力传感器维修决策（6分） □2. 维修方案正确（4分）		
5	表单填写和报告撰写（10分）	□1. 语句通顺（4分） □2. 无错别字（2分） □3. 无抄袭（4分）		
6	团队合作和沟通表达（10分）	□1. 团队合作、集体责任、共同决策（5分） □2. 沟通表达、交流分享、分工明确（5分）		
		合计		
		教师签字		

任务小结

任务小结　　思政：大国工匠——李凯军　　任务测试　　企业案例

任务 2.4　进气温度传感器检修

任务描述

1. 任务要求

一辆宝来轿车，车主反映发动机故障指示灯常亮，发动机加速不良。经过对空气供给系统进行全面检测，确认为进气温度传感器故障。

2. 任务目标

（1）掌握进气温度传感器的工作原理（×中级）。

（2）能检测进气温度传感器、并分析、确认故障原因（×高级+大赛）。

3. 任务分组

对班级学生进行分组，6～8 人一组，利用随机抽签的方法抽取本项目的项目经理。分组完成后，有序坐好，小组讨论制定组名、组训，营造小组凝聚力和文化氛围，并确定任务分工，完成任务单的填写。任务实施过程中，采用班组轮值制度，学生轮值担任项目经理、机电维修工程师、质检工程师、前台接待等角色，每个人都有锻炼组织协调项目管理、项目实施、项目验收能力的机会。通过小组协作，培养学生团队合作、互帮互助的精神和协同攻关的能力。

任务资讯

为了保证控制系统能够精确控制发动机的工作参数，必须随时监测发动机冷却液温度、进气温度和排气温度，以便修正控制参数，计算吸入气缸空气的质量流量以及进行排气净化处理等。温度传感器的功用是将被测对象的温度信号转变为电信号输入 ECU，以便 ECU 修正控制参数或判断检测对象的热负荷状态。进气温度信号是各种控制功能的修正信号，如果进气温度传感器信号中断，就会导致热起动困难、废气排放量增大等。

一、进气温度传感器的功用

进气温度传感器的功用就是将进气温度信号变换为电信号输入发动机 ECU，以便发动机 ECU 修正喷油量。当进气温度低时，空气密度大，相同体积气体的质量增大；反之，当进气温度升高时，相同体积气体的质量将减小。当进气温度低（空气密度大）时，发动机 ECU 将控制喷油器增加喷油量；反之，当进气温度高（空气密度小）时，发动机 ECU 将控制喷油器减少喷油量。

二、进气温度传感器的分类

汽车上采用的温度传感器按结构与物理性能不同，可分为热敏电阻式、热敏铁氧体式、双金属片式、石蜡式等。双金属片式和石蜡式温度传感器属于结构型传感器，热敏电阻式和热敏铁氧体式温度传感器属于物性（物理性能）型传感器。现代汽车广泛采用热敏电阻式温度传感器。

三、进气温度传感器的工作原理

1. 进气温度传感器的位置

进气温度传感器一般安装在空气滤清器或进气总管上。在 L 型电控燃油系统中，进气温度传感器一般安装在进气流量传感器内；在 D 型电控燃油系统中，进气温度传感器一般安装在进气压力传感器内，如图 2-4-1 所示。

图2-4-1　进气温度传感器的位置

2. 热敏电阻式进气温度传感器的工作原理

1）热敏电阻式进气温度传感器结构

热敏电阻式进气温度传感器的结构型式如图 2-4-2 所示，主要由热敏电阻、导电片、接线插座和壳体等组成。热敏电阻是利用陶瓷半导体材料的电阻值随温度变化而变化的特性制成的。

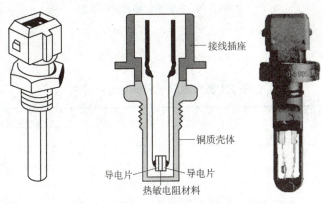

图2-4-2　热敏电阻式进气温度传感器结构

2）热敏电阻式进气温度传感器工作原理

热敏电阻式进气温度传感器壳体内装有一个热敏电阻，该热敏电阻的电阻值随温度升高而减小，称为负温度系数 NTC 热敏电阻。进气温度变化时，热敏电阻器的阻值发生变化，一般随进气温度升高，热敏电阻器的阻值逐渐减小。传感器的两个电极用导线与 ECU 插座连接。ECU 内部串联一只分压电阻 R，ECU 向热敏电阻和分压电阻组成的分压电路提供一个稳定的电压（一般为 5 V），传感器输入 ECU 的信号电压等于热敏电阻上的分压值。当被测对象的温度升高时，传感器阻值减小，热敏电阻上的分压值降低；反之，当被测对象的温度降低时，传感器阻值增大，热敏电阻上的分压值升高。ECU 根据接收到的信号电压值，便可计算求得对应的温度值，从而进行实时控制。当进气温度低时，热敏电阻值大，传感器输入 ECU 的信号电压高，ECU 控制喷油器增加喷油量。当进气温度高时，热敏电阻值小，ECU 将控制喷油减少喷油量，如图 2-4-3 所示。

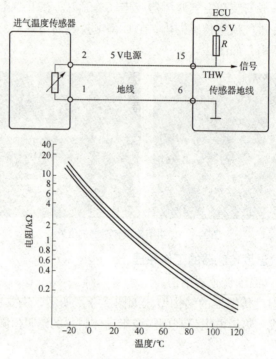

图 2-4-3　进气温度传感器工作原理

任务决策

任务 2.4 进气温度传感器检修任务单

组名				
组训				
项目经理（组长）	学号：		姓名：	
团队成员	学号	角色		具体分工

续表

任课教师		实训教师	
领任务	该车辆的故障现象是＿＿＿＿＿＿＿＿＿＿＿＿＿＿＿＿＿＿＿＿＿＿＿＿＿＿。		
明作用	1. 进气温度传感器的功用就是将＿＿＿＿＿＿＿＿信号变换为电信号输入＿＿＿＿＿＿，以便ECU修正喷油量。 2. 当进气温度低（空气密度大）时，ECU将控制喷油器＿＿＿＿＿＿喷油量。		
找位置	进气温度传感器一般安装在＿＿＿＿＿＿＿＿＿＿上。		
懂原理	1. 进气温度传感器采用的＿＿＿＿＿＿＿热敏电阻，一般随进气温度升高，热敏电阻器的阻值逐渐＿＿＿＿＿＿＿＿。 2. 请根据图2-4-2和图2-4-3简要说明热敏电阻式进气温度传感器的工作原理。		
控制电路分析			
迈腾进气温度传感器电路	如图2-4-4所示为迈腾轿车进气温度传感器与其他部件之间的连接电路，共有2个端子，2号端子为进气温度传感器的搭铁端，1号端子为进气温度传感器信号端子。 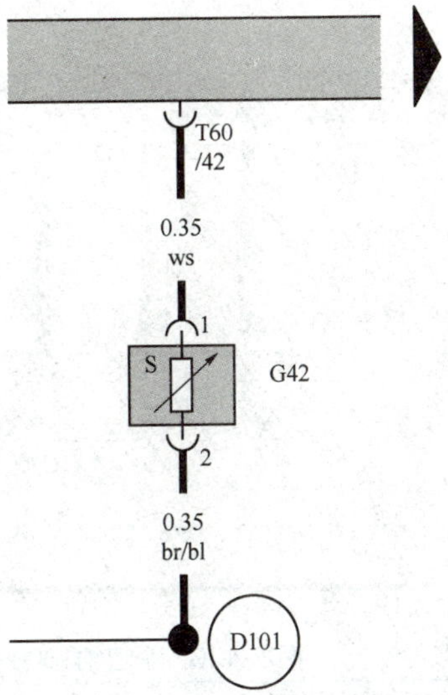 图2-4-4　迈腾进气温度传感器电路		
宝来进气温度传感器电路	如图2-4-5所示为宝来轿车温度传感器与其他部件之间的连接电路。GX9传感器为进气管传感器，包括进气压力传感器和进气温度传感器，共有4个端子，其中1号端子为进气压力传感器和进气温度传感器共用搭铁端子，2号端子为进气温度传感器信号端子，3号端子为进气压力传感器供电端子（5 V左右），4号端子为进气压力传感器信号端子。G62为冷却液温度传感器，共有2个端子，其中1号端子和2号端子为冷却液温度传感器信号端子。		

续表

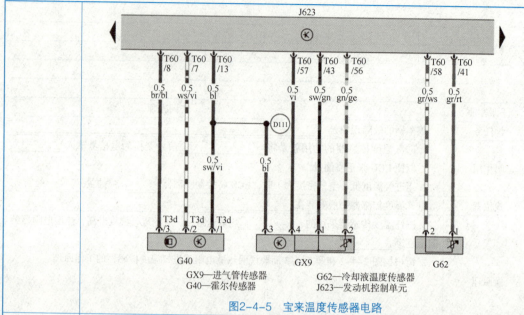

图2-4-5 宝来温度传感器电路

GX9—进气管传感器
G40—霍尔传感器
G62—冷却液温度传感器
J623—发动机控制单元

桑塔纳3000进气温度传感器电路

如图2-4-6所示为桑塔纳3000进气温度传感器与其他部件之间的连接电路。G70传感器包括空气流量计和进气温度传感器，共有5个端子，其中1号端子为进气温度传感器信号端子，2号端子为空气流量计蓄电池供电端子（12 V左右），3号端子为空气流量计和进气温度传感器共用搭铁端子，4号端子为空气流量计ECU供电端子（5 V左右），5号端子为空气流量信号端子。

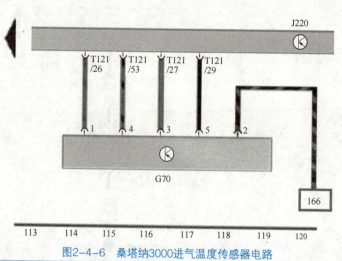

图2-4-6 桑塔纳3000进气温度传感器电路

请根据本车故障现象制定故障检修步骤思维导图

任务实施

请按照以下工作手册，进行检修工作流程。

进气温度传感器的工作原理及检修

任务 2.4 进气温度传感器检修工作手册

1. 迈腾发动机检修工作流程

步骤 1：数据流读取

选择"读取数据流"功能，读取进气温度传感器的数据流。数据流随进气温度的升高而升高，数值应与实际进气温度一致，如图 2-4-7 所示。

数据流名称	值	单位
进气歧管绝对压力传感器	40	千帕
进气温度传感器	45	℃

图 2-4-7　进气温度传感器数据流

步骤 2：预供电电压检测

万用表选择 20 V 直流电压挡，拔下进气温度传感器线束插头，红表笔接线束端 1 号端子，黑表笔接蓄电池负极可靠搭铁，将车辆点火开关置于 ON 挡，此时万用表读数应为 5 V 左右，如图 2-4-8 所示。如果不正常，检查 ECU 供电线路是否断路或短路，以及 ECU 是否有故障。

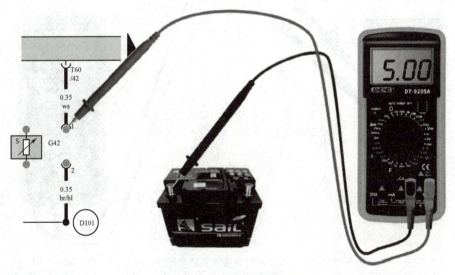

图 2-4-8　进气温度传感器供电电压

步骤 3：搭铁线检测

万用表选择 20 V 直流电压挡，拔下温度传感器线束插头，黑表笔接线束端 2 号端子，红表笔接蓄电池正极，此时万用表读数应为 12 V 左右，如图 2-4-9 所示。如果不正常，检查电脑搭铁是否良好、搭铁线路是否断路或短路。

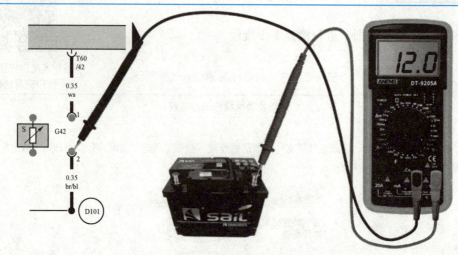

图2-4-9 进气温度传感器搭铁线检测

步骤4：信号线检测

万用表选择20 V直流电压挡，安插备针于1和2端子，红表笔接2号端子备针，黑表笔接1号端子备针，起动车辆，逐渐踩下加速踏板，信号电压随进气温度升高而减小，信号电压在0～5 V之间变化，如图2-4-10所示。

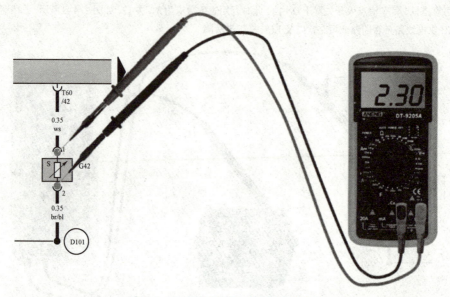

图2-4-10 进气温度传感器信号线检测

步骤5：传感器线路检测

万用表选择200 Ω电阻挡，将车辆点火开关置于OFF挡，拔下进气温度传感器、ECU线束插头，分别测量发动机电脑线束端T60/42、D101与传感器线束端1、2端子间的电阻，此时万用表读数应为0.05 Ω左右，如图2-4-11所示。如果不正常，检查线路是否短路或断路。

续表

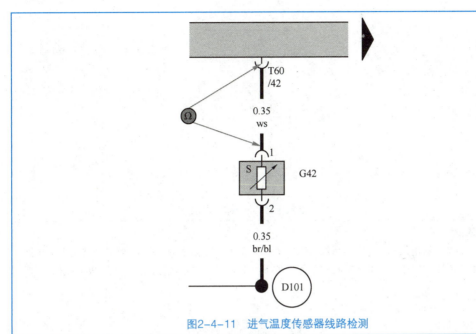

图2-4-11 进气温度传感器线路检测

步骤6：传感器电阻检测

万用表选择 20 kΩ 电阻挡，将车辆点火开关置于 OFF 挡，拔下进气温度传感器线束插头，红黑表笔接温度传感器 1 号和 2 号端子，万用表读数为 2 kΩ 左右，如图 2-4-12 所示。

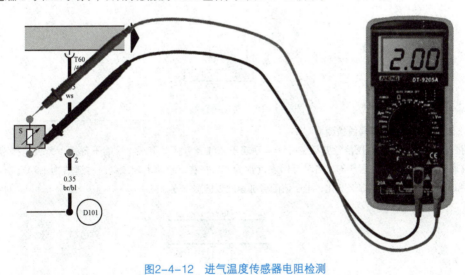

图2-4-12 进气温度传感器电阻检测

2. 宝来发动机检修工作流程

步骤1：数据流读取

选择"读取数据流"功能，读取进气压力传感器和进气温度传感器的数据流。

步骤2：供电电压检测

万用表选择 20 V 直流电压挡，红表笔接传感器线束端 3 号端子，黑表笔接蓄电池负极可靠搭铁，将车辆点火开关置于 ON 挡，此时读数为 5 V 左右，如图 2-4-13 所示。

续表

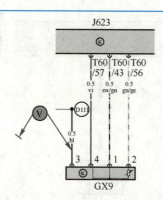

图2-4-13　进气压力传感器供电电压

步骤3：搭铁线检测

万用表选择20 V直流电压挡，拔下传感器线束插头，黑表笔接线束端1号端子，红表笔接蓄电池正极，此时万用表读数应为12 V左右，如图2-4-14所示。如果不正常，检查电脑搭铁是否良好、搭铁线路是否断路或短路。

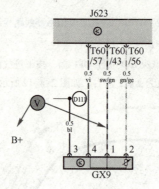

图2-4-14　共用搭铁线检测

步骤4：进气压力传感器信号线检测

万用表选择20 V直流电压挡，安插备针于4号端子，红表笔接线束端4号端子备针，黑表笔接蓄电池负极可靠搭铁，点火开关置于ON挡时万用表读数为4 V左右，起动车辆，急速时读数为1.8 V左右，如图2-4-15所示，加速观察数据变化，电压值随着加速踏板的踩下逐渐减小。

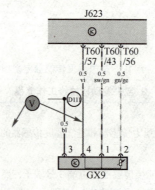

图2-4-15　进气压力传感器信号线检测

续表

步骤5：进气温度传感器信号线检测

万用表选择20 V直流电压挡，安插备针于1号端子和2号端子，红表笔接线束端2号端子备针，黑表笔接1号端子备针，起动车辆，观察数据变化，如图2-4-16所示。

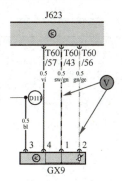

图2-4-16　进气温度传感器信号线检测

步骤6：传感器线路检测

万用表选择200 Ω电阻挡，将车辆点火开关置于OFF挡，拔下传感器、发动机电控单元J623线束插头，分别测量传感器GX9线束端4号、1号、2号与J623相对应的3个端子间的电阻，此时万用表读数应为0.5 Ω左右，如图2-4-17所示。如果不正常，检查线路是否短路或断路。

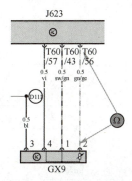

图2-4-17　传感器线路检测

步骤7：传感器电阻检测

万用表选择20 kΩ电阻挡，将车辆点火开关置于OFF挡，拔下进气温度传感器线束插头，红黑表笔连接传感器1号和2号端子，万用表读数为2 kΩ左右，如图2-4-18所示。

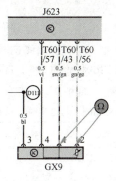

图2-4-18　进气温度传感器电阻检测

任务 2.4 进气温度传感器检修学生工作活页

姓名		班级		学号	
任务名称	任务 2.4 进气温度传感器检修	日期		组长	
任课教师			实训教师		
领任务	该车辆的故障现象是＿＿＿＿＿＿＿＿＿＿＿＿＿＿＿＿＿＿＿＿＿＿＿＿＿＿＿＿＿＿。				
车辆信息					
识电路	请画出实训车辆进气温度传感器电路图。				
会检测					

序号	名称	工具（挡位）、连接针脚号	测量值（单位）	标准值（单位）
步骤 1	发动机故障码读取			
步骤 2	进气压力传感器供电电压检测			
步骤 3	进气压力传感器信号线检测			
步骤 4	搭铁线检测			
步骤 5	进气温度传感器信号线检测			
步骤 6	传感器线路检测			
步骤 7	发动机数据流读取			

能维修	
请根据检测结果确定故障点及维修方案。	

任务评价	评价主体	评价等级	确认签字
	自评	优秀□　良好□　中等□　及格□　不及格□ （优秀比例不超过 20%，良好比例不超过 30%）	
	互评	优秀□　良好□　中等□　及格□　不及格□ （优秀比例不超过 20%，良好比例不超过 30%）	

任务 2.4 进气温度传感器检修工作评价活页

班级：　　　　　学号：　　　　　姓名：　　　　　日期：

按要求完成在□打√，未按要求完成在□打×并扣除对应分数，扣分不得超过该项的总分。

工作评价活页（教师用）					
序号	评分项及配分标准	得分条件	得分	扣分	
1	作业安全和职业操守 （10分）	□1.能进行工位7S(整理、整顿、清理、清洁、素养、节约、安全)操作（4分） □2.能进行设备和工具安全检查（2分） □3.能进行工具、测量仪器清洁、校准、存放操作（2分） □4.能做到油液、水液、工具三不落地操作（2分）		
2	信息查询和资讯检索 （10分）	1.能正确使用维修手册、维修电路图查询资料（6分） 　□1.1查询进气温度传感器的拆装流程（3分） 　□1.2查询进气温度传感器接线端子的功用（3分） 2.能在规定时间内查询进气温度传感器测量所需资料（4分） 　□2.1能正确记录所查询资料章节页码（2分） 　□2.2能正确记录所需检修信息（2分）		
3	保养、拆装、检测作业 （50分）	1.拆装进气温度传感器（5分） 　□1.1检查准备测量仪器，查阅了解拆装顺序（2分） 　□1.2拆卸进气温度传感器线束插接器（3分） 2.读取进气压力传感器故障码和数据流（10分） 　□2.1读取故障码（5分） 　□2.2读取数据流（5分） 3.进气温度传感器（集成进气压力传感器）检测（35分） 　□3.1进气压力传感器检测（15分） 　□3.2进气温度信号线检测（10分） 　□3.3进气温度搭铁线检测（10分）		
4	诊断、检测、调校分析 （10分）	□1.能判断进气温度传感器维修决策（6分） □2.维修方案正确（4分）		
5	表单填写和报告撰写 （10分）	□1.语句通顺（4分） □2.无错别字（2分） □3.无抄袭（4分）		
6	团队合作和沟通表达 （10分）	□1.团队合作、集体责任、共同决策（5分） □2.沟通表达、交流分享、分工明确（5分）		
合计				
教师签字				

任务小结

任务小结

思政：做好小角色，方可堪大任

任务测试

企业案例

任务 2.5 电子节气门检修

任务描述

1. 任务要求
一辆装备电控发动机的宝来轿车，车主反映发动机故障指示灯常亮，发动机加速不良。经过对进气控制系统进行全面检测，确认为电子节气门故障。

2. 任务目标
（1）掌握电子节气门工作原理（×中级）。
（2）能检测电子节气门，并分析、确认故障原因（×高级+大赛）。

3. 任务分组
对班级学生进行分组，6～8人一组，利用随机抽签的方法抽取本项目的项目经理。分组完成后，有序坐好，小组讨论制定组名、组训，营造小组凝聚力和文化氛围，并确定任务分工，完成任务单的填写。任务实施过程中，采用班组轮值制度，学生轮值担任项目经理、机电维修工程师、质检工程师、前台接待等角色，每个人都有锻炼组织协调项目管理、项目实施、项目验收能力的机会。通过小组协作，培养学生团队合作、互帮互助的精神和协同攻关的能力。

任务资讯

一、电子节气门系统的功用

为了提高汽车行驶的安全性、动力性、平稳性及经济性，并减少排放污染，世界各大汽车制造商推出了各种控制特性良好的电子节气门及其相应的电子控制系统，组成电子节气门系统。采用电子节气门系统，使节气门开度得到精确控制，不但可以提高燃油经济性，减少排放，同时，系统响应迅速，可获得满意的操控性能；另外，可实现怠速控制、巡航控制和车辆稳定控制等的集成，简化控制系统结构。电子节气门系统，取消节气门拉索，由加速踏板位置传感器向发动机提供踏板位置信号，提高节气门操纵系统的传输效率及准确性。此外，当发动机运转时，控制单元可以不依靠加速踏板位置传感器直接控制节气门，避免节流损失。

电子节气门系统 E-GAS 是根据加速踏板被踩下的程度和发动机以及汽车的状态使节气门开启到最佳位置，从而实现怠速控制、巡行控制、加速、雪地模式和牵引力控制等综合性控制。发动机对节气门的控制不是节气门拉索来操纵的。加速踏板和节气门之间无机械结构的连接。节气门开度由发动机控制单元按设定的程序通过内部一个步进电动机来控制，不完全取决于加速踏板位置，如图 2-5-1 所示。这样做的优点是发动机可以根据不同的情况（如加速踏板位置、废气排放、燃油消耗、安全性等）自主地确定节气门位置。

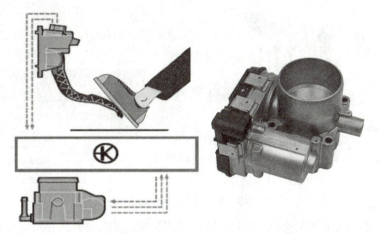

图2-5-1　电子节气门系统

二、电子节气门系统的工作原理

1. 电子节气门系统的组成

电子节气门系统包括用于确定、调整及监控节气门位置的所有部件，如加速踏板位置传感器、发动机控制单元、节气门体和 EPC 警报灯等，如图 2-5-2 所示。

电子节气门系统工作原理

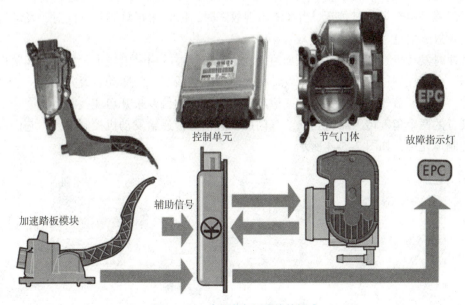

图2-5-2　电子节气门系统的组成

2. 电子节气门系统的工作原理

电子节气门系统的工作原理如图 2-5-3 所示,加速踏板位置传感器用来确定当前加速踏板的位置并将相应的信号传递到发动机控制单元。

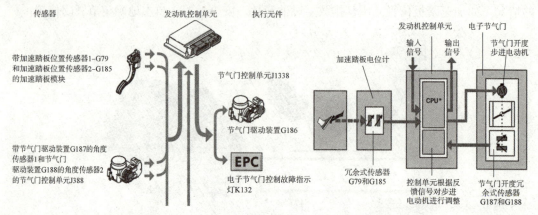

图2-5-3　电子节气门系统的工作原理

发动机控制单元根据该信号计算出驾驶员需要的发动机动力,并将此信息转换为发动机的扭矩数值。为此,发动机控制单元激活节气门驱动装置(即电动机)以进一步开启或关闭节气门。在激活节气门驱动装置时,发动机控制单元也考虑满足其他扭矩要求,如空调。另外,它还监控"电子节气门控制系统"的功能。

节气门体负责提供所需要的空气质量。节气门电动机根据发动机控制单元发出的指令激活节气门。节气门位置传感器向发动机提供节气门位置的反馈数值。

EPC 是 Electronic Power Control 的英文缩写,即电子功率控制,它的功能是监控电子节气门系统(E-GAS)与节气门控制单元各传感器的工作状况,向驾驶员提示电子节气门控制系统已发生故障。接通点火开关,EPC 警报灯持续亮 3 s,对系统进行自检,如果没有发现故障,EPC 警报灯熄灭;当系统出现故障时,EPC 警报灯闪烁,同时,发动机控制单元记录故障信息。

急速时发动机控制单元可以从加速踏板位置传感器的信号电压上识别出加速踏板没有被踏下,急速控制过程即刻开始。发动机控制单元激活节气门驱动装置并通过一个电动机来定位节气门。节气门根据实际急速值与规定急速值的偏差来开启或关闭节气门。节气门驱动装置的两个角度传感器将当前节气门的位置信号传递给发动机控制单元,它们位于节气门控制单元中,如图 2-5-4 所示。

图2-5-4　急速时节气门控制系统的工作原理

当踏下加速踏板时，发动机控制单元可以从加速踏板位置传感器的信号电压识别加速踏板被踏下的程度，使用该信息，发动机控制单元计算出驾驶员的输入并通过一个电动机激活节气门驱动装置，将节气门定位，如图2-5-5（a）所示。发动机控制单元同时控制点火正时、喷油时间以及必要时的增压压力，如图2-5-5（b）所示。节气门驱动装置的两个角度传感器（即节气门位置传感器）确定节气门位置并传递相应的信号到发动机控制单元。发动机控制单元在计算必要的节气门位置时允许附加发动机扭矩需求因素，这些包括速度限制装置、巡航控制、牵引力控制系统和发动机制动控制。当需要一定的发动机扭矩时，即使加速踏板的位置没有被改变，仍然可以调节节气门，如图2-5-5（c）所示。

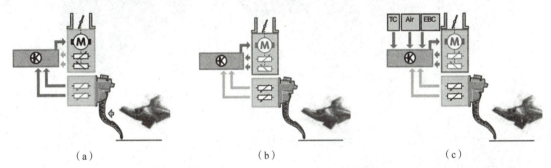

（a） （b） （c）

图2-5-5 加速时节气门控制系统的工作原理

3. 电子节气门的工作原理

1）电子节气门的位置

电子节气门体安装在进气歧管的前端，发动机控制单元通过调节节气门的角度来控制进气管的截面积，从而控制发动机进气量，如图2-5-6所示。

电子节气门工作原理

图2-5-6 电子节气门体的位置

2）电子节气门的结构

电子节气门体主要包括节气门驱动装置（即电动机）和节气门位置传感器。节气门电动机根据发动机控制单元发出的指令激活节气门。节气门位置传感器向发动机提供节气门位置的反馈数值。如图2-5-7所示，电子节气门体主要由节气门体、节气门、节气门驱动装置即节气门电动机、两个位置传感器（即节气门驱动装置的角度传感器1和节气门驱动装置的角度传感器2）组成。

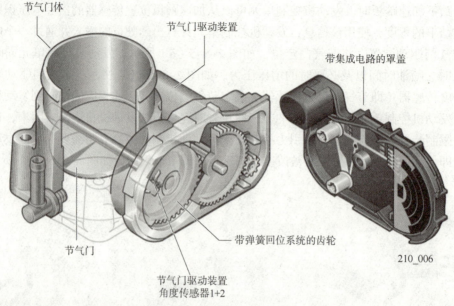

图2-5-7 电子节气门体的结构

3)电子节气门的工作原理

当要开启或关闭节气门时,发动机控制单元激活节气门驱动装置的电动机,两个角度传感器向发动机控制单元提供当前节气门位置的反馈信号。出于安全性的考虑,使用了两个传感器,用来反馈节气门的位置信号,来判断对节气门驱动装置控制是否正确。节气门驱动装置是一个电动机,它通过一个小齿轮驱动节气门,由发动机控制单元所控制。节气门可以在怠速位置和节气门全开位置之间无级定位。如果节气门驱动装置出现故障,则节气门自动进入紧急运行位置,故障被存储在故障存储器中,电子节气门控制系统的故障指示灯点亮,舒适系统的功能被关闭,例如巡航定速控制系统,此时驾驶员只能在紧急运行状态中行驶。

两个角度传感器都是滑动触点电位计,如图 2-5-8 所示。滑动触点位于安装在节气门轴上的齿轮上,它们探测罩壳盖上的电位计条。每当加速踏板的位置发生变化时,电位计条的电阻变化,发送到发动机控制单元的信号电压也发生变化。两个电位计的曲线是相反的。这使得发动机控制单元可以区分这两个电位计并执行测试功能。

如果发动机控制单元接收到一个错误信号,或者角度传感器没有发出信号,则故障存储器中会存储故障,并且电子节气门控制系统故障指示灯点亮。对加速踏板的响应正常。节气门驱动装置被关闭。发动机仅在 1 500 r/min 的高怠速状态下运行,并且不再对加速踏板做出响应。

新技术:霍尔式电子节气门

霍尔式电子节气门用于控制发动机节气门开度的有节气门控制电动机,电动机的动力经过二级减速齿轮增加扭力后,用以克服节气门回位弹簧的作用力开启节气门。霍尔元件节气门位置传感器主要由霍尔元件和可绕其转动的磁铁制成的霍尔 IC 构成。磁铁安装在节气门轴的相同轴上,与节气门一起转动。在第二级减速齿轮上安装了霍尔元件。当节气门被节气门电动机带动开启后,在壳体上的磁铁与霍尔元件的位置就相对移动,从而产生霍尔电压。发动机 ECU 控制流向节气门控制电动机的电流大小与方向,使电动机转动或维持转动,通过减速齿轮打开或关闭节气门,使节气门的实际开启角由节气门位置传感器检测并反馈给发动机 ECU。霍尔式节气门位置传感器将节气门开度角转换成电压,并送至发动机 ECU 作为节气门开度信号(VTA)。当 VTA 电压低于标准值时,其他装置确定其处于怠速状态,如图 2-5-9 所示。

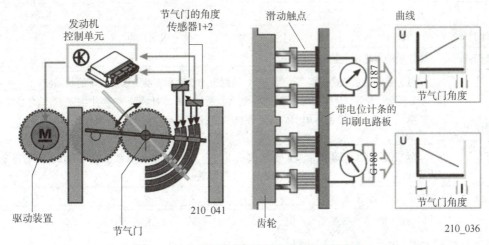

图2-5-8 电位计节气门位置传感器的工作原理

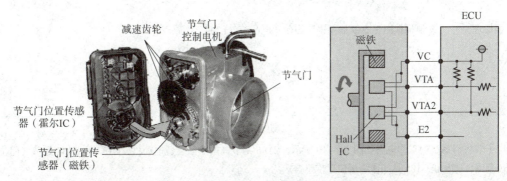

图2-5-9 霍尔式节气门位置传感器的工作原理

任务决策

任务 2.5 电子节气门检修任务单

组名			
组训			
项目经理(组长)	学号:		姓名:
团队成员	学号	角色	具体分工

续表

任课教师		实训教师	
领任务	该车辆的故障现象是_____。		
明作用	1. 电子节气门系统是根据_____被踩下的程度和发动机以及汽车的状态使____开启到最佳位置，从而实现怠速控制、巡行控制、加速、雪地模式和牵引力控制等综合性控制。 2. 电子节气门系统包括用于确定、调整及监控节气门位置的所有部件，如_____、_____、_____和_____等。 3. 节气门体负责提供所需要的空气质量。_____根据发动机控制单元发出的指令激活节气门。_____向发动机提供节气门位置的反馈数值。		
找位置	电子节气门体安装在_____。		
懂原理	1. 请根据图 2-5-8 简要说明电子节气门（电位计式）的工作原理。 2. 请根据图 2-5-9 简要说明霍尔式电子节气门的工作原理。		

控制电路分析

电子节气门系统的工作电路如图 2-5-10 所示，G186 是节气门驱动装置电动机，G187 和 G188 是节气门位置传感器，G79 和 G185 是加速踏板位置传感器。

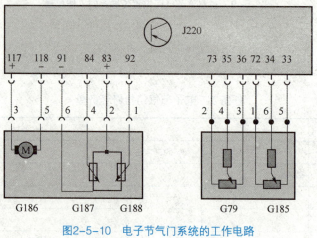

图2-5-10 电子节气门系统的工作电路

续表

节气门驱动装置电动机 G186 共有两个端子，根据电动机所需的运动方向，节气门驱动装置被激活。节气门驱动装置电动机 3 号和 5 号端子分别为电动机信号正和电动机信号负。 节气门位置传感器 G187 和 G188 共有 4 个端子。一个节气门位置传感器相当于一个滑动变阻器，有 3 根线，分别为供电线、搭铁线和信号线。节气门位置传感器 G187 和 G188 有 4 根线，出于可靠性的考虑，使用 G187 和 G188 两个传感器来反馈节气门位置，这两个滑动电位计使用共同的电源线和搭铁线，其输出电压信号互为反向，便于自检故障。节气门位置传感器 G187、G188 的 2 号端子为共用供电端子，6 号为共用搭铁端子，1 号和 4 号端子分别为 G187、G188 的信号端子。
请根据本车故障现象制定故障检修步骤思维导图

任务实施

请按照以下工作手册，进行检修工作流程。

电子节气门系统检修

任务 2.5 电子节气门检修工作手册

检修工作流程
1. 节气门驱动装置电动机的检修
步骤 1：执行元件测试 用故障诊断仪的"执行元件测试"功能检查电动机的工作情况。
步骤 2：供电电压检测 万用表选择 20 V 直流电压挡，拔下线束插头，红表笔接线束端 3 号端子，黑表笔接蓄电池负极可靠搭铁，将车辆点火开关置于 ON 挡，此时万用表读数应为 12 V，如图 2-5-11 所示。 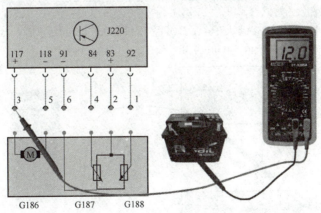 图 2-5-11　电动机供电电压检测
步骤 3：搭铁线检测 万用表选择 20 V 直流电压挡，拔下电子节气门线束插头，黑表笔接线束端 5 号端子，红表笔接蓄电池正极，此时万用表读数应为 12 V 左右，如图 2-5-12 所示。

续表

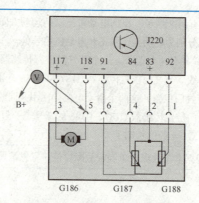

图2-5-12　电动机搭铁线检测

步骤4：电动机线路检测

万用表选择200 Ω电阻挡，将车辆点火开关置于OFF挡，拔下温度传感器、ECU线束插头，分别测量ECU线束端117、118端子与传感器线束端3、5端子之间的电阻，此时万用表读数应为0.5 Ω左右，如图2-5-13所示。如果不正常，检查线路是否短路或断路。

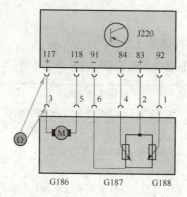

图2-5-13　电动机线路检测

步骤5：电动机电阻检测

万用表选择200 Ω电阻挡，将车辆点火开关置于OFF挡，拔下电子节气门线束插头，红黑表笔接电动机3、5端子，进行读数，如图2-5-14所示，电动机电阻一般在1～100 Ω。

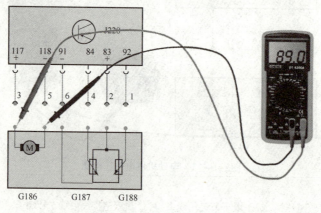

图2-5-14　电动机电阻检测

续表

2. 节气门位置传感器的检测

步骤1：数据流读取

选择"读取数据流"功能，读取节气门开度的数据流、发动机转速在怠速时的数据流（迈腾1.8T）。节气门电位计1显示13%，节气门电位计2显示85%。节气门开度增大时，节气门电位计1显示数据随之增大，节气门电位计2显示数据随之减小，二者成反比例关系。

步骤2：波形读取

用故障诊断仪观察节气门位置传感器两路信号波形，正常波形如图2-5-15所示，通道1为G187信号，通道2为G188信号，两路输出信号电压互补，并成反比例。

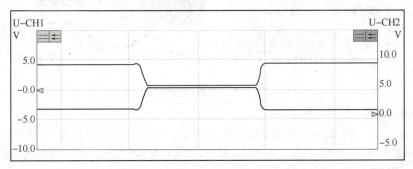

图2-5-15　节气门位置传感器波形

步骤3：供电电压检测

万用表选择20 V直流电压挡，拔下节气门位置传感器线束插头，红表笔接线束端2号端子，黑表笔接蓄电池负极可靠搭铁，将车辆点火开关置于ON挡，此时万用表读数应为5 V左右，如图2-5-16所示。如果不正常，检查ECU供电线路是否断路或短路，以及ECU是否有故障。

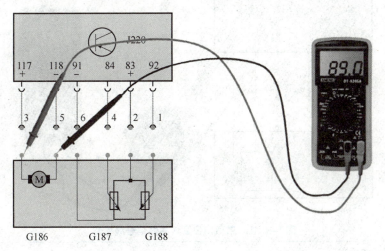

图2-5-16　节气门位置传感器供电电压检测

步骤4：搭铁线检测

万用表选择200 Ω电阻挡，拔下节气门位置传感器线束插头，红表笔接线束端6号端子，黑表笔接蓄电池负极可靠搭铁，将车辆点火开关置于OFF挡，此时万用表读数应约为0，如图2-5-17所示。如果不正常，检查电脑搭铁是否良好、搭铁线路是否断路或短路。

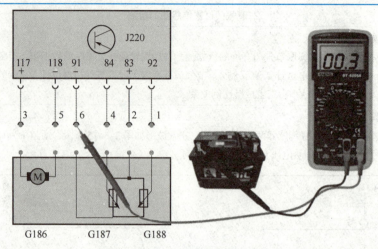

图2-5-17 节气门位置传感器搭铁线检测

步骤5：信号线检测

如图2-5-18所示，万用表选择20 V直流电压挡，安插备针于1号端子，红表笔接1号端子备针，黑表笔接蓄电池负极可靠搭铁，点火开关置于ON挡，逐渐踩下加速踏板，信号电压随节气门开度增大而增大，信号电压在0～5 V之间变化。

万用表选择20 V直流电压挡，安插备针于4号端子，红表笔接4号端子备针，黑表笔接蓄电池负极可靠搭铁，点火开关置于ON挡，逐渐踩下加速踏板，信号电压随节气门开度增大而减小，信号电压在0～5 V之间变化。

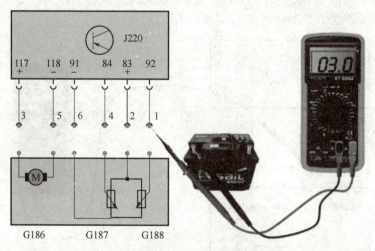

图2-5-18 节气门位置传感器信号线检测

步骤6：传感器线路检测

万用表选择200 Ω电阻挡，将车辆点火开关置于OFF挡，拔下节气门位置传感器、ECU线束插头，分别测量ECU线束端91、84、83、92端子与传感器线束端6、4、2、1端子之间的电阻，此时万用表读数应为0.5 Ω左右，如图2-5-19所示。如果不正常，检查线路是否短路或断路。

续表

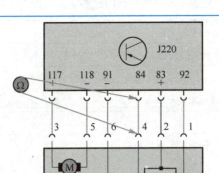

图2-5-19 节气门位置传感器电阻检测

3. 节气门基本设定

步骤1：基本设定内容
打开点火开关时，可进行节气门控制单元和发动机控制单元的自适应。

步骤2：基本设定过程
进行节气门基本设定时，节气门调节器进入应急运行中最大位置到最小位置，发动机控制单元通过自适应来学习节气门控制单元起止点位置及节气门的电位计与节气门控制器传感器的比较曲线。

步骤3：必须进行自适应的情况
（1）供电中断；（2）拆装节气门控制单元；（3）更换节气门控制单元；（4）更换发动机；（5）更换发动机控制单元；（6）清洗节气门体。

步骤4：基本设定条件
（1）故障存储器内没有故障；（2）蓄电池电压不低于11.5 V；（3）关闭所有附件；（4）节气门应在急速位置。

步骤5：基本设定方法（图2-5-20）

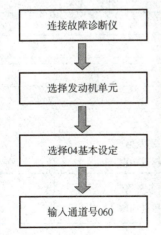
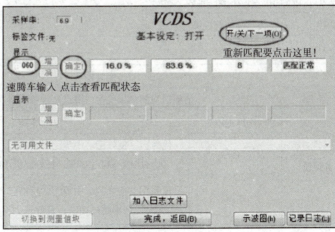

图2-5-20 节气门基本设定方法

任务 2.5 电子节气门检修学生工作活页

姓名			班级		学号	
任务名称	任务 2.5 电子节气门检修		日期		组长	
任课教师			实训教师			
领任务	该车辆的故障现象是＿＿＿＿＿＿＿＿＿＿＿＿＿＿＿＿＿＿＿＿＿＿＿＿＿＿＿＿＿。					
车辆信息						
识电路	请画出实训车辆电子节气门电路图。					

		会检测			
序号	名称	工具（挡位）、连接针脚号	测量值（单位）		标准值（单位）
步骤 1	发动机故障码读取				
步骤 2	节气门电动机供电线检测				
步骤 3	节气门电动机搭铁线检测				
步骤 4	节气门电动机电阻检测				
步骤 5	节气门电动机执行元件测试				
步骤 6	节气门位置传感器供电线检测				
步骤 7	节气门位置传感器搭铁线检测				
步骤 8	节气门位置传感器信号线 1 检测				
步骤 9	节气门位置传感器信号线 2 检测				
步骤 10	传感器线路检测				
步骤 11	发动机数据流读取				

	能维修		
	请根据检测结果确定故障点及维修方案		
任务评价	评价主体	评价等级	确认签字
	自评	优秀□　良好□　中等□　及格□　不及格□ （优秀比例不超过 20%，良好比例不超过 30%）	
	互评	优秀□　良好□　中等□　及格□　不及格□ （优秀比例不超过 20%，良好比例不超过 30%）	

任务 2.5 电子节气门检修工作评价活页

班级： 　　　　学号： 　　　　姓名： 　　　　日期：

按要求完成在□打√，未按要求完成在□打×并扣除对应分数，扣分不得超过该项的总分。

序号	评分项及配分标准	得分条件	得分	扣分
	工作评价活页（教师用）			
1	作业安全和职业操守（10分）	□1. 能进行工位 7S（整理、整顿、清理、清洁、素养、节约、安全）操作（4分） □2. 能进行设备和工具安全检查（2分） □3. 能进行工具、测量仪器清洁、校准、存放操作（2分） □4. 能做到油液、水液、工具三不落地操作（2分）		
2	信息查询和资讯检索（10分）	1. 能正确使用维修手册、维修电路图查询资料（6分） 　□1.1 查询电子节气门的拆装流程（3分） 　□1.2 查询电子节气门接线端子的功用（3分） 2. 能在规定时间内查询电子节气门测量所需资料（4分） 　□2.1 能正确记录所查询资料章节页码（2分） 　□2.2 能正确记录所需检修信息（2分）		
3	保养、拆装、检测作业（50分）	1. 拆装电子节气门（5分） 　□1.1 检查准备测量仪器，查阅了解拆装顺序（2分） 　□1.2 拆卸电子节气门线束插接器（3分） 2. 读取电子节气门故障码、数据流和执行元件测试（10分） 　□2.1 读取故障码（3分） 　□2.2 读取数据流（3分） 　□2.3 执行元件测试（4分） 3. 电子节气门检测（35分） 　□3.1 电动机检测（供电线和搭铁线）（10分） 　□3.2 节气门位置传感器供电线检测（5分） 　□3.3 节气门位置传感器搭铁线检测（5分） 　□3.4 节气门位置传感器信号线1和信号线2检测（15分）		
4	诊断、检测、调校分析（10分）	□1. 能判断电子节气门维修决策（6分） □2. 维修方案正确（4分）		
5	表单填写和报告撰写（10分）	□1. 语句通顺（4分） □2. 无错别字（2分） □3. 无抄袭（4分）		
6	团队合作和沟通表达（10分）	□1. 团队合作、集体责任、共同决策（5分） □2. 沟通表达、交流分享、分工明确（5分）		
	合计			
	教师签字			

任务小结

任务小结

思政：职业教育大有可为

任务测试

企业案例

任务 2.6　加速踏板位置传感器检修

任务描述

1. 任务要求

一辆装备电控发动机的宝来轿车，车主反映发动机故障指示灯常亮，发动机加速不良。经过对进气控制系统进行全面的检测，确认为加速踏板位置传感器故障。

2. 任务目标

（1）掌握加速踏板位置传感器工作原理（×中级）。

（2）能检测加速踏板位置传感器，并分析、确认故障原因（×高级+大赛）。

3. 任务分组

对班级学生进行分组，6～8人一组，利用随机抽签的方法抽取本项目的项目经理。分组完成后，有序坐好，小组讨论制订组名、组训，营造小组凝聚力和文化氛围，并确定任务分工，完成任务单的填写。任务实施过程中，采用班组轮值制度，学生轮值担任项目经理、机电维修工程师、质检工程师、前台接待等角色，每个人都有锻炼组织协调项目管理、项目实施、项目验收能力的机会。通过小组协作，培养学生团队合作、互帮互助的精神和协同攻关的能力。

任务资讯

一、加速踏板位置传感器的功用

在电子节气门控制系统中，加速踏板位置传感器将驾驶员的驾驶意图转变为电压信号传递给 ECU，而 ECU 再对电子节气门发出控制指令控制节气门电动机，打开节气门，如图 2-6-1 所示。

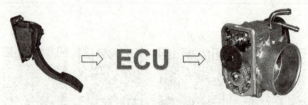

图 2-6-1　加速踏板位置传感器的功用

二、加速踏板位置传感器的工作原理

1. 加速踏板位置传感器的位置

加速踏板位置传感器安装在加速踏板内部,随时监测加速踏板的位置,如图2-6-2所示。

图2-6-2 加速踏板位置传感器的位置

2. 加速踏板位置传感器的工作原理

加速踏板位置传感器也称为油门踏板位置传感器,加速踏板模块是由踏板总成、加速踏板位置传感器G79和G185组成的。为了尽可能保证安全,使用了两个传感器,也称之为"冗余系统"。"冗余"字面意思就是"过多了"。发动机控制单元利用这两个传感器的信号来判断加速踏板的瞬时位置。这两个传感器是滑动电位计,它们固定在同一根轴上。加速踏板位置的变动会引起滑动电位计电阻的变化,于是发送到发动机控制单元的电压也跟着改变,如图2-6-3所示。

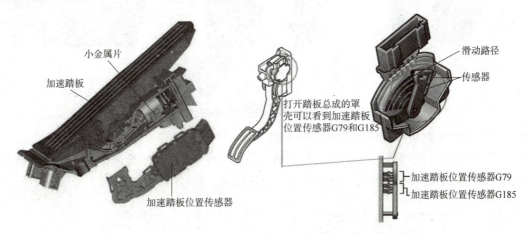

图2-6-3 加速踏板位置传感器的工作原理

加速踏板位置传感器的电路如图2-6-4所示,共有6个端子,包括2个供电端子、2个搭铁端子和2个信号端子。电位计上的起始电压均为5 V,出于安全考虑,每个传感器都有独立的电源、搭铁和信号线。输出信号为电压信号,5 V为100%,G79 范围为12%~97%,G185范围为4%~49%。信号电压同向变化。

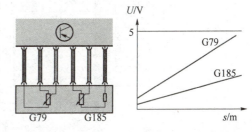

图2-6-4 加速踏板位置传感器的电路图

两个传感器为滑动电位计形式，它们共同安装在同一个轴上，在G185上另外安装有串联电阻，因此G79输出信号为G185的2倍，这对于可靠性和功能自测试是必需的。

新技术：霍尔式加速踏板位置传感器

霍尔式加速踏板位置传感器工作原理如图2-6-5所示，主要由磁铁和霍尔IC芯片组成，霍尔IC芯片安装在加速踏板的芯轴上固定不动，两个磁铁安装在加速踏板的旋转部件上，可随加速踏板一起动作；为保证信号的可靠，在加速踏板芯轴上安装了两个霍尔IC芯片，相当于两个加速踏板位置传感器，在工作时，可同时向发动机控制单元输送两个加速踏板位置信号；相对于接触式加速踏板位置传感器，霍尔式加速踏板位置传感器最大的优点就是在工作过程中没有机械磨损，从而提高了工作的可靠性和耐久性；工作时，与加速踏板联动的永久磁铁随加速踏板的动作而一起旋转，改变磁铁与霍尔元件之间的相对位置，从而改变了磁力线射入霍尔元件的角度，也就改变了霍尔元件输出的电压值。霍尔元件输出的电压值与加速踏板内的磁铁位置有一一对应的线性关系，霍尔元件的输出电压就可以反映加速踏板所处的位置。

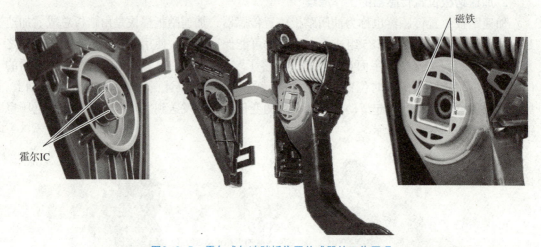

图2-6-5　霍尔式加速踏板位置传感器的工作原理

霍尔式加速踏板位置传感器的电路如图2-6-6所示，共有6根线，包括2个供电线、2个搭铁线和2个信号线。电位计上的起始电压均为5 V，出于安全考虑，每个传感器都有独立的电源、搭铁和信号线。输出信号为电压信号，信号电压同向变化。

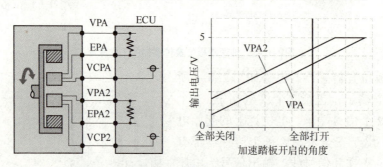

图2-6-6　霍尔式加速踏板位置传感器的电路图

任务决策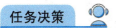

任务 2.6 加速踏板位置传感器检修任务单

组名	
组训	
项目经理（组长）	学号：　　　　　　　　　　　姓名：

团队成员	学号	角色	具体分工

任课教师		实训教师	
领任务	该车辆的故障现象是_____。		
明作用	加速踏板位置传感器将驾驶员的驾驶意图转变为_____传递给_____，而 ECU 再对电子节气门发出控制指令控制_____，打开节气门。		
找位置	加速踏板位置传感器安装在_____，随时监测加速踏板的位置。		
懂原理	1. 请根据图 2-6-3 和图 2-6-4 简要说明加速踏板位置传感器的工作原理。 2. 请根据图 2-6-5 和图 2-6-6 简要说明霍尔式加速踏板位置传感器的工作原理。		
加速踏板位置传感器控制电路分析			

如图 2-6-7 所示，加速踏板位置传感器 G79 和 G185 共有 6 个端子。G79 加速踏板位置传感器有 3 个端子，其中 2 号端子为供电端子、3 号端子为搭铁端子、4 号端子为信号端子；G185 加速踏板位置传感器也有 3 个端子，其中 1 号端子为供电端子、5 号端子为搭铁端子、6 号端子为信号端子；电位计上的起始电压均为 5 V，出于安全考虑，每个传感器都有独立的电源、搭铁和信号线。输出信号为电压信号，5 V 为 100%，G79 范围为 12%～97%，G185 范围为 4%～49%。信号电压同向变化，且 G79 输出信号为 G185 的 2 倍。

续表

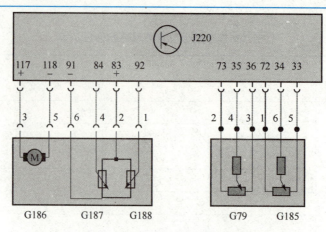

图2-6-7 电子节气门系统的工作电路

请根据本车故障现象制定故障检修步骤思维导图

任务实施

请按照以下工作手册，进行检修工作流程。

加速踏板位置传感器检修

任务 2.6 加速踏板位置传感器检修工作手册

检修工作流程
步骤 1：数据流读取 　　用故障诊断仪的"读取数据流"功能读取加速踏板位置传感器的工作情况。选择"读取数据流"功能，读取加速踏板位置传感器开度的数据流和发动机转速在怠速时的数据流（迈腾1.8T）。输出信号为电压信号，5 V 为 100%，G79 范围为 12%～97%，G185 范围为 4%～49%。
步骤2：供电电压检测 　　万用表选择 20 V 直流电压挡，拔下加速踏板位置传感器线束插头，红表笔接线束端 1 号端子，黑表笔接蓄电池负极可靠搭铁，将车辆点火开关置于 ON 挡，此时万用表读数应为 5 V 左右，如图 2-6-8 所示；然后红表笔接线束端 2 号端子，黑表笔接蓄电池负极可靠搭铁，将车辆点火开关置于 ON 挡，此时万用表读数应为 5 V 左右。如果不正常，检查 ECU 供电线路是否断路或短路，以及 ECU 是否有故障。

续表

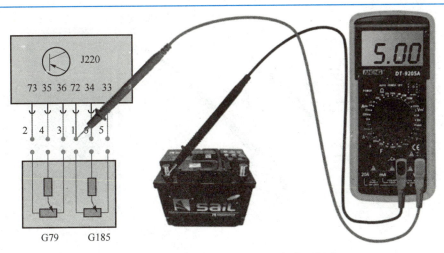

图2-6-8 加速踏板位置传感器供电电压检测

步骤3：搭铁线检测

　　万用表选择200Ω电阻挡，拔下节气门位置传感器线束插头，红表笔接线束端3号端子，黑表笔接蓄电池负极可靠搭铁，将车辆点火开关置于OFF挡，此时万用表读数应约为0；然后红表笔接线束5号端子，黑表笔接蓄电池负极可靠搭铁，将车辆点火开关置于OFF挡，此时万用表读数应约为0，如图2-6-9所示。如果不正常，检查电脑搭铁是否良好，搭铁线路是否断路或短路。

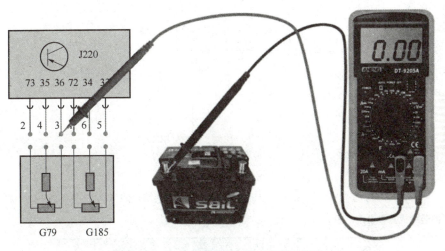

图2-6-9 加速踏板位置传感器搭铁检测

步骤4：信号线检测

　　万用表选择20V直流电压挡，安插备针于6号端子，红表笔接6号端子备针，黑表笔接蓄电池负极可靠搭铁，将车辆点火开关置于ON挡，逐渐踩下加速踏板，信号电压随节气门开度增大而增大，信号电压在0~5V之间变化，如图2-6-10所示。

　　万用表选择20V直流电压挡，安插备针于4号端子，红表笔接4号端子备针，黑表笔接蓄电池负极可靠搭铁，将车辆点火开关置于ON挡，逐渐踩下加速踏板，信号电压随节气门开度增大而增大，信号电压在0~5V之间变化。

续表

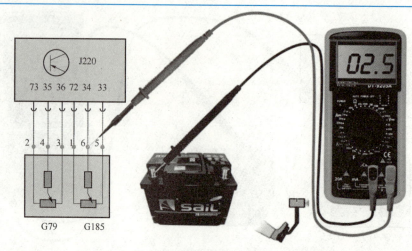

图2-6-10 加速踏板位置传感器信号线检测

步骤5：传感器线路检测

万用表选择200Ω电阻挡，将车辆点火开关置于OFF挡，拔下加速踏板位置传感器、ECU线束插头，分别测量ECU线束端73、35、36、72、34、33端子与传感器线束端2、4、3、1、6、5端子之间的电阻，此时万用表读数应为0.5Ω左右，如图2-6-11所示。如果不正常，检查线路是否短路或断路。

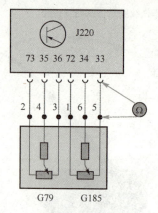

图2-6-11 加速踏板位置传感器线路检测

步骤6：加速踏板基本设定（图2-6-12）

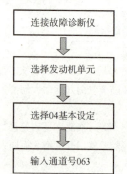

踏下加速踏板到底，触动强制低挡开关，并保持3 s以上，观察显示区3和4	
基本设定063	<屏幕显示理论值
1 加速踏板位置传感器G79	12%~97%
2 加速踏板位置传感器G185	4%~49%
3 加速踏板位置	Kink Down
4 操作模式	ADP OK

图2-6-12 加速踏板基本设定

任务 2.6 加速踏板位置传感器检修学生工作活页

姓名			班级		学号	
任务名称	任务 2.6 加速踏板位置传感器检修		日期		组长	
任课教师			实训教师			
领任务	该车辆的故障现象是_____。					
车辆信息						
识电路	请画出实训车辆加速踏板位置传感器电路图。					

会检测

序号	名称	工具（挡位）、连接针脚号	测量值（单位）	标准值（单位）
步骤 1	发动机故障码读取			
步骤 2	加速踏板位置传感器供电线检测			
步骤 3	加速踏板位置传感器搭铁线检测			
步骤 4	加速踏板位置传感器信号线 1 检测			
步骤 5	加速踏板位置传感器供电线检测			
步骤 6	加速踏板位置传感器搭铁线检测			
步骤 7	加速踏板位置传感器信号线 2 检测			
步骤 8	传感器线路检测			
步骤 9	发动机数据流读取			

能维修

请根据检测结果确定故障点及维修方案。

任务评价	评价主体	评价等级	确认签字
	自评	优秀□ 良好□ 中等□ 及格□ 不及格□ （优秀比例不超过20%，良好比例不超过30%）	
	互评	优秀□ 良好□ 中等□ 及格□ 不及格□ （优秀比例不超过20%，良好比例不超过30%）	

任务 2.6 加速踏板位置传感器检修工作评价活页

班级：　　　　学号：　　　　姓名：　　　　日期：

按要求完成在□打√，未按要求完成在□打×并扣除对应分数，扣分不得超过该项的总分。

工作评价活页（教师用）				
序号	评分项及配分标准	得分条件	得分	扣分
1	作业安全和职业操守（10分）	□1.能进行工位7S（整理、整顿、清理、清洁、素养、节约、安全）操作（4分） □2.能进行设备和工具安全检查（2分） □3.能进行工具、测量仪器清洁、校准、存放操作（2分） □4.能做到油液、水液、工具三不落地操作（2分）		
2	信息查询和资讯检索（10分）	1.能正确使用维修手册、维修电路图查询资料（6分） 　□1.1 查询加速踏板位置传感器的拆装流程（3分） 　□1.2 查询加速踏板位置传感器接线端子的功用（3分） 2.能在规定时间内查询加速踏板位置传感器测量所需资料（4分） 　□2.1 能正确记录所查询资料章节页码（2分） 　□2.2 能正确记录所需检修信息（2分）		
3	保养、拆装、检测作业（50分）	1.拆装查询加速踏板位置传感器（5分） 　□1.1 检查准备测量仪器，查阅了解拆装顺序（2分） 　□1.2 拆卸查询加速踏板位置传感器线束插接器（3分） 2.读取查询加速踏板位置传感器故障码和数据流（10分） 　□2.1 读取故障码（5分） 　□2.2 读取数据流（5分） 3.加速踏板位置传感器检测（35分） 　□3.1 供电线检测（10分） 　□3.2 搭铁线检测（10分） 　□3.3 信号线检测（15分）		
4	诊断、检测、调校分析（10分）	□1.能判断加速踏板位置传感器维修决策（6分） □2.维修方案正确（4分）		
5	表单填写和报告撰写（10分）	□1.语句通顺（4分） □2.无错别字（2分） □3.无抄袭（4分）		
6	团队合作和沟通表达（10分）	□1.团队合作、集体责任、共同决策（5分） □2.沟通表达、交流分享、分工明确（5分）		
合计				
教师签字				

任务小结

　任务小结　　思政：为客户　　任务测试　　企业案例
　　　　　　　坚守安全门

任务 2.7　可变进气系统检修

任务描述

1. 任务要求

当可变进气系统发生故障时，常会出现车辆动力不足、油耗升高等症状。因此，当车辆出现以上症状时，如确认不是发动机机械系统、燃油系统或是点火系统等可变进气系统以外的故障时，可以考虑为可变进气系统的故障。

2. 任务目标

（1）掌握可变进气系统的工作原理（×中级）。
（2）能检测可变进气系统，并分析、确认故障原因（×高级+大赛）。

3. 任务分组

对班级学生进行分组，6～8人一组，利用随机抽签的方法抽取本项目的项目经理。分组完成后，有序坐好，小组讨论制订组名、组训，营造小组凝聚力和文化氛围，并确定任务分工，完成任务单的填写。任务实施过程中，采用班组轮值制度，学生轮值担任项目经理、机电维修工程师、质检工程师、前台接待等角色，每个人都有锻炼组织协调项目管理、项目实施、项目验收能力的机会。通过小组协作，培养学生团队合作、互帮互助的精神和协同攻关的能力。

任务资讯

一、可变进气系统的功用

可变进气系统可根据发动机转速的变化自动改变进气管的长度或截面积，以提高发动机进气量和燃烧效率，使发动机在低转速时更平稳、转矩更充足，高转速时更顺畅、功率更强大。

二、可变进气系统的类型

可变进气系统包括进气管长度可变进气系统和进气管截面积可变进气系统，如图 2-7-1 所示。

图2-7-1 可变进气系统的类型
（a）进气管长度可变进气系统；（b）进气管截面积可变进气系统

三、可变进气系统的工作原理

1. 进气管长度可变进气系统

1）进气管长度可变进气系统的功能与组成

可变长度进气系统利用改变进气流的动态效应来提高进气歧管绝对压力，根据发动机转速要求，通过控制机构的运作来进行长、短气道的切换。低转速时长气道打开，短气道关闭，而高转速时气流主要从短气道进入气缸。其系统的组成主要有进气管、进气控制阀、膜片驱动器、真空电磁阀 VSV、传感器、ECU 等部件，如图 2-7-2 所示。

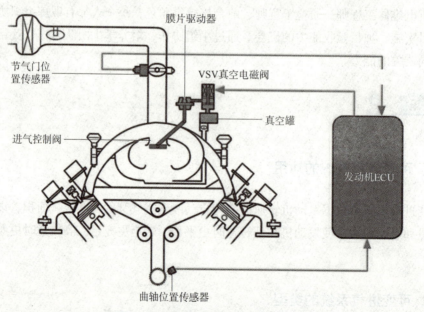

图2-7-2 进气管长度可变进气系统

2）进气管长度可变进气系统工作原理

进气管长度可变进气系统的工作原理为谐波增压控制，即利用进气惯性增压原理来提高充气效率。发动机工作时,进气管内的气体经气门高速流入气缸,当进气门关闭时,由于气体流动惯性使进气门附近的气体受到压缩而压力升高。当气体惯性过后,进气门附近被压缩的气体膨胀而流向与进气相反的反向,压力下降。膨胀的气体流动到进气管口时又被反射回来,这样在进气管内就产生了压力波。若将进气压力波与进气门的开启进行配合,就可保证在进气门打开时进气压力恰好最高,从而形成进气增压效果,提高发动机的充气效率和功率。发动机工作时,从进气门关闭到下一次开启的间隔时间取决于发动机转速,而进气管内的压力波反射回到进气门处所需的时间取决于压力波传递的路线长度,即进气管长度。因此,低速时,需要为发动机配置较长的进气管;高速时,需要为发动机配置较短的进气管。

当发动机处于低速、中小负荷工况时,进气控制阀关闭,此时压力波的传递距离为进气门到节气门的距离,使发动机在低速时得到较好的进气增压效果,如图2-7-3(a)所示。

当发动机处于高速、大负荷工况时,进气控制阀打开,由于大容量进气室的影响,进气管内压力波传递距离缩短为进气门到功率进气总管之间的距离,使发动机在高速时得到较好的进气增压效果,如图2-7-3(b)所示。

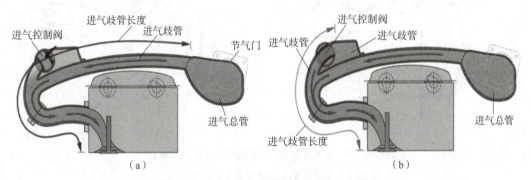

图2-7-3 进气管长度可变进气系统工作原理
(a)发动机低速运转;(b)发动机高速运转

2. 进气管截面积可变进气系统

1)进气管截面积可变进气系统的功用及组成

为了适应发动机不同转速和负荷时的进气量需求,控制发动机进气道的空气流通截面大小,从而改善发动机的动力性,如图2-7-4所示,进气管截面积可变进气系统主要由真空罐、真空电磁阀、膜片驱动器、转换阀和ECU等组成,转换阀安装在进气管上,控制进气道空气流通截面大小。

图2-7-4 进气管截面积可变进气系统的组成

2)进气管截面积可变进气系统的工作原理

进气管截面积可变进气系统也称为动力阀控制系统,在进气量较少的低速、中小负荷工况下,使进气道流通截面积减小,可提高进气流速,增大进气流惯性,以提高发动机的充气效率。此外,进气流速的提高也可增加气缸内的涡流强度,改善燃烧过程,提高燃油经济性。而在进气量较多的高速、大负荷工况下，适当增大进气道的空气流通截面，不仅可以减小进气阻力、增大进气量，对由于进气流速过高而导致的燃烧室内气流扰动也可起到抑制作用，有助于改善发动机的高速性能。综上所述，在低转速和中小负荷时，发动机需要配用细、长的进气歧管；在高速、大负荷时，发动机需要配用粗、短的进气歧管。

发动机低转速、小负荷工况时，真空电磁阀通电使真空管道接通，真空罐中的真空进入膜片驱动器，转换阀关闭，进气通道面积变小，如图2-7-5（a）所示。

发动机高转速、大负荷工况时，真空电磁阀断电使真空管道断开，真空罐中的真空不能进入膜片驱动器，转换阀开启，进气通道面积变大，如图2-7-5（b）所示。

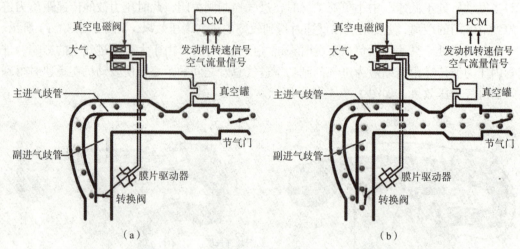

图2-7-5 进气管截面积可变进气系统的工作原理
（a）发动机低速运转；(b)发动机高速运转

新技术：奥迪三级可变式进气歧管

奥迪发动机可变进气歧管采用三级可变式进气歧管，通过三级进气歧管来提高发动机的输出扭矩。可变进气歧管主要由4个壳体部件组成，它们通过粘接和螺栓固定在一起。这种结构采用两个切换翻板就可实现三种不同的进气歧管长度（振荡管长度）。为了优化振荡的使用情况，切换翻板采用环形硫化密封唇口来密封振荡管开口。三级可变式进气歧管系统的组成如图2-7-6所示。

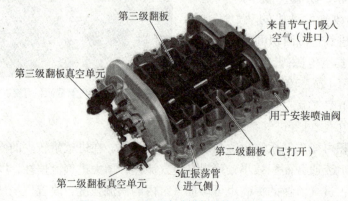

图2-7-6 三级可变式进气歧管系统组成

在发动机不转时，这两个翻板都处于打开状态。发动机在怠速运转时，这两个真空单元就被相应的进气歧管转换电磁阀抽成真空。于是在怠速转速到切换转速之间时，这两个翻板都是关闭的，如图2-7-7（a）所示。在中等转速范围时，进气管转换电磁阀N156将大气压力引入二级翻板真空单元内。于是二级翻板打开，进气歧管长度就变短了，如图2-7-7（b）所示。在转速较高时，三级切换翻板也打开，吸入的空气经最短的路径进入燃烧室，如图2-7-7（c）所示。

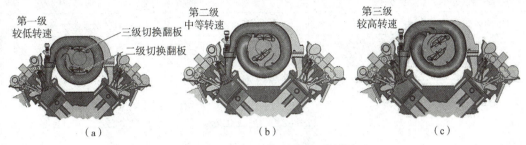

图2-7-7　发动机不同转速时翻板状态

（a）发动机转速较低时；（b）发动机转速中等时；（c）发动机转速较高时

新技术：第三代EA888可变式进气系统

第三代EA888可变式进气系统电控元件主要包括进气歧管翻板阀N316和进气歧管翻板电位计G336，如图2-7-8所示。

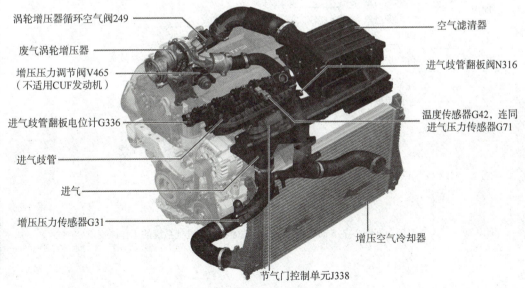

图2-7-8　第三代EA888可变式进气系统

任务决策

任务 2.7 可变进气系统检修任务单

组名			
组训			
项目经理（组长）	学号：		姓名：
团队成员	学号	角色	具体分工
任课教师		实训教师	
领任务	该车辆的故障现象是_____。		
明作用	1. 为了有效地利用进气管内的动力效应来增加充气量，高速时应使用_____的进气管，低速时应使用_____的进气管。 2. 可变进气系统能在较大的转速范围内增加_____，提高发动机的_____输出_____和_____。		
找位置	可变进气系统位于_____附近。		
懂原理	1. 常见可变进气系统类型分为_____和_____两种。 2. 请根据图 2-7-3 简要论述进气管长度可变进气系统的工作原理。 3. 请根据图 2-7-5 简要论述进气管截面积可变进气系统的工作原理。		

续表

控制电路分析	
进气管长度可变进气系统	进气管长度可变进气系统控制电路如图2-7-9所示,N156是真空电磁阀,共有2个端子,1号端子为信号端子,2号端子为供电端子。 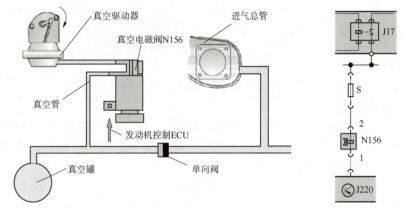 图2-7-9　进气管长度可变进气系统控制电路
第三代EA888可变式进气系统	第三代EA888可变式进气系统控制电路如图2-7-10所示,进气歧管翻板阀N316共有2个端子,1号端子与主继电器J271相连,为供电线;2号端子与发动机控制单元J623相连,为控制搭铁线。进气歧管翻板电位计G336共有3个端子,1号端子为供电线,2号端子为信号线,3号端子为搭铁线。 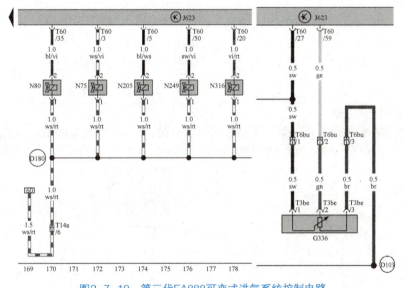 图2-7-10　第三代EA888可变式进气系统控制电路
请根据本车故障现象制定故障检修步骤思维导图	

任务实施

请按照以下工作手册，进行检修工作流程。

任务 2.7 可变进气系统检修工作手册

可变进气控制系统检修

检修工作流程
1. 进气管长度可变进气系统
步骤 1：执行元件测试 用故障诊断仪的"执行元件测试"功能检查真空电磁阀 N156 的工作情况。
步骤 2：供电电压检测 万用表选择 20 V 直流电压挡，拔下电磁阀线束插头，红表笔接线束端 2 号端子，黑表笔接蓄电池负极可靠搭铁，将车辆点火开关置于 ON 挡，此时万用表读数应为 12 V 左右，如图 2-7-11 所示。如果万用表读数为零，请检查供电保险和继电器 J17。 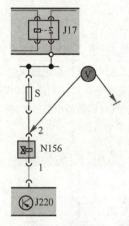 图2-7-11　真空电磁阀供电电压检测
步骤 3：电阻检测 万用表选择 200 Ω 电阻挡，将车辆点火开关置于 OFF 挡，拔下真空电磁阀线束插头，红黑表笔接电磁阀 1 号和 2 号端子，此时万用表读数应为几十欧，如图 2-7-12 所示。如果不正常，检查线路是否短路或断路。 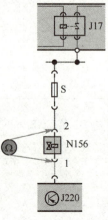 图2-7-12　真空电磁阀电阻检测

续表

步骤 4：信号线检测

方法 1：试灯夹子连接在蓄电池负极，试灯连接在 1 号端子上，起动车辆，此时试灯闪亮。

方法 2：使用示波器测量真空电磁阀的信号线 1 号端子波形是否正常，信号波形为占空比信号。

步骤 5：线路检测

万用表选择 200 Ω 电阻挡，将车辆点火开关置于 OFF 挡，拔下真空电磁阀、ECU 线束插头，红黑表笔接信号线两头端子，此时万用表读数应为 0.5 Ω 左右，如图 2-7-13 所示。如果不正常，检查线路是否短路或断路。

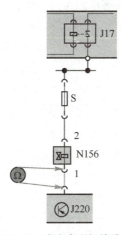

图2-7-13　真空电磁阀线路检测

2. 第三代 EA888 发动机可变式进气系统

步骤 1：检查真空管路

检查真空管路是否泄漏、损坏；拆下真空驱动器，用真空泵给其施加真空，观察其拉杆是否移动，或是否有卡滞现象，如图 2-7-14 所示。

图2-7-14　检查真空管路

步骤2：读取故障码（图2-7-15） 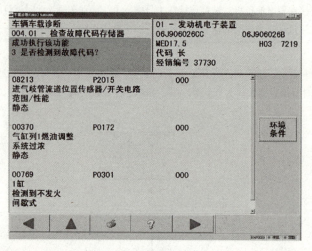 图2-7-15　读取故障码 用诊断仪先清除故障码，并重新起动发动机，再调取故障码；若有故障码，则按故障码的提示排除故障。
步骤3：进气歧管翻板阀 N316 检测 与真空电磁阀 N156 检测方法一样。
步骤4：进气歧管翻板电位计 G336 检测 与加速踏板位置传感器检测方法一样。
步骤5：读取数据流 选择数据流功能项，选择发动机转速、调节器风门位置等数据，起动车辆，怠速时，风门位置数据显示为0，踩下加速踏板至发动机转速达 3 000 r/min 及以上时，数据为 100%。
步骤6：进气歧管翻板阀 N316 执行元件测试 连接故障诊断仪蓝牙数据插头至车辆诊断座上，点火开关旋至 ON 挡，进入发动机电控系统测试，点击动作测试，当测试到进气歧管翻板阀时，能听到电磁阀动作的声音，同时用手感知进气歧管翻板阀有振动，说明控制单元、电磁阀本身或相关线路工作正常。

任务 2.7 可变进气系统检修学生工作活页

姓名			班级		学号	
任务名称	任务 2.7 可变进气系统检修		日期		组长	
任课教师			实训教师			
领任务	该车辆的故障现象是＿＿＿＿＿＿＿＿＿＿＿＿＿＿＿＿＿＿＿＿＿＿＿＿＿＿＿＿＿＿。					
车辆信息						
识电路	请画出实训车辆可变进气系统电路图。					
会检测						

序号	名称	工具（挡位）、连接针脚号	测量值（单位）	标准值（单位）
步骤 1	发动机故障码读取			
步骤 2	执行元件测试			
步骤 3	进气歧管翻板阀 N316 供电电压检测			
步骤 4	进气歧管翻板阀 N316 电阻检测			
步骤 5	进气歧管翻板阀 N316 信号线检测			
步骤 6	进气歧管翻板阀 N316 线路检测			
步骤 7	进气歧管翻板电位计 G336 供电电压检测			
步骤 8	进气歧管翻板电位计 G336 搭铁线检测			
步骤 9	进气歧管翻板电位计 G336 信号线检测			
步骤 10	发动机数据流读取			

能维修
请根据检测结果确定故障点及维修方案。

任务评价	评价主体	评价等级	确认签字
	自评	优秀□ 良好□ 中等□ 及格□ 不及格□ （优秀比例不超过 20%，良好比例不超过 30%）	
	互评	优秀□ 良好□ 中等□ 及格□ 不及格□ （优秀比例不超过 20%，良好比例不超过 30%）	

任务 2.7 可变进气系统检修工作评价活页

班级：　　　　学号：　　　　姓名：　　　　日期：

按要求完成在□打√，未按要求完成在□打×并扣除对应分数，扣分不得超过该项的总分。

工作评价活页（教师用）				
序号	评分项及配分标准	得分条件	得分	扣分
1	作业安全和职业操守（10分）	□1. 能进行工位7S（整理、整顿、清理、清洁、素养、节约、安全）操作（4分） □2. 能进行设备和工具安全检查（2分） □3. 能进行工具、测量仪器清洁、校准、存放操作（2分） □4. 能做到油液、水液、工具三不落地操作（2分）		
2	信息查询和资讯检索（10分）	1. 能正确使用维修手册、维修电路图查询资料（6分） 　□1.1 查询相应类型可变进气系统的拆装流程（2分） 　□1.2 查询对应电磁阀控制电路图（2分） 　□1.3 查询对应可变进气系统各部件的安装位置（2分） 2. 能在规定时间内查询可变进气系统检测所需资料（4分） 　□2.1 能正确记录所查询资料章节页码（2分） 　□2.2 能正确记录所需检修信息（2分）		
3	保养、拆装、检测作业（50分）	1. 拆装进气歧管翻板阀和进气歧管翻板电位计（5分） 　□1.1 检查准备测量仪器，查阅了解拆装顺序（2分） 　□1.2 拆卸进气歧管翻板阀和进气歧管翻板电位计线束插接器（3分） 2. 读取故障码和数据流（15分） 3. 进气歧管翻板阀检测（15分） 　□3.1 供电线检测（5分） 　□3.2 信号线检测（5分） 　□3.3 电阻检测（5分） 4. 进气歧管翻板电位计检测（15分） 　□4.1 供电线检测（5分） 　□4.2 信号线检测（5分） 　□4.3 搭铁检测（5分）		
4	诊断、检测、调校分析（10分）	□1. 能判断可变进气系统维修决策（5分） □2. 能判断电磁阀维修决策（5分）		
5	表单填写和报告撰写（10分）	□1. 语句通顺（4分） □2. 无错别字（2分） □3. 无抄袭（4分）		
6	团队合作和沟通表达（10分）	□1. 团队合作、集体责任、共同决策（5分） □2. 沟通表达、交流分享、分工明确（5分）		
合计				
教师签字				

任务小结

任务小结　　思政：践行责任担当　　任务测试　　企业案例

任务 2.8　可变配气系统检修

任务描述

1. 任务要求

当可变配气机构发生故障时，常会出现车辆动力不足、怠速不稳、加速不良、油耗增加等症状。因此，当车辆出现以上症状时，如确认不是发动机机械系统、燃油系统或是点火系统等可变配气系统以外的故障时，可以考虑为可变配气系统的故障。

2. 任务目标

（1）掌握可变配气系统工作原理（×中级）。
（2）能检测可变配气系统，并分析、确认故障原因（×高级+大赛）。

3. 任务分组

对班级学生进行分组，6～8人一组，利用随机抽签的方法抽取本项目的项目经理。分组完成后，有序坐好，小组讨论制定组名、组训，营造小组凝聚力和文化氛围，并确定任务分工，完成伤任务单的填写。任务实施过程中，采用班组轮值制度，学生轮值担任项目经理、机电维修工程师、质检工程师、前台接待等角色，每个人都有锻炼组织协调项目管理、项目实施、项目验收能力的机会。通过小组协作，培养学生团队合作、互帮互助的精神和协同攻关的能力。

任务资讯

一、可变配气系统的功用

配气相位就是进、排气门的实际开闭时刻，是影响充气效率的重要因素，直接影响发动机的动力性和经济性。发动机在换气过程中，若能够做到排气彻底、进气充分，则可以提高充气系数，增大发动机的输出功率。因此，现在发动机都延长进、排气时间，即气门的开启和关闭时刻并不正好是活塞处于上止点和下止点的时刻，而是分别提前或延迟一定的曲轴转角，以改善进、排气状况，从而提高发动机的动力性。可变配气系统的功用就是根据发动机的工况，适时调整气门提前打开或延迟关闭的角度或气门的升程，优化进气和排气效率，提高发动机功率和扭矩。

二、可变配气系统的工作原理

可变配气系统分为可变气门正时系统和可变气门升程系统。常见的可变配气系统有本田公司的 VTEC、丰田公司的 VVT-i、大众车系的 VVT 和宝马车系的 VANOS 等类型。

可变配气机构工作原理

1. 本田可变气门正时和气门升程电子控制（VTEC）系统

1）VTEC 系统的功能

VTEC（Variable Value Timing and Value Lift Electronic Control）系统根据发动机转速、负荷等变化来控制机构工作，改变驱动同一气缸两进气门工作的凸轮，以调整进气门的配气相位及升程，并实现单进气门工作和双进气门工作的切换。

2）VTEC 系统的组成及工作原理

VTEC 机构主要由主次气门、摇臂总成、凸轮机构和电磁阀等组成，如图 2-8-1 所示。同一缸的两个进气门有主、次之分，即主进气门和次进气门。每个进气门通过单独的摇臂驱动，驱动主进气门的摇臂称为主摇臂，驱动次进气门的摇臂称为次摇臂，在主、次摇臂之间装有一个中间摇臂，中间摇臂不与任何气门直接接触，三个摇臂并列在一起组成进气摇臂总成。凸轮轴上相应有三个不同升程的凸轮，分别驱动主摇臂、中间摇臂和次摇臂，凸轮轴上的凸轮也相应分为主凸轮、中间凸轮和次凸轮；中间凸轮的升程最大，次凸轮的升程最小，主凸轮的形状适合发动机低速时单气门工作的配气相位要求，中间凸轮的形状适合发动机高速时双进气门工作的配气相位要求。

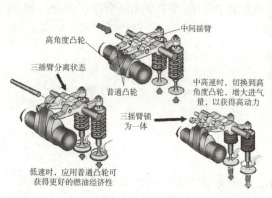

图 2-8-1 VTEC 系统的组成

进气摇臂总成如图 2-8-2 所示，在三个摇臂靠近气门的一端均设有油缸孔，油缸孔中装有靠液压控制的正时柱塞、同步柱塞、限位柱塞及弹簧。正时柱塞处于初始位置和工作位置时，靠回位弹簧使正时片插入正时柱塞相应的槽中，使正时柱塞定位。正时柱塞一端的油缸孔与发动机的润滑油道连通，ECU 通过电磁阀控制油道的通断。

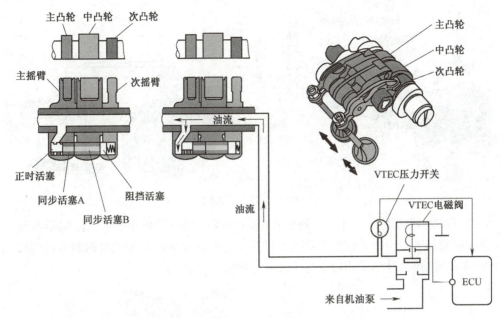

图2-8-2 进气摇臂总成

发动机低速运转时,电脑不向 VTEC 电磁阀供电,电磁阀断电使油道关闭,机油压力不能作用在正时柱塞上,在次摇臂油缸孔内的弹簧和限位柱塞作用下,正时柱塞回到主摇臂油缸孔内,与中间摇臂等宽的同步柱塞停留在中间摇臂的油缸孔内,三个摇臂彼此分离。此时,主凸轮通过主摇臂驱动主进气门工作,中间凸轮驱动中间摇臂空摆(不起作用);次凸轮的升程非常小,通过次摇臂驱动次进气门微量开闭,可防止次进气门附近积聚燃油。配气机构处于单进气门工作状态。

当发动机高速运转时,电脑向 VTEC 电磁阀供电,使电磁阀开启,来自润滑油道的机油压力作用在正时柱塞一侧,由正时柱塞推动同步柱塞和限位柱塞移动,正时柱塞和同步柱塞分别将主摇臂与中间摇臂、次摇臂与中间摇臂插接成一体,成为一个同步工作的组合摇臂。此时,由于中间凸轮升程最大,组合摇臂受中间凸轮驱动,两个进气门同步工作,进气门配气相位和升程与发动机低速时相比,气门的升程、提前开启和迟后关闭角度均增大。

2. 丰田智能可变气门正时(VVT-i)系统

1)VVT-i 系统的功能

丰田公司的 VVT-i(Variable Valve Timing-intelligent)系统通过控制进气凸轮轴在 40°角范围内,自动保持最佳的气门正时,以适应发动机工作状况的需要,实现了在所有速度范围内使配气相位智能化地变化(保持、提前、迟后),从而提高了发动机的扭矩和燃油经济性及净化性。VVT-i 系统可连续调节气门正时,但不能调节气门升程。

绝大部分气门正时系统都可以实现进气门正时在一定范围内的无级可调,而一部分发动机在排气门也配备了 VVT-i 系统,从而在进、排气门都实现了气门正时无级可调(即双 VVT-i 技术,称为 D-VVT-i),进一步优化了燃烧效率。

2)VVT-i 系统的结构

VVT-i 系统由 VVT-i 控制器、油道和机油控制阀组成,如图 2-8-3 所示。

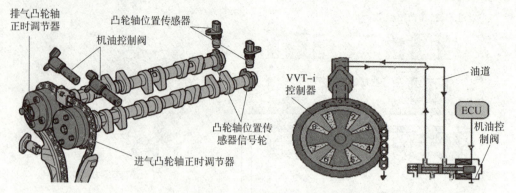

图2-8-3　VVT-i系统的组成

VVT-i控制器由壳体、叶片、锁销和链轮组成，如图2-8-4所示。控制器由受正时链条驱动的壳和叶片组成，控制器有4个叶片。来自凸轮轴的提前或延迟侧通道的机油压力使VVT-i控制器叶片按圆周方向旋转，以持续改变气门正时。

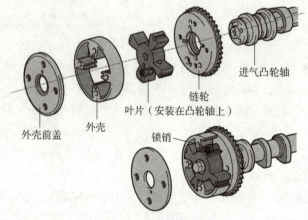

图2-8-4　VVT-i控制器

机油控制阀根据来自发动机ECU的占空比控制滑阀。这样，液压可以施加到VVT-i控制器的提前侧或延迟侧。机油控制阀的结构如图2-8-5所示。

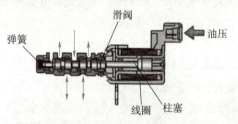

图2-8-5　机油控制阀的结构

3) VVT-i系统的工作原理

怠速工况转速较低，混合气流速慢，进气提前角应较小，使进气重叠角减小，以防止发动机回火。为此，电磁阀的控制电流较小，磁吸力较小，使滑阀处于"保持状态"，油道内无油压，锁销处于锁止状态，进气门不提前开启，保证怠速平稳运转，如图2-8-6所示。

模块二 发动机进气控制系统检修

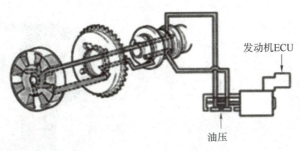

图2-8-6 VVT-i系统的保持状态

中等负荷工况转速较高，混合气流速加快，惯性能量较大，进气门应早开，加大重叠角，使废气排出量加大，提高容积效率。滑阀应处于"提前状态"，以加大发动机的扭矩值。为此，电磁阀的电流随之加大，滑阀在较大的磁吸力作用下，可左移到极限位置，出油孔和回油孔随动开启，如图2-8-7所示。

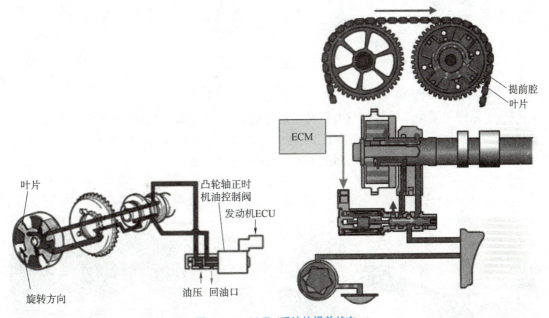

图2-8-7 VVT-i系统的提前状态

大负荷工况转速相对降低，混合气流速变慢，应使进气门早开程度减小，以防止发动机回火，用加大晚关程度来加大扭矩值。为此，电磁阀不通电，不产生磁吸力，滑阀在其弹簧的作用下被推到右端极限位置。其出油道和回油道反向转换，转子反向左转，进气门早开程度减小，滑阀应处于"迟后状态"，保证发动机扭矩的增大，如图2-8-8所示。

3. 大众可变气门正时（VVT）系统

1）VVT系统的功能

VVT（Variable Valve Timing）系统根据发动机的运行情况，通过改变进气门开关时间的早晚，配气相位角值不变（时间平移，即早开、早关，晚开、晚关），使进入的空气量达到最佳，提高燃烧效率。

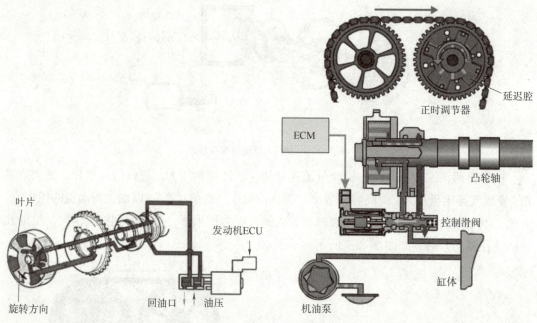

图2-8-8 VVT-i系统的迟后状态

2）VVT系统的结构

VVT系统主要由凸轮轴调整电磁阀、正时链条、凸轮轴调整机构和进排凸轮轴构成，如图2-8-9所示。凸轮轴相位调整的是：在中低转速时，提高发动机的扭矩；在高转速时，保持发动机的最大功率。改善发动机的排放，减少尾气污染。

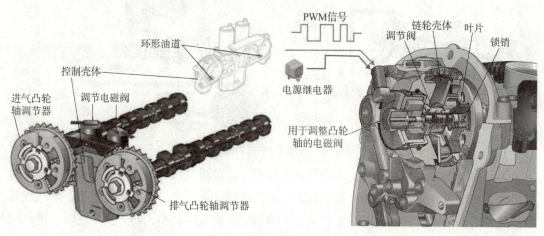

图2-8-9 VVT系统的结构

3）VVT系统的工作原理

如图2-8-10所示，凸轮轴调节器是通过凸轮轴调节阀借助于发动机的机油压力来实现调节功能的，两个凸轮轴一起调节，可以实现较大的气门重叠，有利于改善尾气排放。这两个电磁阀集成在凸轮轴调节机构的壳体内，根据发动机控制单元的指令，按照调节方向和调节行程来将机油压力分配到凸轮轴调节器上。这两个凸轮轴都是连续可调的，进气凸轮轴最大可调52°曲轴角，排气凸轮轴最大可调42°曲轴角，气门最大重叠角为47°曲轴角；如果没有机油压力（发动机停机），那么排气凸轮轴就被机械锁止了。如果通向凸轮轴调节器的电线损坏，或者凸轮轴调节器因机械卡止或油压过低而失灵时，就无法进行凸轮轴调节了。

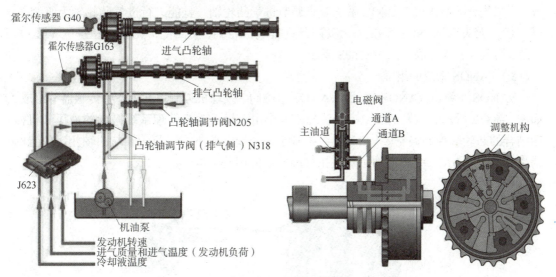

图2-8-10　VVT系统工作原理

如图2-8-11所示，当凸轮轴调节阀通电时，阀芯顶出通道B与主油道接通，建立压力，凸轮轴向延迟关闭方向调整，进气门晚关，以增加进气量，从而实现滞后调节。当凸轮轴调节阀断电时，阀芯回缩通道A与主油道接通，建立压力，凸轮轴向提前关闭方向调整，进气门早关，避免进气回流，从而实现提前调节。

图2-8-11　VVT系统工作状态
（a）滞后调节；（b）提前调节

4. 宝马可变配气相位（VANOS）

1）VANOS系统的功能

宝马可变配气机构工作原理

VANOS［Variable Nockenwellensteuerung，可变配气相位（德文）］系统可以在一定范围内无级改变进气凸轮轴与排气凸轮轴相对于曲轴的位置，从而优化发动机在各种工况下的进气量及废气的排放，提高发动机的功率和扭矩，实现发动机气缸内部废气再循环，降低燃烧温度，减少氮氧化合物的排放量。

2）VANOS 系统的类型

VANOS 系统的类型：第一代，进气 VANOS 系统，只调节进气凸轮轴，且只有两级调节；第二代，无级进气 VANOS 系统，只调节进气凸轮轴，且能进行进气凸轮轴无级调节；第三代，无级双 VANOS 系统，无级调节进排气凸轮轴；第四代，无级高压进气 VANOS 系统；第五代，无级高压双 VANOS 系统。

3）VANOS 系统的组成

VANOS 系统由 VANOS 单元、VANOS 电磁阀、发动机控制单元、各种传感器等组成，如图 2-8-12 所示。宝马的 VANOS 系统是一个由车辆发动机管理系统操纵的液压和机械相结合的凸轮轴控制设备。VANOS 系统基于一个能够调整进气凸轮轴与曲轴相对位置的调整机构。双 VANOS 则增加了对进排气凸轮轴的调整机构。

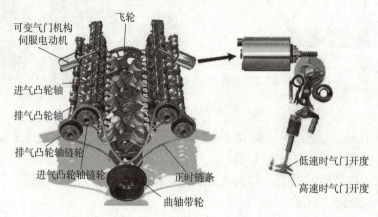

图 2-8-12　宝马 VANOS 系统组成

4）VANOS 系统的工作原理

发动机控制单元根据发动机工况，控制 VANOS 电磁阀的位置处于左侧时，如图 2-8-13 所示，机油从油底壳经过机油泵加压并通过机油滤芯经过 VANOS 电磁阀，进入 VANOS 单元提前调节油室，此时延迟调节油室中的机油通过 VANOS 电磁阀回流到油底壳。VANOS 活塞向右移动，改变了凸轮轴相对曲轴位置。处于中间位置时，此时提前调节油室和延迟调节油室中的油压处于保压状态，VANOS 活塞处于保持位置；处于右侧位置时，此时机油经过机油泵加压，通过机油滤芯，经过 VANOS 电磁阀，进入 VANOS 单元延迟调节油室，提前调节油室中的机油通过 VANOS 电磁阀回流到油底壳，VANOS 活塞向左移动，改变配气相位。

宝马的电子气门升程控制（Valvetronic）系统，通过伺服电动机驱动的机械机构，可以让进气门打开的幅度在 0.25～9.70 mm 内任意调节，即气门升程可变，起到了控制进气量的效果，燃油喷射相应配合后，可以调节引擎的输出动力。

Valvetronic 系统里，在常规的配气系统中增加了一个"中间推杆"，如图 2-8-14 所示，凸轮轴通过这个中间推杆去驱动气门上下运动。这个中间推杆的初始位置由一个"偏心轴"控制，最终执行出来的气门开闭幅度就会随中间推杆的几何位置而变化。偏心轴上有一个齿扇结构，一个带蜗杆的电动机通过这个齿扇驱动偏心轴，让中间推杆工作在不同的位置，获得不同的气门升程和开启时间。因此，气门的升程、开启时长、打开时刻都是可以调节的变量,让发动机工作在最佳的工作点。

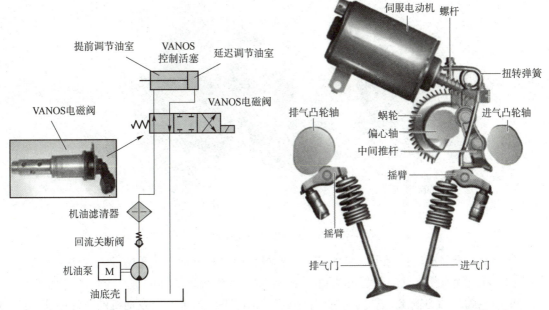

图2-8-13 宝马VANOS系统的液压控制原理

图2-8-14 宝马Valvetronic系统的结构

新技术:英菲尼迪的 VVEL 系统

VVEL(Variable Valve Event Lift,可变气门升程)工作原理与宝马的 Valvetronic 系统类似,但在结构上稍有不同。VVEL 系统使用一套螺套和螺杆的组合实现了气门升程的连续可调。在系统工作时,电动机通过 ECU 信号控制螺杆和螺套的相对位置,螺套则带动摇臂、控制杆等部件,最终改变气门升程的大小。

摇臂通过偏心轮套在控制杆上,而控制杆可以在电动机的带动下旋转一定角度。当发动机在高转速或者大负荷工况时,电动机带动螺杆转动,套在螺杆上的螺套也会产生相应的横向移动,与螺套联动的机构使得控制杆逆时针或顺时针发生旋转。由于摇臂套在控制杆的偏心轮上,因此摇臂的旋转中心也会随之上升或下降,从而达到改变气门升程的目的。虽然整个机构看起来比较复杂,摩擦副也相对较多,但由于系统中的摇臂、控制杆和螺套等都是刚性连接,没有弹簧类的回位机构,VVEL 系统即使在发动机高转速情况下也无须考虑惯性的问题,如图 2-8-15 所示。

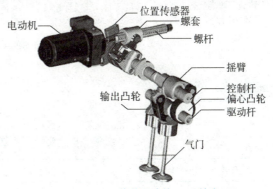

图2-8-15 英菲尼迪的VVEL技术

新技术:奥迪的 AVS

奥迪的 AVS(Audi Valvelift System,奥迪可变气门升程系统)在设计理念上与本田的 i-VTEC 有着异曲同工之妙,只是在实施手段上略有不同。这套系统为每个进气门设计了两组不同角度的凸轮,同时在凸轮轴上安装有螺旋沟槽套筒。螺旋沟槽套筒由电磁驱动器加以控制，用以切换两组不同的凸轮，从而改变进气门的升程，如图2-8-16所示。

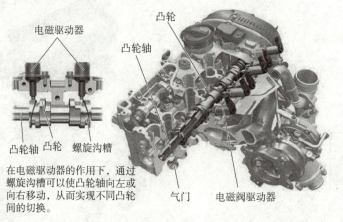

在电磁驱动器的作用下，通过螺旋沟槽可以使凸轮轴向左或向右移动，从而实现不同凸轮间的切换。

图2-8-16 奥迪的AVS技术

发动机在高负载的情况下，AVS将螺旋沟槽套筒向右推动，使角度较大的凸轮得以推动气门。在此情况下，气门升程可达到11 mm，以提供燃烧室最佳的进气流量和进气流速，实现更加强劲的动力输出。当发动机在低负载的情况下，为了追求发动机的节油性能，此时AVS则将凸轮推至左侧，以较小的凸轮推动气门，如图2-8-17所示。

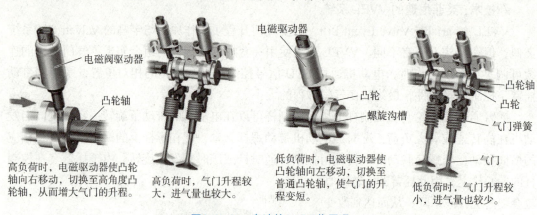

高负荷时，电磁驱动器使凸轮轴向右移动，切换至高角度凸轮轴，从而增大气门的升程。

高负荷时，气门升程较大，进气量也较大。

低负荷时，电磁驱动器使凸轮轴向左移动，切换至普通凸轮轴，使气门的升程变短。

低负荷时，气门升程较小，进气量也较少。

图2-8-17 奥迪的AVS工作原理

任务决策

任务 2.8 可变配气系统检修任务单

组名			
组训			
项目经理（组长）	学号：		姓名：

续表

团队成员	学号	角色	具体分工

任课教师		实训教师	
领任务	该车辆的故障现象是＿＿＿＿＿＿＿＿＿＿＿＿＿＿＿＿＿＿＿＿＿＿＿＿＿＿＿＿。		
明作用	1. 为了使发动机在高速和低速时都能有较好的动力性，可变配气系统可根据工况的不同调整进气门的＿＿＿＿＿＿或＿＿＿＿＿＿。 2. 可变配气系统的目的在于提高发动机的＿＿＿＿＿＿效率和＿＿＿＿＿＿效率。		
找位置	可变配气系统位于＿＿＿＿＿＿＿＿＿＿＿＿＿＿＿＿附近。		
懂原理	请根据图 2-8-10 简要描述大众可变气门正时系统的组成和工作原理。		

控制电路分析
迈腾凸轮轴调节阀 N205 控制电路如图 2-8-18 所示，端子 1 为供电端子，端子 2 为信号端子。

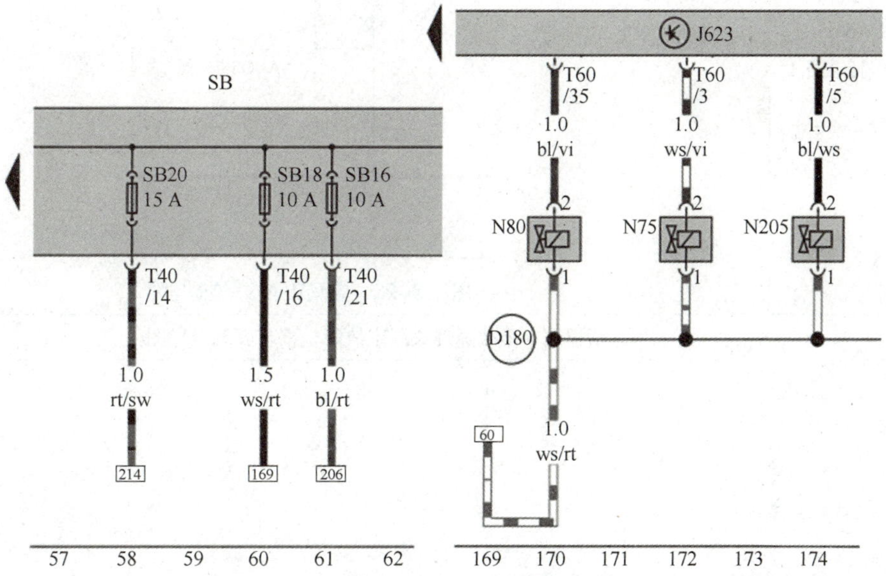

迈腾 VVT 控制电路	

图 2-8-18 迈腾VVT控制电路

续表

丰田 VVT-i 控制电路	卡罗拉凸轮轴正时机油控制阀(以进气为例)控制电路如图2-8-19所示，端子1为供电端子，端子2为信号端子。 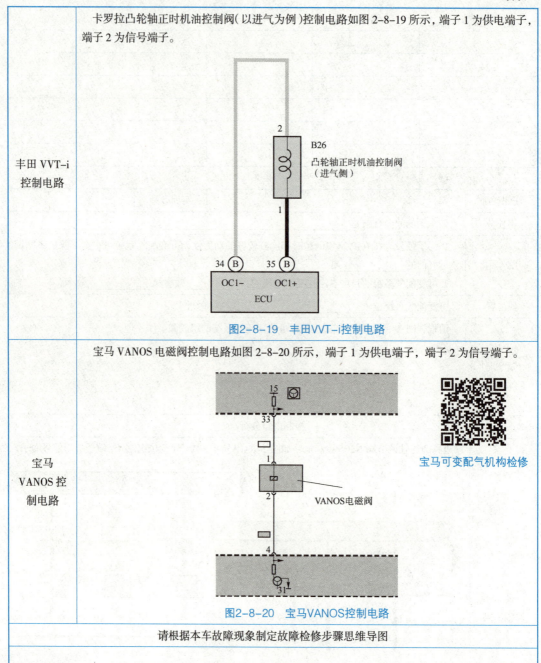 图2-8-19 丰田VVT-i控制电路
宝马 VANOS 控制电路	宝马VANOS电磁阀控制电路如图2-8-20所示，端子1为供电端子，端子2为信号端子。 宝马可变配气机构检修 图2-8-20 宝马VANOS控制电路
请根据本车故障现象制定故障检修步骤思维导图	

任务实施

请按照以下工作手册，进行检修工作流程。

可变配气机构检修

任务 2.8 可变配气系统检修工作手册

迈腾检修工作流程
步骤1：故障码读取 用诊断仪先清除故障码，并重新起动发动机，再调取故障码；若有故障码，则按故障码的提示排除故障。
步骤2：执行元件测试 用故障诊断仪的"执行元件测试"功能检查凸轮轴调节阀 N205 的工作情况。
步骤3：供电电压检测 万用表选择 20 V 直流电压挡，拔下凸轮轴调节阀 N205 线束插头，红表笔接线束端 2 端子，黑表笔接蓄电池负极可靠搭铁，将车辆点火开关置于 ON 挡，此时万用表读数应为 12 V，如图 2-8-21 所示。 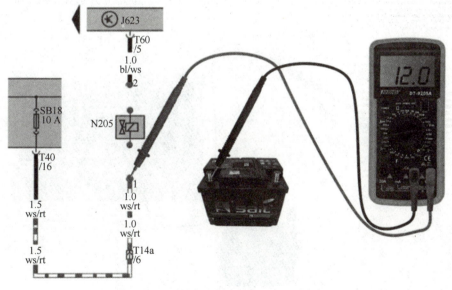 图2-8-21　凸轮轴调节阀N205供电电压检测
步骤4：电阻检测 拔下凸轮轴调节阀 N205 线束插接器，万用表选择 200 Ω 电阻挡，红、黑表笔分别接凸轮轴调节阀 N205 的 1 号端子和 2 号端子，万用表读数 20 ℃时应为 8 Ω 左右，如图 2-8-22 所示。如果不正常，更换凸轮轴调节阀 N205。

续表

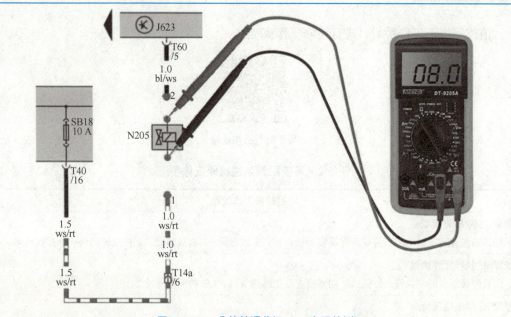

图2-8-22　凸轮轴调节阀N205电阻检测

步骤5：信号线检测

使用示波器测量凸轮轴调节阀 N205 的信号线 1 号端子波形是否正常，信号波形为占空比信号，如图 2-8-23 所示。

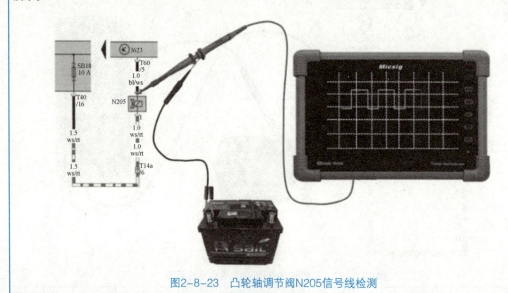

图2-8-23　凸轮轴调节阀N205信号线检测

续表

步骤 6：线路检测

万用表选择 200 Ω 电阻挡，将车辆点火开关置于 OFF 挡，拔下凸轮轴正时机油控制阀、ECU 线束插头，分别测量 ECU 线束端 34、35 端子和传感器线束端 2、1 端子之间的电阻，此时万用表读数应为 0.5 Ω 左右，如图 2-8-24 所示。如果不正常，检查线路是否短路或断路。

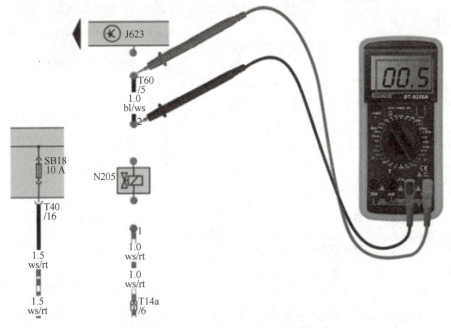

图2-8-24　凸轮轴调节阀N205线路检测

步骤 7：凸轮轴调节阀 N205 卡滞检测

用 12 V 的电压驱动凸轮轴调节阀 N205 阀芯动作，对比观察是否有卡滞现象，如图 2-8-25 所示。实际检修过程中，可以把新旧电磁阀互换，然后再用诊断电脑进行检测，如果故障转移说明电磁阀故障。

图2-8-25　凸轮轴调节阀N205卡滞检测

步骤 8：机油压力检测

拆卸机油滤清器，安装测量机油压力专用工具，检测机油压力。如不正常，需对润滑系统进行检修。

任务 2.8 可变配气系统检修学生工作活页

姓名		班级		学号	
任务名称	任务 2.8 可变配气系统检修	日期		组长	
任课教师			实训教师		
领任务	该车辆的故障现象是_____。				
车辆信息					
识电路	请画出实训车辆可变配气系统电路图。				

会检测					
序号	名称	工具（挡位）、连接针脚号	测量值（单位）	标准值（单位）	
步骤 1	发动机故障码读取				
步骤 2	执行元件测试				
步骤 3	凸轮轴调节阀 N205 供电电压检测				
步骤 4	凸轮轴调节阀 N205 电阻检测				
步骤 5	凸轮轴调节阀 N205 信号线检测				
步骤 6	凸轮轴调节阀 N205 线路检测				
步骤 7	凸轮轴调节阀 N205 卡滞检测				

能维修
请根据检测结果确定故障点及维修方案。

任务评价	评价主体	评价等级	确认签字
	自评	优秀□ 良好□ 中等□ 及格□ 不及格□ （优秀比例不超过 20%，良好比例不超过 30%）	
	互评	优秀□ 良好□ 中等□ 及格□ 不及格□ （优秀比例不超过 20%，良好比例不超过 30%）	

任务 2.8 可变配气系统检修工作评价活页

班级：　　　　学号：　　　　姓名：　　　　日期：

按要求完成在□打√，未按要求完成在□打×并扣除对应分数，扣分不得超过该项的总分。

工作评价活页（教师用）				
序号	评分项及配分标准	得分条件	得分	扣分
1	作业安全和职业操守 （10分）	□1. 能进行工位7S（整理、整顿、清理、清洁、素养、节约、安全）操作（4分） □2. 能进行设备和工具安全检查（2分） □3. 能进行工具、测量仪器清洁、校准、存放操作（2分） □4. 能做到油液、水液、工具三不落地操作（2分）		
2	信息查询和资讯检索 （10分）	1. 能正确使用维修手册、维修电路图查询资料（6分） 　□1.1 查询可变配气系统的拆装流程（3分） 　□1.2 查询可变配气系统接线端子的功用（3分） 2. 能在规定时间内查询可变配气系统测量所需资料（4分） 　□2.1 能正确记录所查询资料章节页码（2分） 　□2.2 能正确记录所需检修信息（2分）		
3	保养、拆装、检测作业 （50分）	1. 拆装可变配气系统（5分） 　□1.1 检查准备测量仪器，查阅了解拆装顺序（2分） 　□1.2 拆卸可变配气系统线束插接器（3分） 2. 读取故障码和执行元件测试（10分） 　□2.1 读取故障码（5分） 　□2.2 读取数据流（5分） 3. 凸轮轴调节阀 N205 检测（35分） 　□3.1 供电线检测（10分） 　□3.2 信号线检测（10分） 　□3.3 电阻检测（5分） 　□3.3 卡滞检测（10分）		
4	诊断、检测、调校分析 （10分）	□1. 能判断可变配气系统维修决策（6分） □2. 维修方案正确（4分）		
5	表单填写和报告撰写 （10分）	□1. 语句通顺（4分） □2. 无错别字（2分） □3. 无抄袭（4分）		
6	团队合作和沟通表达 （10分）	□1. 团队合作、集体责任、共同决策（5分） □2. 沟通表达、交流分享、分工明确（5分）		
合计				
教师签字				

任务小结

任务小结

思政：大国工匠孟剑锋——精益求精

任务测试

企业案例

任务 2.9　废气涡轮增压系统检修

任务描述

1. 任务要求

一辆装备 EA888 电控发动机的迈腾轿车，车主反映发动机有油耗过多、冒黑烟及动力不足等现象。经过全面检测，确认为废气涡轮增压系统故障。

2. 任务目标

（1）掌握废气涡轮增压系统的工作原理（×中级）。
（2）能检测废气涡轮增压系统，并分析、确认故障原因（×高级+大赛）。

3. 任务分组

对班级学生进行分组，6～8人一组，利用随机抽签的方法抽取本项目的项目经理。分组完成后，有序坐好，小组讨论制定组名、组训，营造小组凝聚力和文化氛围，并确定任务分工，完成任务单的填写。任务实施过程中，采用班组轮值制度，学生轮值担任项目经理、机电维修工程师、质检工程师、前台接待等角色，每个人都有锻炼组织协调项目管理、项目实施、项目验收能力的机会。通过小组协作，培养学生团队合作、互帮互助的精神和协同攻关的能力。

任务资讯

一、废气涡轮增压系统的功用

废气涡轮增压系统的功用是将发动机排出的废气导入涡轮室，利用废气的流动能量冲击涡轮，使其高速运转，涡轮则驱动压气机工作，进而实现进气增压，从而增加每个发动机工作循环气缸进气空气量，增加循环供油量，提高了升功率和升扭矩，如图2-9-1所示。

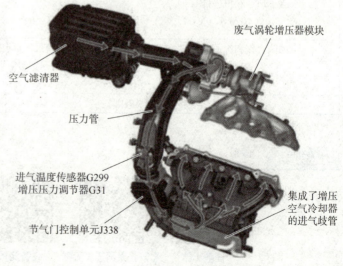

图2-9-1　废气涡轮增压系统的功用

二、废气涡轮增压系统的组成

废气涡轮增压系统由废气涡轮增压机械系统和增压压力控制系统组成。

1. 废气涡轮增压机械系统的组成

废气涡轮增压机械系统由涡轮增压器、增压传感器、中冷器等组成,如图 2-9-2 所示。

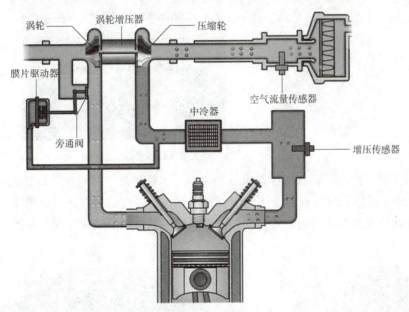

图2-9-2 废气涡轮增压系统

2. 增压压力控制系统的组成

增压压力控制系统由发动机控制单元 J220、增压压力传感器 G31(位于中冷器上方)、增压压力限制电磁阀 N75(位于发动机舱齿形皮带罩右侧)、增压压力调节单元、增压器空气再循环电磁阀 N249(位于发动机舱进气歧管下方)、机械式空气再循环阀、真空罐及连接管路组成,如图 2-9-3 所示。

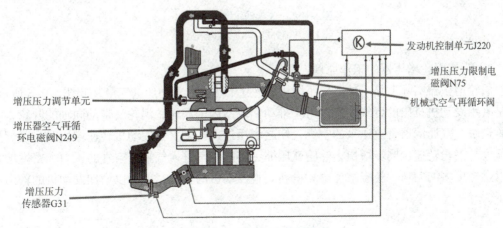

图2-9-3 增压压力控制系统

三、废气涡轮增压系统的结构及工作原理

1. 废气涡轮增压器

1）废气涡轮增压器的结构

一般汽车的涡轮增压器安装在靠近排气歧管的位置,如图2-9-4所示。

图2-9-4 废气涡轮增压器的位置

涡轮增压器是由涡轮室和增压器组成的机器,涡轮室进气口与排气歧管相连,排气口接在排气管上;增压器进气口与空气滤清器管道相连,排气口接在进气歧管上。涡轮和叶轮分别装在涡轮室和增压器内,二者同轴刚性连接,其外形及结构如图2-9-5所示。

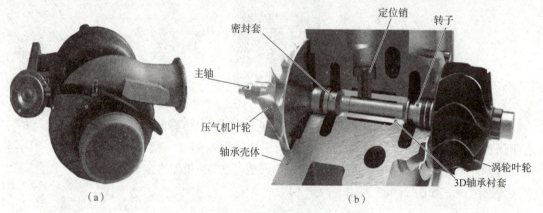

图2-9-5 废气涡轮增压器结构
（a）增压器外形;（b）增压器结构

2）废气涡轮增压器的工作原理

涡轮增压器实际上是一种空气压缩机,通过压缩空气来增加进气量,如图2-9-6所示。它是利用发动机排出的废气惯性冲力来推动涡轮室内的涡轮,涡轮又带动同轴的叶轮,叶轮压送由空气滤清器管道送来的空气,使之增压进入气缸。当发动机转速增快时,废气排出速度与涡轮转速也同步增快,叶轮就压缩更多的空气进入气缸,空气的压力和密度增大可以燃烧更多的燃料,相应增加燃料量和调整发动机的转速,就可以增加发动机的输出功率了。

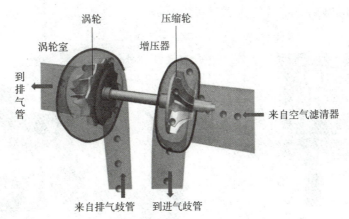

图2-9-6 废气涡轮增压器的工作原理

2. 增压压力调节单元和增压压力限制电磁阀 N75

1）增压压力调节单元的结构和工作原理

增压压力调节单元是一个机械部件，由外壳、膜片、弹簧和控制机构组成，如图2-9-7所示。膜片将壳体分成两个腔室，一个腔室与增压压力限制电磁阀的一个管口相通，另一腔室为真空腔室，内有弹簧，膜片与控制机构相连，用于改变旁通阀的开度，从而控制流经涡轮的废气量。膜片左腔室的压力增大时，推动膜片向右移动，在膜片的带动下，控制机构使旁通阀的开度增大，流经涡轮的废气量减小，涡轮的转速下降。膜片左腔室的压力减小时，膜片向左移动，在膜片的带动下，控制机构使旁通阀的开度减小，流经涡轮的废气量增加，涡轮的转速升高。

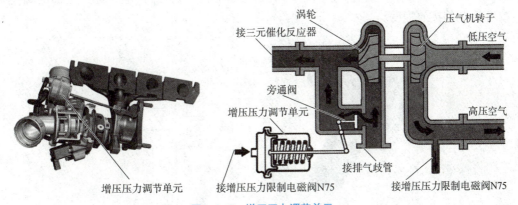

图2-9-7 增压压力调节单元

2）增压压力限制电磁阀 N75 的结构和工作原理

增压压力限制电磁阀 N75 有三个管口 A、B、C，如图2-9-8所示。A端与增压后的高压空气相通，B端接增压压力调节单元，C端与经过空气滤清器过滤的低压空气相通。发动机控制单元根据需要以占空比方式给增压压力限制电磁阀通电，改变加在增压压力调节单元膜片阀上的气压以调节增压压力。

图2-9-8 增压压力限制电磁阀N75

中低速小负荷时，增压压力限制电磁阀的 A 端与 B 端连通，允许增压压力调节单元自动调节增压压力。

加速或高速大负荷时，该电磁阀由发动机控制单元以占空比的方式供电，低压通气端与另两端连通，使加在增压压力调节单元膜片阀上的压力下降，废气旁通阀开度减小，增压压力提高，占空比越大增压压力越高。

3. 增压器空气再循环电磁阀 N249 和机械式空气再循环阀

1）机械式空气再循环阀的结构与工作原理

如图 2-9-9 所示，机械式空气再循环阀有三个接口，A 端与压气机出口接通，B 端接压气机入口，C 端接空气再循环阀 N249。膜片将内部分成两个腔室，膜片上面的阀控制 A 端与 B 端的接通程度。

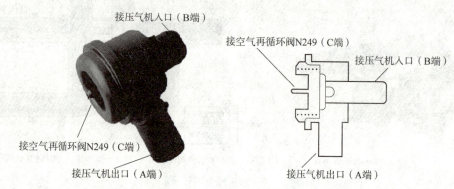

图2-9-9 机械式空气再循环阀

2）增压器空气再循环电磁阀 N249

如图 2-9-10 所示，增压器空气再循环电磁阀 N249 有三个管口，A 端接进气歧管，B 端接机械式空气再循环阀，C 端接真空罐。

N249 不通电时，进气歧管与机械式空气再循环阀的膜片室相通；通电时，真空罐与机械式空气再循环阀的膜片室相通。

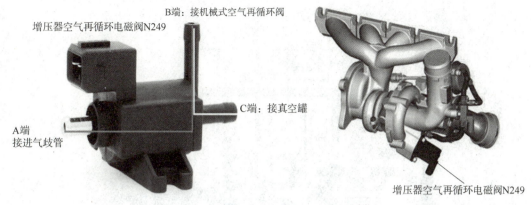

图2-9-10 增压器空气再循环电磁阀N249

怠速或小负荷工况时,进气歧管的真空度较大,发动机进气不需要增压,此时增压器空气再循环电磁阀不通电,进气歧管的真空度作用于机械式空气再循环阀使阀开启,增压器压气机出口的高压空气流回到低压端,此时增压器不起作用;在车辆高速行驶急减速时,节气门突然关闭,瞬间增压器需要卸荷。因此时进气歧管内的真空度不足以开启机械式空气再循环阀,故发动机控制单元将立即给增压器空气再循环电磁阀N249通电,使真空罐与机械式空气再循环阀接通,在真空罐强大的真空吸力作用下阀开启,增压器被卸荷。增压器卸荷的目的是使增压器压气机室至节气门前存在的高压压力瞬间被卸掉,使压气机叶轮旋转的阻力不致过大,这样一是可减轻高压气体对压气机叶轮的冲击,二是能使涡轮增压器保持在较高的转速,使增压器在需要时能更迅速地向发动机提供所需的增压压力,减小涡轮增压器的"迟滞"现象。

新技术:宝马双涡轮增压器技术

宝马N54发动机是第一款采用双涡轮增压器、高精度喷射装置的发动机,该发动机具有涡轮增压发动机以前无法达到的响应速度以及延伸至高转速范围内的高输出动力。双废气涡轮增压系统的组成如图2-9-11所示。单涡轮会有涡轮延迟,而双涡轮则可以很好地解决涡轮延迟的问题;双涡轮增压也是属于涡轮增压方式的一种,其与单涡轮本身并没有什么区别,在工作原理、主要结构以及零件材料上几乎是一样的。双涡轮增压主要采用两个相互独立的涡轮增压器的增压系统,在发动机两个涡轮增压器共同作用时,大幅度提升了进气效率,增压效果且动力性上也有明显的提升。双涡轮增压发动机通常装配在直列6缸或者V型等排量较大的发动机上。

宝马废气涡轮增压系统工作原理

宝马废气涡轮增压系统检修

新技术:宝马单涡轮双涡管增压器技术

一些宝马N系列发动机采用了单涡轮双涡管增压器技术。单涡轮双涡管增压器的结构如图2-9-12所示,A管为气缸2和3的废气通道,B管为气缸1和4的废气通道,A和B两个废气管连接到废气侧涡轮上,这就是双涡管。废气旁通阀真空罐控制废气涡轮增压的压力,宝马N系列增压发动机都是通过真空控制增压压力的。废气涡轮增压器在工作时转速和温度都很高,需要很好的润滑和冷却。

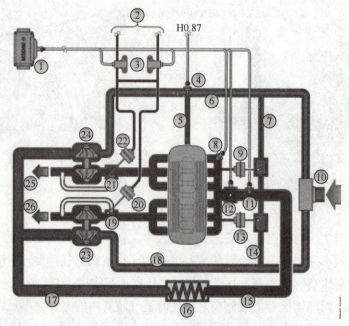

图2-9-11 双废气涡轮增压系统的组成

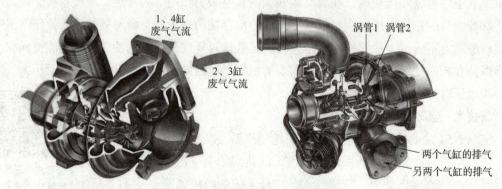

图2-9-12 单涡轮双涡管增压器结构

宝马B系列发动机单涡轮双涡管增压器与N系列增压发动机的不同之处主要有两点：增压压力控制不同，B系列发动机由废气旁通阀真空罐变成了电动调节式废气旁通阀执行机构，取消了真空罐、电磁阀及真空管路，通过一个电动机直接控制废气旁通阀门的开度；取消了循环空气减压阀，通过快速调节，废气旁通阀门，降低增压压力，同时节气门延迟关闭使增压空气通过发动机进入排气系统。在电动调节式废气旁通阀上，执行机构内有一个直流电动机和一个传感器。直流电动机通过连杆的往复移动可控制废气旁通阀的开度，传感器用来检测旁通阀门开度大小。

单涡轮双涡管就是将一个涡轮增压器的气流在经过涡管时分为两股气流，每股气流负责两个缸。同时与双涡轮相比，单涡轮的设计也降低了排气脉冲相互干扰的情况。在这种技术下，气缸排气更充分，可变正时气门也可以更加充分地调整操作延时。这样的结构可在使用相同增压比涡轮的情况下，提高引擎的输出马力，改善排气不充分的问题。

任务决策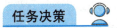

任务 2.9 废气涡轮增压系统检修任务单

组名			
组训			
项目经理（组长）	学号：		姓名：
团队成员	学号	角色	具体分工
任课教师		实训教师	
领任务	该车辆的故障现象是_____。		
明作用	1. 废气涡轮增压系统的功用是将发动机_____导入涡轮室，利用废气的流动能量冲击涡轮，使其高速运转，涡轮则驱动_____工作，进而实现进气增压。 2. 废气涡轮增压系统增加每个发动机工作循环气缸_____，增加循环供油量，提高了_____和_____。		
找位置	废气涡轮增压器位于_____附近。		
懂原理	请根据图 2-9-3 描述增压压力的控制过程。		
控制电路分析			
增压压力传感器 G31	如图 2-9-13 所示为迈腾 B7L 废气涡轮增压系统的增压压力传感器 G31 的控制电路。该传感器共有 3 个端子，其中 3 号端子为传感器 G31 的供电端子（5 V 左右），1 号端子为传感器 G31 的搭铁端子，4 号端子为传感器 G31 信号端子。 图2-9-13 增压压力传感器G31的控制电路		

续表

增压压力限制电磁阀 N75	如图2-9-14所示为迈腾B7L废气涡轮增压系统的增压压力限制电磁阀N75的控制电路。该电磁阀共有2个端子，其中1号端子为电磁阀的供电端子（蓄电池供电）；2号端子为电磁阀的搭铁端子，由ECU控制搭铁。 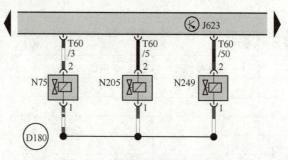 图2-9-14 增压压力限制电磁阀N75的控制电路
增压器空气再循环电磁阀 N249	如图2-9-15所示为迈腾B7L废气涡轮增压系统的增压器空气再循环电磁阀N249的控制电路。该电磁阀共有2个端子，其中1号端子为电磁阀的供电端子（蓄电池供电）；2号端子为电磁阀的搭铁端子，由ECU控制搭铁。 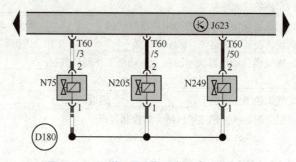 图2-9-15 增压器空气再循环电磁阀N249
	请根据本车故障现象制定故障检修步骤思维导图

任务实施

请按照以下工作手册，进行检修工作流程。

废气涡轮增压系统检修

任务 2.9 废气涡轮增压系统检修工作手册

1. 废气涡轮增压系统检修
步骤1：故障码读取 用故障诊断仪的"读取故障码"功能读取故障码，如图2-9-16所示。

续表

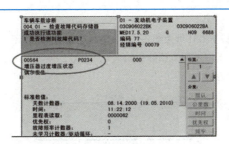

图2-9-16　读取故障码

步骤2：数据流读取

用故障诊断仪的"读取数据流"功能检查进气压力。使用电脑检测仪，进入发动机系统，08- 读取数据块，显示组 115：在全负荷下，2 挡行车，发动机转速在 1 800～2 300 r/min 时查看显示区 4，规定值：1 350～1 750 mbar。理论值与实际值的偏差：最大 100 mbar。

步骤3：执行元件测试

用故障诊断仪的"执行元件测试"功能检查增压压力限制电磁阀 N75 和增压器空气再循环电磁阀 N249 的工作情况。

步骤4：检查是否有泄漏或堵塞

检查空气滤清器与涡轮增压器之间、涡轮增压器与气缸盖之间、涡轮增压器与排气管之间是否有泄漏或堵塞。

步骤5：增压压力调节阀的压力单元检修

让发动机怠速运转 5 min，后急踩油门，发动机转速迅速升高到 5 000 r/min，增压压力调节单元的推杆应能正常移动，无卡滞现象。

步骤6：机械式空气再循环阀检修

使用手动真空泵 V.A.G1390 测试，从车上拆下机械式空气再循环阀，通过软管将该阀真空管接头 C 端与手动真空泵连接，扳动真空泵产生吸力，此时 A、B 两端应相通，放开真空泵解除真空，A、B 两端应迅速截止且密封良好。

2. 增压压力传感器 G31 检测

步骤1：供电电压检测

万用表选择 20 V 直流电压挡，拔下 G31 线束插头，红表笔接线束端 3 号端子，黑表笔接蓄电池负极可靠搭铁，将车辆点火开关置于 ON 挡，此时万用表读数应为 5 V 左右，如图 2-9-17 所示。如果不正常，检查供电线路是否断路或短路。

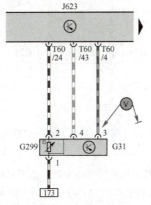

图2-9-17　增压压力传感器G31供电电压的检测

步骤2：搭铁线检测

万用表选择200Ω电阻挡，拔下G31线束插头，红表笔接线束端1号端子，黑表笔接蓄电池负极可靠搭铁，将车辆点火开关置于OFF挡，此时万用表读数应约为0，如图2-9-18所示；如果不正常，检查电脑搭铁是否良好、搭铁线路是否断路或短路。

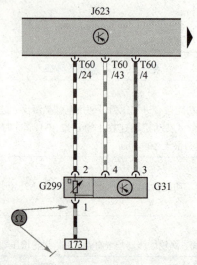

图2-9-18　增压压力传感器G31搭铁线的检测

步骤3：信号线检测

如图2-9-19所示，万用表选择20 V直流电压挡，安插备针于4号端子，红表笔接4号端子备针，黑表笔接蓄电池负极可靠搭铁，起动车辆，起动发动机，怠速时，电压值为1.8～2.0 V，如果不正常，检查信号线是否断路或短路，检查传感器本身是否损坏。

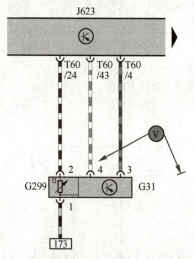

图2-9-19　增压压力传感器G31信号线检测

步骤4：线路检测

万用表选择200Ω电阻挡，将车辆点火开关置于OFF挡，拔下G31、发动机控制单元J623线束插头，分别测量ECU端子T60/43、T60/4和G31线束端4、3端子，此时万用表读数应为0.5Ω左右，如图2-9-20所示。如果不正常，检查线路是否短路或断路。

续表

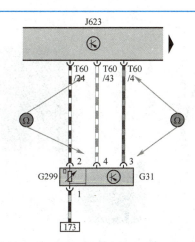

图2-9-20 增压压力传感器G31线路检测

3. 增压压力限制电磁阀 N75 的检测

步骤1：供电电压检测

万用表选择20 V 直流电压挡，拔下增压压力限制电磁阀 N75 线束插头，红表笔接线束端1端子，黑表笔接蓄电池负极可靠搭铁，将车辆点火开关置于 ON 挡，此时万用表读数应为 12 V，如图 2-9-21 所示。

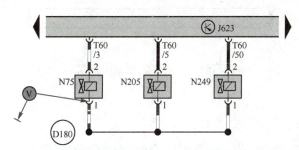

图2-9-21 增压压力限制电磁阀N75供电电压检测

步骤2：电阻检测

如图 2-9-22 所示，万用表选择 200 Ω 电阻挡，拔下增压压力限制电磁阀 N75 的线束插头，红、黑表笔分别接电磁阀端1号端子和2号端子，此时万用表读数应为 25~35 Ω，否则更换电磁阀。

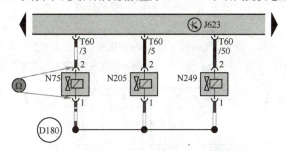

图2-9-22 增压压力限制电磁阀N75电阻检测

步骤3：信号线检测

如图 2-9-23 所示，使用示波器测量增压压力限制电磁阀 N75 的信号线2号端子波形是否正常，信号波形为占空比信号。

续表

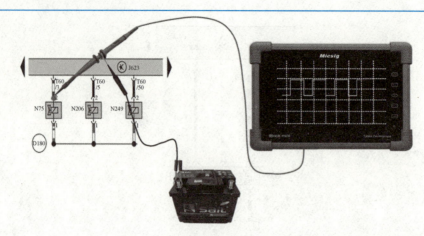

图2-9-23 增压压力限制电磁阀N75信号线检测

步骤4：线路检测

万用表选择200Ω电阻挡，将车辆点火开关置于OFF挡，拔下增压压力限制电磁阀N75、ECU线束插头，红黑表笔接ECU线束端T60/3端子，黑表笔接传感器线束端2端子，此时万用表读数应为0.5Ω左右，如图2-9-24所示。如果不正常，检查线路是否短路或断路。

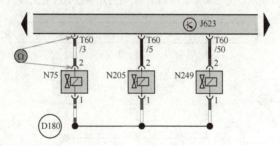

图2-9-24 增压压力限制电磁阀N75线路检测

步骤5：检查电磁阀的工作情况

关闭点火开关，从增压压力限制电磁阀N75上拔下连接软管和插头，直接给电磁阀供12V电，注意极性要与实车相同，并同时用软管吹气检查，正常情况下不通电时A与B应相通，通电时A、B、C应互通。

4. 空气再循环阀N249的检测

步骤1：供电电压检测

万用表选择20V直流电压挡，拔下空气再循环阀N249线束插头，红表笔接线束端1端子，黑表笔接蓄电池负极可靠搭铁，将车辆点火开关置于ON挡，此时万用表读数应为12V，如图2-9-25所示。

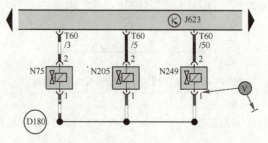

图2-9-25 空气再循环阀N249供电电压检测

续表

步骤2：电阻检测 　　如图2-9-26所示，万用表选择200 Ω 电阻挡，拔下空气再循环阀 N249 的线束插头，红、黑表笔分别接电磁阀端1号端子和2号端子，此时万用表读数应为27～30 Ω，否则更换电磁阀。 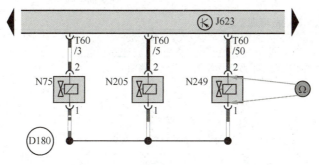 图2-9-26　空气再循环阀N249电阻检测
步骤3：信号线检测 　　方法1：将备针插入空气再循环阀 N249 的 2 号端子，试灯夹子连接在蓄电池负极，试灯连接在 2 号端子上，起动车辆，此时试灯闪亮。 　　方法2：使用示波器测量空气再循环阀 N249 电磁阀的信号 2 号端子波形是否正常，信号波形为占空比信号。
步骤4：线路检测 　　万用表选择200 Ω 电阻挡，将车辆点火开关置于 OFF 挡，拔下空气再循环阀 N249、发动机控制单元 J523 线束插头，红黑表笔接 ECU 线束端 T60/50 端子，黑表笔接传感器线束端 2 号端子，此时万用表读数应为 0.5 Ω 左右，如图 2-9-27 所示。如果不正常，检查线路是否短路或断路。 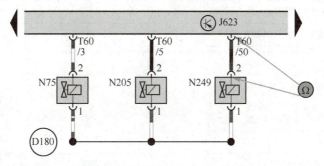 图2-9-27　空气再循环阀N249线路检测
步骤5：检查电磁阀的工作情况 　　关闭点火开关，从空气再循环阀 N249 上拔下连接软管和插头，直接给电磁阀供 12 V 电，注意极性要与实车相同，直接给电磁阀供 12 V 电，正常情况下不通电时 A、B 两端应相通，通电时 B、C 两端应相通。

任务 2.9 废气涡轮增压系统检修学生工作活页

姓名		班级		学号	
任务名称	任务 2.9 废气涡轮增压系统检修	日期		组长	
任课教师			实训教师		
领任务	该车辆的故障现象是_____。				
车辆信息					
识电路	请画出实训车辆废气涡轮增压系统电路图。				

会检测					
序号	名称	工具（挡位）、连接针脚号	测量值（单位）	标准值（单位）	
步骤 1	发动机故障码读取				
步骤 2	数据流读取				
步骤 3	检查是否有泄漏或堵塞				
步骤 4	增压压力传感器 G31 检修				
步骤 5	增压压力限制电磁阀 N75 的检测				
步骤 6	空气再循环阀 N249 的检测				
步骤 7	增压压力调节阀的压力单元检测				
步骤 8	机械式空气再循环阀检修				

能维修	
请根据检测结果确定故障点及维修方案。	

任务评价	评价主体	评价等级	确认签字
	自评	优秀□ 良好□ 中等□ 及格□ 不及格□ （优秀比例不超过 20%，良好比例不超过 30%）	
	互评	优秀□ 良好□ 中等□ 及格□ 不及格□ （优秀比例不超过 20%，良好比例不超过 30%）	

任务 2.9 废气涡轮增压系统检修工作评价活页

班级：　　　　学号：　　　　姓名：　　　　日期：

按要求完成在□打√，未按要求完成在□打×并扣除对应分数，扣分不得超过该项的总分。

工作评价活页（教师用）				
序号	评分项及配分标准	得分条件	得分	扣分
1	作业安全和职业操守（10分）	□1. 能进行工位 7S（整理、整顿、清理、清洁、素养、节约、安全）操作（4分） □2. 能进行设备和工具安全检查（2分） □3. 能进行工具、测量仪器清洁、校准、存放操作（2分） □4. 能做到油液、水液、工具三不落地操作（2分）		
2	信息查询和资讯检索（10分）	1. 能正确使用维修手册、维修电路图查询资料（6分） 2. 能在规定时间内查询废气涡轮增压系统检测所需资料（4分）		
3	保养、拆装、检测作业（50分）	1. 读取故障码及数据流（10分） 2. 增压压力传感器 G31 的检测（9分） 　□2.1 供电的检测（3分） 　□2.2 搭铁的检测（3分） 　□2.3 信号的检测（3分） 3. 增压压力限制电磁阀 N75 的检测（13分） 　□3.1 供电的检测（3分） 　□3.2 搭铁的检测（3分） 　□3.3 信号的检测（3分） 　□3.4 电磁阀工作情况的检查（4分） 4. 空气再循环阀 N249 的检测（13分） 　□4.1 供电的检测（3分） 　□4.2 搭铁的检测（3分） 　□4.3 信号的检测（3分） 　□4.3 电磁阀工作情况的检查（4分） 5. 机械部件的检查（5分） 　□5.1 检查是否有泄漏或堵塞（1分） 　□5.2 增压压力调节阀压力单元的检查（2分） 　□5.3 机械式空气再循环阀的检查（2分）		
4	诊断、检测、调校分析（10分）	□1. 能判断废气涡轮增压系统维修决策（6分） □2. 维修方案正确（4分）		
5	表单填写和报告撰写（10分）	□1. 语句通顺（4分） □2. 无错别字（2分） □3. 无抄袭（4分）		
6	团队合作和沟通表达（10分）	□1. 团队合作、集体责任、共同决策（5分） □2. 沟通表达、交流分享、分工明确（5分）		
合计				
教师签字				

任务小结

任务小结　　思政：爱岗敬业邢云堂　　任务测试　　企业案例

模块三　发动机电控燃油供给系统检修

模块简介

若想发动机正常工作，必须为其提供连续可靠的空气燃油混合气，这首先要求电控燃油供给系统工作正常。发动机电控燃油供给系统，也称为电控燃油喷射系统（Electronic Fuel Injection，EFI），是在恒定的压力下，利用喷油器将一定量的燃油直接喷入气缸或进气管道内的汽油机燃料供给装置。本模块包括认识燃油供给系统、燃油系统压力检测、电动燃油泵检修、喷油器的检修、直喷燃油供给系统检修、冷却液温度传感器检修和氧传感器检修7个学习任务。

学习目标

★ 知识目标

1. 熟悉燃油供给系统主要零部件的安装位置及外部构造，并理解它们的作用（×初级）。
2. 熟悉燃油压力的检测流程（×中级+大赛）。
3. 熟悉电动燃油泵的组成、工作原理及控制电路（×高级+大赛）。
4. 熟悉喷油器的组成、工作原理及控制电路（×高级+大赛）。
5. 熟悉直喷燃油喷射系统的组成、工作原理及控制电路（×高级+大赛）。
6. 了解冷却液温度传感器的安装位置和工作原理（×中级+大赛）。
7. 熟悉氧传感器的结构组成和工作原理（×中级）。

★ 能力目标

1. 能够检查、清洗或更换燃油滤清器。能检查燃油管路、管接头和软管有无破损、变形、松动或泄漏，确认是否需要维修（×初级）。
2. 能够检测燃油系统压力，并分析、确认故障原因（×高级+大赛）。
3. 能够检测电动燃油泵、喷油器，并分析、确认故障原因（×高级+大赛）。
4. 能够检测直喷燃油喷射系统的故障，并分析、确认故障原因（×高级+大赛）。

5. 能够检测冷却液温度传感器、氧传感器、空燃比氧传感器故障，并分析、确认故障原因（×高级+大赛）。

6. 能正确查阅维修手册，使用解码器读取相关故障码，并进行基本检查（×高级+大赛）。

7. 能熟练分析、判断元件故障和线路短路、断路等故障（×高级+大赛）。

★ 素质目标

1. 能够制订工作计划，独立完成工作学习任务。
2. 能够在工作过程中与小组其他成员合作、交流并进行学习任务分工，具备团队合作和安全操作的意识。
3. 养成服从管理、规范作业的良好工作习惯。
4. 培养安全工作的习惯。

★ 思政目标

1. 爱国守法、崇德向善、诚实守信。
2. 爱岗敬业、积极进取、团结协作。
3. 热爱劳动、沟通流畅、勇于创新。
4. 精益求精、工匠精神、7S管理。

任务 3.1　认识燃油供给系统

任务描述

1. 任务要求

一辆装备电控发动机的宝来轿车，车主反映发动机故障指示灯常亮，发动机加速不良。请对燃油供给系统进行检测，确认故障点。

2. 任务目标

（1）掌握燃油供给系统的功用和构造（×初级）。
（2）能够准确找到燃油供给系统各元件的位置（×初级+大赛）。
（3）掌握燃油滤清器、喷油器的更换方法和安全注意事项（×初级）。
（4）能够检查、清洗、更换喷油器及燃油滤清器（×初级）。

3. 任务分组

对班级学生进行分组，6～8人一组，利用随机抽签的方法抽取本项目的项目经理。分组完成后，有序坐好，小组讨论制定组名、组训，营造小组凝聚力和文化氛围，并确定任务分工，完成任务单的填写。任务实施过程中，采用班组轮值制度，学生轮值担任项目经理、机电维修工程师、质检工程师、前台接待等角色，每个人都有锻炼组织协调项目管理、项目实施、项目验收能力的机会。通过小组协作，培养学生团队合作、互帮互助的精神和协同攻关的能力。

任务资讯

一、燃油供给系统的功用

燃油系统的组成及工作原理

燃油供给系统的功用是根据 ECU 的驱动信号，以恒定的压差向发动机喷油器供给各种工况下所需的燃油。

二、燃油供给系统的分类

1. 按各缸喷油器的喷射顺序分类

1）同时喷射

同时喷射一般是曲轴每转一圈各缸同时喷油一次（喷射1/2的油量）。系统将各缸的喷油器并联，在发动机运转期间，所有喷油器由 ECU 的同一个喷油指令控制同时喷油、同时断油，如图 3-1-1 所示。

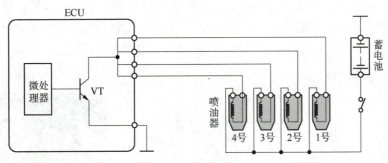

图3-1-1　同时喷射

2）分组喷射

分组喷射系统将各缸的喷油器分成几组，ECU 向某组喷油器发出喷油指令或断油指令时，同一组的喷油器同时喷油或断油，如图 3-1-2 所示。在市内限速行驶时，ECU 可自动停喷转换，使半数气缸运行达到省油的目的，多在八缸机上使用。

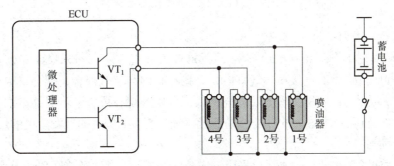

图3-1-2　分组喷射

3）顺序喷射

顺序喷射是各缸喷油器由 ECU 分别控制，按发动机各缸的工作顺序间歇地将燃油喷在进气门前的进气道中，如图 3-1-3 所示。可以在最佳时间喷油，有利于混合气的形成，可提高发动机动力性和燃油经济性，并降低排放污染，目前在汽车发动机上得到广泛的应用。

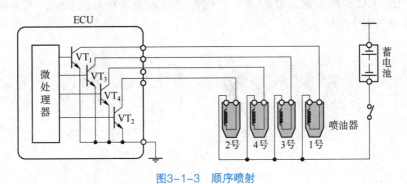

图3-1-3　顺序喷射

2. 按喷射位置分类

1）进气道喷射

进气道喷射如图3-1-4（a）所示，在每缸进气门前装有一只喷油器，发动机的燃油是先喷到进气门前的进气管道内，然后在进气道内与空气混合成为油气混合气，最后再进入气缸内参与燃烧。目前汽车上应用最多的就是进气道喷射。其燃油分配均匀性好，但控制系统复杂，成本高。

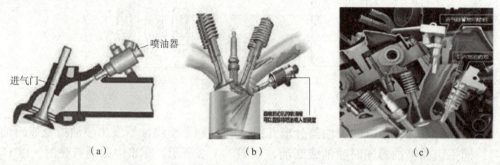

图3-1-4 按喷射位置分电控燃油系统的喷射类型
（a）进气道喷射；（b）缸内直接喷射；（c）混合喷射

2）缸内直接喷射

缸内直接喷射如图3-1-4（b）所示，在每缸气缸盖上装有一只喷油器，在压缩行程开始前或刚开始时将燃油直接喷入气缸内，直接在缸内与空气混合，配合缸内组织的气体流动形成可燃混合气，容易实现分层燃烧和稀混合气燃烧，可进一步提高汽油发动机的经济性和排放性。直喷技术最大的好处就是能让压缩比提高，从而提升发动机的燃烧热效率。

3）混合喷射

混合喷射如图3-1-4（c）所示，采用缸内直喷技术后，燃油经济性和动力性得到提升，但排放处理难度更大，起动和低温下的HC、颗粒及中小负荷下的NO_x的处理增加了技术难度和成本。为了解决排放问题，就将进气道喷射和缸内直喷结合起来组成了混合喷射。

3. 按喷油器数量不同分类

1）多点喷射系统

多点喷射系统如图3-1-5（a）所示，每缸的进气门前或缸盖上相应位置处都装有一个喷油器，由ECU控制喷射。其燃油分配均匀性好，但控制系统复杂，成本高。这种喷射系统主要用于中、高级轿车。

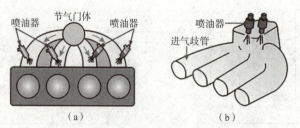

图3-1-5 按喷油器数量分电控燃油系统的喷射类型
（a）多点喷射系统；（b）单点喷射系统

2）单点喷射系统

单点喷射系统如图 3-1-5（b）所示，在节气门上方装一个中央喷射装置，由 1～2 个喷油器集中喷油，结构简单，故障少，维修调整方便。由于存在着各缸燃料分配不均匀和供油滞后的缺点，其性能比多点喷射系统差一些。

4. 按空气量的检测方式分类

1）间接测量方式（D 型）

"D" 是德语 Druck（压力）的第一个字母。ECU 利用装在节气门后方的歧管压力传感器检测进气管内的绝对压力，再根据发动机转速间接地推算出发动机的进气量，从而确定基本喷油量。该测量方法简单，喷油量调整精度容易控制。但因进气管压力与吸入的空气量间不是简单的线性关系，在过渡工况和废气再循环系统工作时，由于进气歧管内压力波动较大，所以这些工况空气量测量的精度较低，需进行流量修正。D 型电控燃油喷射系统的基本工作原理如图 3-1-6 所示。

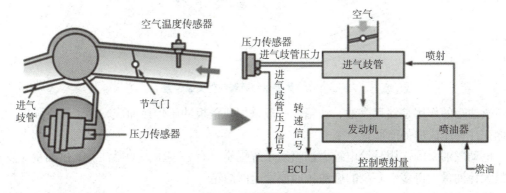

图 3-1-6　D 型电控燃油喷射系统

2）直接测量方式（L 型）

"L" 是德语 Luft（空气）的第一字母。利用装在节气门前方的空气流量计直接测量发动机的进气量，再根据发动机转速算出每一循环的喷油量。由于消除了推算进气量的误差影响，其计算的准确程度高于 D 型电控燃油喷射系统，故对混合气浓度的控制更精确。L 型电控燃油喷射系统工作原理如图 3-1-7 所示，目前使用较为广泛。

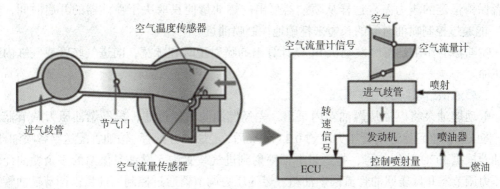

图 3-1-7　L 型电控燃油喷射系统

三、燃油供给系统的工作原理

1. 燃油供给系统的组成

燃油供给系统主要由燃油箱、电动燃油泵、燃油滤清器、燃油轨道（燃油分配管）、燃油压力调节器、喷油器、供油管和回油管等组成，如图 3-1-8 所示。

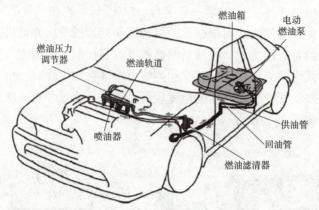

图3-1-8　燃油供给系统部件安装位置

燃油箱的作用是储存汽油，油箱体一般采用薄钢板冲压焊接而成，为了提高强度，其表面往往冲压成加强筋形式。

电动燃油泵的作用是给电控燃油喷射系统提供具有一定压力的燃油。其供油量比发动机最大耗油量大得多，多余的燃油从回油管返回油箱。

燃油滤清器串在电动燃油泵和燃油箱之间的出油管路上，它的作用是在燃油进入燃油泵之前把含在油中的水分和氧化铁、粉尘等杂物除去，防止燃油系统堵塞，减少机械磨损，确保发动机稳定运行，提高可靠性。

燃油轨道，也被称作分配管或共轨，其功用是将汽油均匀、等压地输送给各缸喷油器。由于它的容积较大，故有储油蓄压、减缓油压脉动的作用。

燃油压力调节器的作用是根据进气歧管压力的变化来调节进入喷油器的燃油压力，使两者保持恒定的压力差，这样从喷油器喷出的燃油量便只取决于喷油器的开启时间，使 ECU 能通过控制喷油时间的长短来精确地控制喷油量。

喷油器的作用是按照发动机 ECU 计算出的喷射正时和脉宽，向进气歧管或气缸内喷射燃油。

2. 燃油供给系统的工作原理

电动燃油泵将燃油从燃油箱内泵出，先经燃油滤清器过滤，再经燃油压力调节器调压，将压力调整到比进气管压力高约 0.25 MPa 后，经燃油分配管、输油管配送给各喷油器，喷油器根据 ECU 喷射信号，把适量燃油喷射到进气歧管中。燃油泵供给的多余燃油经燃油压力调节器和低压回油管流回燃油箱。燃油压力调节器通过控制回油量来调节输油管内的燃油压力，以保证喷油器的喷油压差保持恒定，如图 3-1-9 所示。

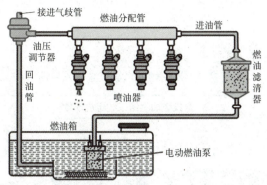

图3-1-9 燃油供给系统工作原理

任务决策

任务 3.1 认识燃油供给系统任务单

组名	
组训	
项目经理（组长）	学号：　　　　　　　　　　　　姓名：

团队成员	学号	角色	具体分工

任课教师		实训教师	
领任务	在实训车辆上，进行燃油供给系统元器件查找。		
明作用	1.燃油供给系统的功用是根据_____信号，以恒定的_____向发动机_____供给各种工况下所需的燃油。		
懂原理	1.燃油供给系统按各缸喷油器的喷射顺序可分为_____、_____和_____三种；按喷射位置分类可分为_____、_____和_____三种；按喷油器数量不同分类可分为_____和_____两种。按空气量的检测方式分类可分为_____和_____两种。 2.请根据图 3-1-9 简要说明燃油供给系统的组成和工作原理。		
	请画出燃油供给系统的组成和元器件功能的思维导图		

任务实施

请按照以下工作手册，进行检修工作流程。

任务 3.1 认识燃油供给系统工作手册

1. 查找燃油供给系统组成部件

步骤 1：查找燃油箱

如图 3-1-10 所示，拆下后排座椅，拆下油泵护盖，可看到燃油泵及燃油箱的位置。

图3-1-10　燃油箱的位置

步骤 2：查找电动燃油泵

如图 3-1-11 所示，观察燃油泵的总成，拔下油泵插接器，观察油泵插接器接柱、油泵供油管（黑色）、回油管（蓝色）及燃油蒸气管（白色）。

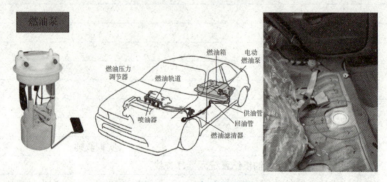

图3-1-11　电动燃油泵

步骤 3：查找燃油滤清器

如图 3-1-12 所示，举升车辆至高位并锁止，找到燃油滤清器的位置，查看其安装方向，并识别进油管、供油管及回油管。

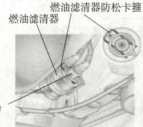 

图3-1-12　燃油滤清器

续表

步骤4：查找燃油压力调节器
如图 3-1-13 所示在宝来轿车和威驰轿车上分别找到燃油压力调节器的位置，注意其差别。  图3-1-13　燃油压力调节器
步骤5：查找喷油器
如图 3-1-14 所示，打开发动机舱，找到喷油器的位置，拆下喷油器插接器。  图3-1-14　喷油器
2. 燃油滤清器的更换
步骤1：卸除油压
如图 3-1-15 所示起动发动机运转，拔下油泵熔断器（或油泵继电器）直至熄火，卸除油压。 保险丝位置分配（SC），在仪表板左侧保险丝架上 熔丝SC45 图3-1-15　燃油泵熔丝
步骤2：拔出软管
在软管连接处及周围放置抹布，按压卡环松开软管连接后，小心地拔出软管。

续表

步骤3：装上新燃油滤清器 将燃油滤清器壳体上的销钉嵌入滤清器支架中导向件的凹口中，按拆卸的倒序装上新燃油滤清器。注意：燃油滤清器壳体上箭头的方向是燃油流动的方向，不可装错，如图3-1-16所示。  图3-1-16 燃油滤清器更换
步骤4：复查 起动发动机，检查燃油滤清器接头处是否泄漏。

3. 喷油器的更换

步骤1：如图3-1-17所示，起动发动机运转，拔下油泵继电器，直至熄火，卸除油压。拆下喷油器插接器，拆下进气歧管盖和进气歧管。

图3-1-17 油泵继电器位置

步骤2：卸下燃油分配管上的进油管。拆下线束架上的固定螺母。拆下燃油分配管及喷油器。

步骤3：要给新的O形圈涂抹一层干净机油，然后安装在喷油器上。再将喷油器插入燃油分配管。最后将燃油分配管及喷油器压入进气歧管中。

步骤4：如图3-1-18所示，将燃油软管换上新垫圈连接在燃油分配管进油口上，然后连接喷油器和线束插头。安装进气歧管和进气歧管盖。安装油泵继电器。

图3-1-18 连接喷油器线束

步骤5：接通点火开关，不起动发动机。在燃油泵运转大约2s以后，燃油管中的压力应上升，重复上述操作2～3次，检查是否有燃油渗漏现象。

任务 3.1 认识燃油供给系统学生工作活页

姓名		班级		学号	
任务名称	任务 3.1 认识燃油供给系统	日期		组长	
任课教师		实训教师			
领任务	在实训车辆上，进行燃油供给系统元器件查找。				
车辆信息					

查找燃油供给系统组成部件

序号	名称	位置	端子数	备注
步骤 1	燃油箱			
步骤 2	电动燃油泵			
步骤 3	燃油滤清器			
步骤 4	燃油压力调节器			
步骤 5	喷油器			

简述燃油滤清器的更换方法及注意事项。

简述喷油器的更换方法及注意事项。

善分享

请分享本次项目学习的关键要点和心得收获。

不足之处：

任务评价	评价主体	评价等级	确认签字
	自评	优秀□ 良好□ 中等□ 及格□ 不及格□ （优秀比例不超过 20%，良好比例不超过 30%）	
	互评	优秀□ 良好□ 中等□ 及格□ 不及格□ （优秀比例不超过 20%，良好比例不超过 30%）	

任务 3.1 认识燃油供给系统工作评价活页

班级：　　　　学号：　　　　姓名：　　　　日期：

按要求完成在□打√，未按要求完成在□打×并扣除对应分数，扣分不得超过该项的总分。

序号	评分项及配分标准	工作评价活页（教师用）得分条件	得分	扣分
1	作业安全和职业操守（10分）	□1. 能进行工位7S（整理、整顿、清理、清洁、素养、节约、安全）操作（4分） □2. 能进行设备和工具安全检查（2分） □3. 能进行工具、测量仪器清洁、校准、存放操作（2分） □4. 能做到油液、水液、工具三不落地操作（2分）		
2	信息查询和资讯检索（10分）	1. 能正确使用维修手册、维修电路图查询资料（6分） 　□1.1 查询燃油滤清器、喷油器的拆装更换流程（2分） 　□1.2 查询对应燃油泵、燃油滤清器、喷油器接线端子的功用（2分） 　□1.3 查询对应燃油泵继电器、熔断器的安装位置（2分） 2. 能在规定时间内查询燃油泵测量所需资料（4分） 　□2.1 能正确记录所查询资料章节页码（2分） 　□2.2 能正确记录所需检修信息（2分）		
3	保养、拆装、检测作业（50分）	1. 查找及拆装燃油泵插接器（20分） 　□1.1 检查准备工具，查阅技术手册，了解拆装顺序，拆卸燃油泵线束插接器（10分） 　□1.2 燃油泵单元上的油路区分（5分） 　□1.3 燃油滤清器上的油路区分及油流方向（5分） 2. 燃油滤清器的更换（20分） 　□2.1 燃油的卸压（5分） 　□2.2 燃油滤清器卡箍的拆装（5分） 　□2.3 燃油管接头的拆装（5分） 　□2.4 燃油滤清器的更换（5分） 3. 喷油器的更换（10分） 　□3.1 喷油器插接器的拆卸（5分） 　□3.2 O形圈的更换（2分） 　□3.3 喷油器及插接器的安装（3分）		
4	诊断、检测、调校分析（10分）	□1. 能按供油顺序说出燃油供给系统的组成部件功用（6分） □2. 能判断各组成部件上油管连接的功用（4分）		
5	表单填写和报告撰写（10分）	□1. 语句通顺（4分） □2. 无错别字（2分） □3. 无抄袭（4分）		
6	团队合作和沟通表达（10分）	□1. 团队合作、集体责任、共同决策（5分） □2. 沟通表达、交流分享、分工明确（5分）		
		合计		
		教师签字		

任务小结

任务小结　　思政：工匠精神——干一行，　　任务测试　　企业案例
　　　　　　　爱一行，专一行，精一行

任务 3.2　燃油系统压力检测

任务描述

1. 任务要求
一辆宝来轿车，车主反映行驶时加速不良，动力不足，易熄火。对燃油供给系统进行检测，确认为燃油系统压力不足导致。

2. 任务目标
（1）掌握燃油压力的检测技术规范及安全注意事项（×中级）。
（2）能够检测燃油系统压力，分析管路是否有泄漏或堵塞，确认维修项目（×中级＋大赛）。

3. 任务分组
对班级学生进行分组，6～8人一组，利用随机抽签的方法抽取本项目的项目经理。分组完成后，有序坐好，小组讨论制定组名、组训，营造小组凝聚力和文化氛围，并确定任务分工，完成任务单的填写。任务实施过程中，采用班组轮值制度，学生轮值担任项目经理、机电维修工程师、质检工程师、前台接待等角色，每个人都有锻炼组织协调项目管理、项目实施、项目验收能力的机会。通过小组协作，培养学生团队合作、互帮互助的精神和协同攻关的能力。

任务资讯

燃油供给系统是电控发动机的一个重要系统，其向发动机提供各种工况下所需要的燃油量，向气缸供给足够流量和规定压力的燃油。在维修汽车故障时，经常要测量发动机燃油供给系统的燃油压力。

一、燃油压力调节器的功用

燃油压力调节器的功用就是根据进气歧管真空度的变化来调节进入喷油器的燃油压力，使燃油压力与进气歧管压力之差保持恒定，并将多余燃油送回燃油箱，因此喷油器的喷油量便唯一地取决于喷油时间的长短，ECU就能通过控制喷油时间的长短来精确地控制喷油量。

二、燃油压力调节器的安装位置

燃油压力调节器按安装位置分为安装在燃油分配管（油轨）末端和安装在燃油滤清器内两种类型，如图 3-2-1 所示。

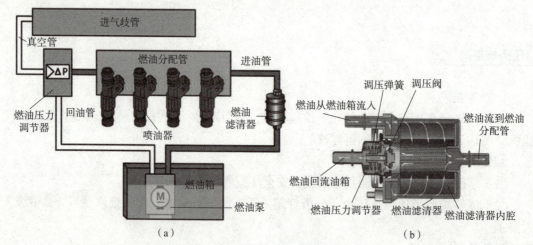

图3-2-1　燃油压力调节器的安装位置及分类
（a）安装在燃油分配管（油轨）末端；（b）安装在燃油箱内

三、燃油压力调节器的结构与工作原理

1. 燃油压力调节器的结构

燃油压力调节器的结构如图 3-2-2 所示，主要由膜片、弹簧和回油阀门等组成。膜片将燃油压力调节器壳体内部分成两个室，即弹簧室和燃油室；膜片上方的弹簧室通过软管与进气管相通，膜片与回油阀门相连，回油阀门控制回油量。

2. 燃油压力调节器的工作原理

膜片将燃油压力调节器内部分成上、下两腔，膜片上腔通过软管与进气管相通，膜片与阀门相连，回油阀门控制回油量。发动机工作时，膜片上方承受的压力为弹簧的弹力和进气管内气体的压力之和，膜片下方承受的压力为燃油压力，当膜片上下承受的压力相等时，膜片处于平衡位置不动。当节气门开度变小或曲轴转速升高时，进气歧管内真空度增大（气体压力降低），膜片克服弹簧的弹力向上移动，回油阀门开度增大，回油量增多，燃油分配管内的燃油压力也下降；反之，当节气门开度变大或曲轴转速降低时，进气管内的真空度降低（气体压力升高），则膜片在弹簧的弹力作用下带动回油阀门向下移动，回油阀门回油开度减小，回油量减少，燃油分配管内的燃油压力也升高。由此可见，在发动机工作时，燃油压力调节器通过控制回油量来调节燃油分配管内燃油压力，从而保持喷油压差恒定不变，如图 3-2-3 所示。

模块三 发动机电控燃油供给系统检修

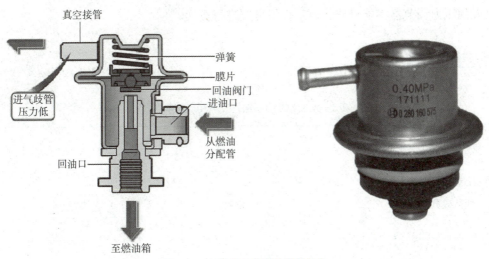

图3-2-2 燃油压力调节器的结构

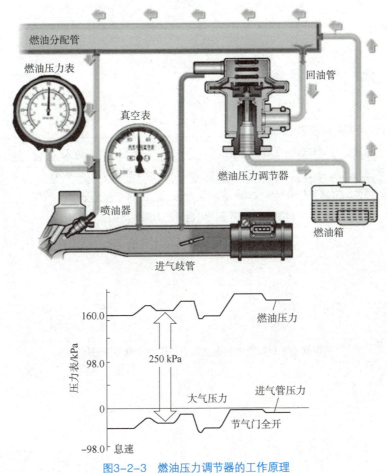

图3-2-3 燃油压力调节器的工作原理

发动机工作时，由于燃油泵的供油量远大于发动机消耗的油量，所以回油阀门始终保持开启，使多余燃油经过回油管流回燃油箱。发动机停止工作（燃油泵停转）时，随输油管内燃油压力下降，回油阀门在弹簧作用下逐渐关闭，以保持燃油系统内有一定的残余压

力。燃油压力调节器不能维修，若工作不良应进行更换。

任务决策

任务 3.2 燃油系统压力检测任务单

组名				
组训				
项目经理（组长）	学号：		姓名：	
团队成员	学号	角色		具体分工
任课教师			实训教师	
领任务	该车辆的故障现象是_____。			
明作用	燃油压力调节器的功用就是根据_____的变化来调节进入_____的燃油压力，使_____与_____保持恒定，并将多余燃油送回燃油箱。			
找位置	燃油压力调节器按安装位置分为_____和_____两种。			
懂原理	请根据图 3-2-2 和图 3-2-3 简要说明燃油压力调节器的工作原理。			
<div align="center">请根据本车故障现象制定燃油系统压力检测步骤思维导图</div>				

任务实施

燃油系统燃油压力的检测

请按照以下工作手册，进行检修工作流程。

任务 3.2 燃油系统压力检测工作手册

燃油系统压力检测工作流程
步骤 1：燃油量检查 　　观察仪表，检查油箱内燃油是否足够（不足需要添加）。
步骤 2：燃油系统的压力释放 （1）起动发动机，维持怠速运转，拔下油泵继电器或油泵线束插接器，使发动机自行熄火，如图 3-2-4 所示。 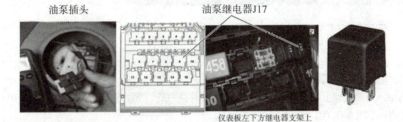 图3-2-4　油泵继电器和油泵插头位置 （2）再起动发动机 2～3 次，即可完全释放燃油供给系统压力。关闭点火开关，接上油泵继电器或油泵线束插接器。
步骤 3：检查蓄电池电压 　　如图 3-2-5 所示，将万用表调至 20 V 直流电压挡，测量蓄电池电压，应在 12 V 左右（电压高低直接影响燃油泵的供油压力），拆开蓄电池负极电缆线。 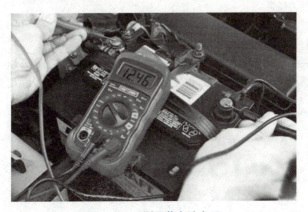 图3-2-5　测量蓄电池电压

续表

步骤4：连接燃油压力表

如图3-2-6所示，将专用油压表连接到燃油供给系统中。不同车型测试压力表的连接头有所不同，可将油压表直接接在进油管油压检测孔上或安装在燃油分配管进油接头处，也可接在燃油滤清器油管接头处或用三通接头接在进油管道上。将溅出的燃油擦净，重新接好蓄电池负极电缆线。起动发动机维持怠速运转。

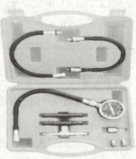

图3-2-6 连接燃油压力表

步骤5：燃油供给系统压力测量分析

（1）拆开燃油压力调节器上的真空软管，并用手指堵住进气管一侧的管口。检查油压表指示压力是否符合标准。一般多点喷射系统压力应为0.25～0.35 MPa。

（2）若燃油供给系统压力过低，可夹住回油软管切断回油管路，再检查油压表指示压力，若压力恢复正常，说明燃油压力调节器有故障，应更换。

（3）更换后若压力仍过低，应检查燃油供给系统有无泄漏，燃油泵滤网、燃油滤清器和燃油管路是否堵塞，若无泄漏和堵塞故障，应更换电动燃油泵。

（4）若油压表指示压力过高，应检查回油管路是否堵塞；若回油管路正常，说明燃油压力调节器有故障，应更换。

步骤6：燃油供给系统压力预置

为避免首次起动发动机时，因系统内无压力而导致起动时间过长。

方法1：可通过反复打开和关闭点火开关数次来完成。

方法2：检查燃油供给系统所有元件和油管接头是否安装良好。用专用导线将诊断座上的燃油泵测试端子跨接到12 V电源上。将点火开关转至"ON"位置，使电动燃油泵工作约10 s。关闭点火开关，拆下诊断座上的专用导线。

任务 3.2 燃油系统压力检测学生工作活页

姓名			班级		学号	
任务名称	任务 3.2 燃油系统压力检测		日期		组长	
任课教师				实训教师		
领任务	该车辆的故障现象是_____。					
车辆信息						
实训器材						
会检测							

序号	名称	位置	方法	结果及分析
步骤 1	燃油量检查			
步骤 2	燃油系统的压力释放			
步骤 3	检查蓄电池电压			
步骤 4	连接燃油压力表			
步骤 5	燃油供给系统压力测量			
步骤 6	燃油供给系统压力分析			
步骤 7	燃油供给系统压力预置			

能维修
请根据检测结果确定故障点及维修方案，画出故障诊断思维导图。   燃油压力过高故障原因分析：   燃油压力过低故障原因分析：

任务评价	评价主体	评价等级	确认签字
	自评	优秀□ 良好□ 中等□ 及格□ 不及格□ （优秀比例不超过 20%，良好比例不超过 30%）	
	互评	优秀□ 良好□ 中等□ 及格□ 不及格□ （优秀比例不超过 20%，良好比例不超过 30%）	

任务 3.2 燃油系统压力检测工作评价活页

班级：_____ 学号：_____ 姓名：_____ 日期：_____

按要求完成在□打√，未按要求完成在□打×并扣除对应分数，扣分不得超过该项的总分。

工作评价活页（教师用）					
序号	评分项及配分标准	得分条件	得分	扣分
1	作业安全和职业操守（10分）	□1.能进行工位7S（整理、整顿、清理、清洁、素养、节约、安全）操作（4分） □2.能进行设备和工具安全检查（2分） □3.能进行工具、测量仪器清洁、校准、存放操作（2分） □4.能做到油液、水液、工具三不落地操作（2分）		
2	信息查询和资讯检索（10分）	1.能正确使用维修手册、维修电路图查询资料（6分） 　□1.1 查询燃油压力表的接入位置（2分） 　□1.2 查询对应燃油压力表拆装流程（2分） 　□1.3 查询卸压方法（2分） 2.能在规定时间内查询燃油泵测量所需资料（4分） 　□2.1 能正确记录所查询资料章节页码（2分） 　□2.2 能正确记录所需检修信息（2分）		
3	保养、拆装、检测作业（50分）	1.燃油压力测量的准备工作（15分） 　□1.1 检查准备工具、测量仪器，查阅技术手册，了解拆装顺序（5分） 　□1.2 燃油量、蓄电池电压的检查（5分） 　□1.3 燃油系统卸压（5分） 2.连接燃油压力表及测量油压（20分） 　□2.1 燃油管接头的拆装（6分） 　□2.2 燃油压力表的接入（6分） 　□2.3 燃油压力的测量（8分） 3.燃油压力分析及故障部位确定（15分） 　□3.1 燃油压力分析（5分） 　□3.2 压力异常故障部位确定（5分） 　□3.3 燃油压力预置（5分）		
4	诊断、检测、调校分析（10分）	□1.能判断燃油系统压力异常维修决策（6分） □2.能判断故障部件并作出维修决策（4分）		
5	表单填写和报告撰写（10分）	□1.语句通顺（4分） □2.无错别字（2分） □3.无抄袭（4分）		
6	团队合作和沟通表达（10分）	□1.团队合作、集体责任、共同决策（5分） □2.沟通表达、交流分享、分工明确（5分）		
		合计		
		教师签字		

任务小结

任务小结

思政：刻苦钻研、吃苦耐劳——世赛冠军蒋应成

任务测试

企业案例

任务 3.3 电动燃油泵检修

任务描述

1. 任务要求

一辆宝来 1.6 L 轿车，车主反映最近车辆不能起动。经维修技师初步检查，确定燃油泵不工作。

2. 任务目标

（1）熟悉电动燃油泵的分类、组成、工作原理及控制电路（×中级）。

（2）能够检测电动燃油泵，并分析、确认燃油泵不工作的故障原因（×高级+大赛）。

3. 任务分组

对班级学生进行分组，6～8 人一组，利用随机抽签的方法抽取本项目的项目经理。分组完成后，有序坐好，小组讨论制定组名、组训，营造小组凝聚力和文化氛围，并确定任务分工，完成任务单的填写。任务实施过程中，采用班组轮值制度，学生轮值担任项目经理、机电维修工程师、质检工程师、前台接待等角色，每个人都有锻炼组织协调项目管理、项目实施、项目验收能力的机会。通过小组协作，培养学生团队合作、互帮互助的精神和协同攻关的能力。

任务资讯

一、电动燃油泵的功用

电动燃油泵给电控燃油喷射系统提供具有一定压力的燃油。它是一种由小型直流电动机驱动的燃油泵，最高输出油压为 0.45～0.60 MPa，其供油量比发动机最大耗油量大得多，多余的燃油从回油管返回燃油箱。

二、电动燃油泵的分类

电动燃油泵的电动机和燃油泵连成一体，密封在同一壳体内，如图 3-3-1 所示。电动燃油泵通常有涡轮式燃油泵和滚柱式燃油泵两种形式。

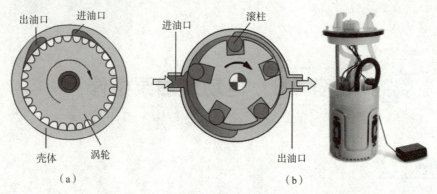

图3-3-1 电动燃油泵分类

（a）涡轮式燃油泵；（b）滚柱式燃油泵

三、电动燃油泵的工作原理

1. 涡轮式电动燃油泵工作原理

涡轮式电动燃油泵的结构如图3-3-2所示，主要由涡轮、叶片、泵壳体、泵盖和油泵电动机等组成，涡轮安装在油泵电动机的转子轴上。

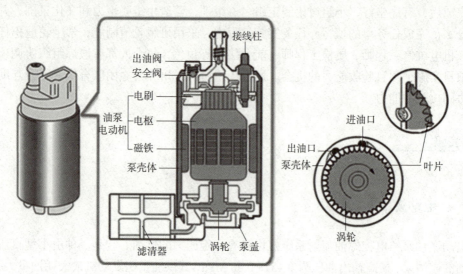

图3-3-2 涡轮式电动燃油泵结构

通电时，油泵电动机驱动涡轮泵的涡轮旋转，涡轮周围的叶片将燃油从进油室带往出油室。由于进油室燃油不断被带走，所以形成一定的真空度，将燃油箱内的燃油经进油口吸入；而出油室燃油不断增多，燃油压力升高，当燃油压力达到一定值时，则顶开出油阀经出油口输出，如图3-3-3所示。出油阀还可在燃油泵停止工作时密封油路，阻止燃油倒流回燃油箱，以保持油路中有一定的残余压力，便于发动机下一次起动。安全阀是一种安全保护装置，当燃油泵输出的燃油压力达到0.4MPa时，此阀开启，使燃油回流到进油口，以防止输油压力过高而损坏电动燃油泵。

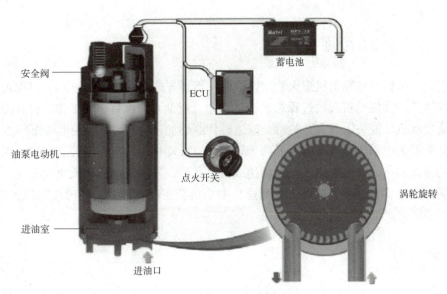

图3-3-3 涡轮式电动燃油泵工作原理

油箱内的油泵和电动机都浸在燃油中,燃油泵工作时,燃油不断穿过油泵电动机内腔,对油泵电动机起到冷却和润滑的作用,因此,要绝对禁止在无油的情况下运转电动燃油泵,也不要等油用光后才去加油,以免烧坏电动燃油泵。

2. 滚柱式电动燃油泵工作原理

滚柱式电动燃油泵如图3-3-4所示,主要由油泵电动机、滚柱泵、出油阀和安全阀等组成。转子偏心地安装于泵壳体内,滚柱装在转子的凹槽中。当转子旋转时,滚柱在离心力作用下紧压在泵壳体内表面上,并总是与转子凹槽的一个侧面贴紧,从而形成若干个工作腔。在燃油泵运转过程中,工作腔转过出油口后,其容积不断增大,形成一定的真空度,当转到与进油口连通时,将燃油吸入;而吸满燃油的工作腔转过进油口后,其容积又不断减小,使燃油压力提高,具有一定压力的燃油流过电动机,顶开出油阀,从出油口输出。出油阀和安全阀的作用与涡轮式电动燃油泵相同。

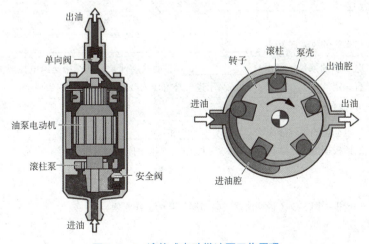

图3-3-4 滚柱式电动燃油泵工作原理

四、电动燃油泵控制

当点火开关打开或发动机熄火后,燃油泵一般预先或迟后工作 2～3 s,以保证燃油系统必需的油压。在发动机起动过程和运转过程中,燃油泵应保持正常工作。打开点火开关但不起动发动机,或关闭点火开关后,应适时切断燃油泵控制电路,使燃油泵停止工作。

部分车型的电动燃油泵有高、低两个转速挡,发动机工作时,电控燃油喷射系统根据发动机的转速和负荷来控制燃油泵以高速或低速运转。发动机高速、大负荷工况下耗油较多时,燃油泵以高速运转;发动机在低速、中小负荷工况工作时,使燃油泵以低速运转,以减少不必要的燃油泵磨损和电能消耗。

任务决策

任务 3.3 电动燃油泵检修任务单

组名				
组训				
项目经理(组长)	学号:		姓名:	
团队成员	学号	角色		具体分工
任课教师			实训教师	
领任务	该车辆的故障现象是_____。			
明作用	电动燃油泵是一种由_____驱动的燃油泵,其作用是给电控燃油喷射系统提供具有一定_____(油压高于进气歧管压力 0.25～0.30 MPa)的燃油。			
找位置	电动燃油泵位于_____。			
懂原理	1. 电动燃油泵可分为_____和_____两种。 2. 请根据图 3-3-3 说明涡轮式燃油泵的工作原理。 3. 请根据图 3-3-4 说明滚柱式电动燃油泵的工作原理。 			

续表

控制电路分析
如图 3-3-5 为宝来 1.6 L 发动机燃油泵控制电路，发动机控制单元 J623 根据发动机转速和负荷的变化直接控制燃油泵继电器 J17 的供电时间，从而控制燃油泵 GX1 的工作转速。燃油泵共有 5 个端子，其中 T5a/2、T5a/3、T5a/4 为燃油表传感器端子；T5a/1 和 T5a/5 为燃油泵端子，其中 T5a/1 为蓄电池供电端子、T5a/5 为搭铁端子。 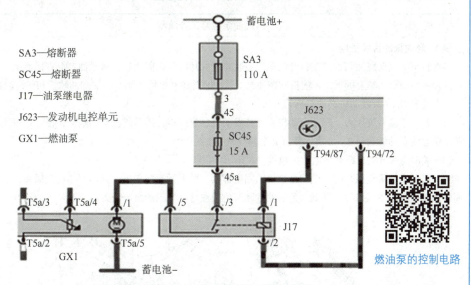 图3-3-5　宝来1.6 L发动机燃油泵控制电路 油泵插接器、油泵继电器 J17 及发动机控制单元 J623 实物如图 3-3-6 所示。 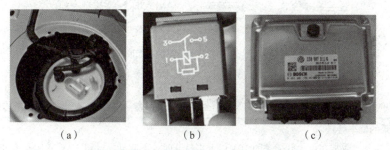 图3-3-6　油泵插接器、油泵继电器J17、发动机电控单元J623实物 （a）油泵插接器；（b）油泵继电器J17；（c）发动机控制单元J623
请根据本车故障现象制定故障检修步骤思维导图

任务实施

请按照以下工作手册，进行检修工作流程。

燃油泵的检修

任务 3.3 电动燃油泵检修工作手册

燃油泵检修工作流程

步骤1：燃油泵的拆装更换

多数轿车的电动燃油泵，可在打开汽车后备厢盖或翻开后排座椅垫后，从燃油箱上直接拆出。但也有些轿车必须将燃油箱从车上拆下，才能拆卸燃油泵。装配时要注意更换垫圈并确保燃油软管和导线的连接可靠。

下面是宝来 1.6 L 发动机燃油泵拆装方法：

（1）释放燃油系统压力。起动发动机，维持发动机怠速运转。拔下燃油泵熔断器，使发动机逐渐熄火。再转动钥匙使发动机起动 2～3 次，就可完全释放燃油系统压力。

（2）关闭点火开关，断开蓄电池接地线，关闭用电设备。

（3）揭开座椅下地毯，拆下燃油泵盖板的固定螺栓，取下燃油泵盖板，拔出 5 芯连接插头，在油管连接处周围放置抹布，按压卡环，拆下黑色供油管和蓝色回油管。将燃油泵与密封圈一起从燃油箱开口中拉出，如图 3-3-7 所示。

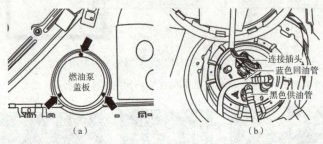

图3-3-7　燃油泵的拆卸

（a）燃油泵盖板；（b）燃油泵插头和油管

（4）以拆卸的倒序安装燃油泵。注意燃油泵新密封圈内侧要用燃油浸润，不要弯折燃油量传感器。

步骤2：燃油泵的就车检查

发动机的燃油泵，通常在点火开关关闭 10 s 以上再打开时（不起动发动机），或关闭点火开关使发动机熄火时，都会提前或延长工作 2～3 s。将点火开关转至"ON"位置的 2～3 s 内，不要起动发动机，应能听到燃油泵工作的声音或用手捏紧燃油软管应感觉有压力，如图 3-3-8 所示。若听不到燃油泵工作声音或进油管无压力，说明燃油泵不工作，应检查燃油泵的电阻、搭铁情况及供电电压。

听燃油泵工作的声音　　　　　　感觉油压

图3-3-8　燃油泵的就车检查

续表

步骤3：燃油泵的电阻检测

用万用表测量燃油泵两端子之间电阻一般应为2～3 Ω，如图3-3-9所示。如燃油泵的电阻为∞，则需要检修或更换该燃油泵。

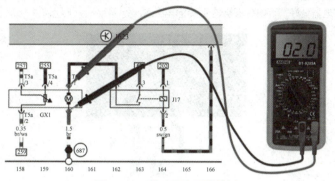

图3-3-9　燃油泵电阻的检测

步骤4：燃油泵搭铁的检测

将万用表调至20 V直流电压挡，万用表红表笔接到蓄电池正极，黑表笔接到线束端5号端子，打开点火开关，万用表显示12 V左右，说明搭铁正常，如图3-3-10所示。

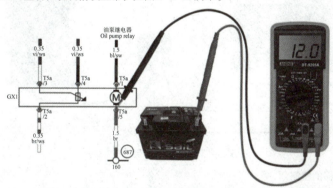

图3-3-10　燃油泵搭铁的检测

步骤5：燃油泵的供电电压检测

将万用表调至20 V直流电压挡，万用表红表笔接到线束端1号端子，黑表笔接到蓄电池负极，如图3-3-11所示。打开点火开关的2～3 s内，万用表应显示12 V左右。如无供电电压，则按维修手册继续检查燃油泵电路的熔断器、导线、继电器有无断路或损坏。

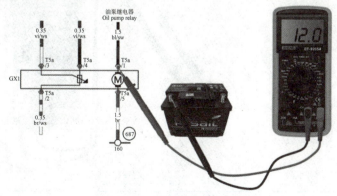

图3-3-11　燃油泵供电的检测

续表

步骤6：燃油泵继电器的检测

燃油泵继电器的检测如图3-3-12所示，对照维修手册找到继电器盒中的第9位，拔下继电器。给继电器1、2端子加12 V电压，如能听到触点的吸合声且用万用表电阻挡测量3、5端子间电阻，触点间电阻小于0.5 Ω，则燃油泵继电器良好，否则需更换燃油泵继电器。

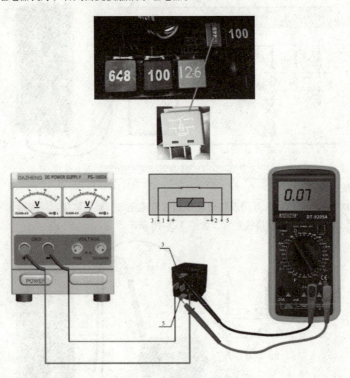

图3-3-12　燃油泵继电器的检测

步骤7：燃油泵熔断器的检测

燃油泵熔断器SC45的检测如图3-3-13所示。对照维修手册，找到熔断器SC45的安装位置（仪表板左侧保险丝架上），将万用表调至蜂鸣挡，红黑表笔分别接到熔断器的两个触点处，鸣响，说明熔断器正常。

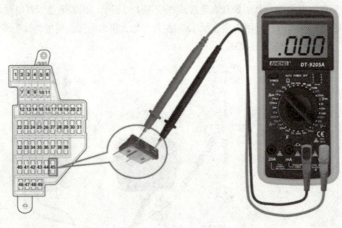

图3-3-13　燃油泵熔断器的检测

任务 3.3 电动燃油泵检修学生工作活页

姓名		班级		学号	
任务名称	任务 3.3 电动燃油泵检修	日期		组长	
任课教师			实训教师		
领任务	该车辆的故障现象是 _____。				
车辆信息					
识电路	请画出实训车辆电动燃油泵电路图。				

		会检测			
序号	名称	工具（挡位）、连接针脚号		测量值（单位）	标准值（单位）
步骤 1	故障码读取				
步骤 2	执行元件测试				
步骤 3	电阻检测				
步骤 4	搭铁检测				
步骤 5	供电电压检测				
步骤 6	燃油泵继电器检测				
步骤 7	燃油泵熔断器检测				
步骤 8	燃油泵就车检查				

能维修	
请根据检测结果确定故障点及维修方案。	

任务评价	评价主体	评价等级	确认签字
	自评	优秀□ 良好□ 中等□ 及格□ 不及格□ （优秀比例不超过 20%，良好比例不超过 30%）	
	互评	优秀□ 良好□ 中等□ 及格□ 不及格□ （优秀比例不超过 20%，良好比例不超过 30%）	

任务 3.3 电动燃油泵检修工作评价活页

班级： 　　　　 学号： 　　　　 姓名： 　　　　 日期：

按要求完成在□打√，未按要求完成在□打×并扣除对应分数，扣分不得超过该项的总分。

工作评价活页（教师用）					
序号	评分项及配分标准	得分条件	得分	扣分	
1	作业安全和职业操守（10分）	□1.能进行工位7S（整理、整顿、清理、清洁、素养、节约、安全）操作（4分） □2.能进行设备和工具安全检查（2分） □3.能进行工具、测量仪器清洁、校准、存放操作（2分） □4.能做到油液、水液、工具三不落地操作（2分）			
2	信息查询和资讯检索（10分）	1.能正确使用维修手册、维修电路图查询资料（6分） 　□1.1 查询相应类型燃油泵的拆装流程（2分） 　□1.2 查询对应燃油泵接线端子的功用（2分） 　□1.3 查询对应燃油泵继电器、熔断器的安装位置（2分） 2.能在规定时间内查询燃油泵测量所需资料（4分）			
3	保养、拆装、检测作业（50分）	1.拆装和检测燃油泵（20分） 　□检查准备工具、测量仪器，查阅技术手册，了解拆装顺序，拆卸燃油泵线束插接器（5分） 　□1.2 燃油泵元件电阻的检查（5分） 　□1.3 燃油泵元件供电电压的检查（5分） 　□1.4 燃油泵元件搭铁的检查（5分） 2.拆装和检测燃油泵继电器（20分） 　□2.1 燃油泵继电器的拆装（5分） 　□2.2 燃油泵继电器线圈电阻的检查（5分） 　□2.3 燃油泵继电器触点闭合情况的检查（5分） 　□2.4 油泵继电器供电电压的检查（5分） 3.拆装和检测燃油泵熔断器（10分） 　□3.1 燃油泵熔断器的拆装（2分） 　□3.2 燃油泵熔断器性能的检查（2分） 　□3.3 燃油泵熔断器供电的检查（6分）			
4	诊断、检测、调校分析（10分）	□1.能判断燃油泵维修决策（6分） □2.能判断燃油泵继电器、熔断器维修决策（4分）			
5	表单填写和报告撰写（10分）	□1.语句通顺（4分） □2.无错别字（2分） □3.无抄袭（4分）			
6	团队合作和沟通表达（10分）	□1.团队合作、集体责任、共同决策（5分） □2.沟通表达、交流分享、分工明确（5分）			
合计					
教师签字					

任务小结

任务小结

思政：工匠精神——
爱岗敬业朱矩兵

任务测试

企业案例

任务 3.4　喷油器检修

任务描述

1. 任务要求
一辆宝来轿车，怠速时抖动，运转不良，加速不良，动力不足，易熄火。请对燃油供给系统的喷油器进行检测，确认故障点。

2. 任务目标
（1）熟悉喷油器的分类、组成、工作原理及控制电路（×中级）。
（2）能够检测喷油器，并分析、确认喷油器不工作的故障原因（×高级+大赛）。

3. 任务分组
对班级学生进行分组，6～8人一组，利用随机抽签的方法抽取本项目的项目经理。分组完成后，有序坐好，小组讨论制定组名、组训，营造小组凝聚力和文化氛围，并确定任务分工，完成任务单的填写。任务实施过程中，采用班组轮值制度，学生轮值担任项目经理、机电维修工程师、质检工程师、前台接待等角色，每个人都有锻炼组织协调项目管理、项目实施、项目验收能力的机会。通过小组协作，培养学生团队合作、互帮互助的精神和协同攻关的能力。

任务资讯

一、喷油器的功用

燃油供给系统的执行元件是喷油器。喷油器的功用是根据 ECU 提供的电信号（脉冲宽度）控制燃油喷射量。常见轿车喷油器由燃油分配管供油，如图 3-4-1 所示，一般安装在发动机进气门后面的进气歧管与燃油分配管之间。缸内直喷发动机的喷油器一般安装在气缸盖上。

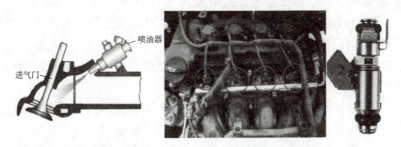

图 3-4-1　喷油器的安装位置

二、喷油器的分类

现代汽车使用的喷油器按结构可分为轴针式和孔式两种,如图 3-4-2 所示。孔式喷油器的喷油嘴头部加工有 1 个或多个喷孔,有 1 个喷孔的称单孔喷油。多孔喷油器有双孔式或四孔式,其特点是燃料雾化质量较好,且球阀式针阀的质量仅为轴针式针阀的一半,故响应速度快;不足之处是喷孔易堵塞。

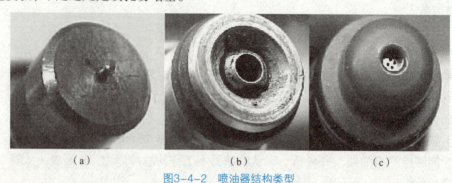

图3-4-2 喷油器结构类型
（a）轴针式；（b）单孔式；（c）多孔式

按线圈电阻可分为低阻型（线圈电阻 2～5 Ω）和高阻型（线圈电阻 13～16 Ω）；按电磁线圈的驱动方式不同可分为电压驱动和电流驱动,如图 3-4-3 所示。

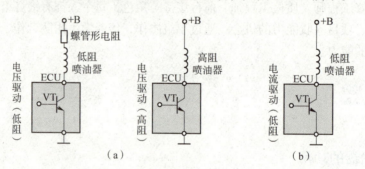

图3-4-3 喷油器驱动方式
（a）电压驱动；（b）电流驱动

电压驱动式喷油器是指 ECU 驱动喷油器喷油的电脉冲电压是恒定的,这种喷油器可分为高阻型和低阻型两种。高阻型喷油器用 12 V 电压驱动;低阻抗型喷油器用 5～6 V 的电压驱动,必须串入附加电阻器,以减小线圈中的工作电流,防止线圈发热而损坏。电压驱动方式中的喷油器驱动电路较简单,但因其回路中的阻抗大,故喷油器的喷油滞后时间长。其中,高阻型喷油器采用电压驱动方式时的喷油滞后时间最长,低阻型喷油器采用电压驱动方式时的喷油滞后时间次之。

电流驱动式喷油器的驱动电脉冲开始时是以较大的电流使电磁线圈产生较大的吸力以打开针阀,然后再用较小的电流保持针阀的开启。这种喷油器一般为低阻抗型,无须附加电阻器,喷油器针阀开启速度快,喷油滞后时间最短,响应性好,喷油器线圈不易发热。

三、喷油器的工作原理

1. 轴针式喷油器工作原理

轴针式喷油器如图 3-4-4 所示，主要由滤网、线束插接器、电磁线圈、回位弹簧、衔铁和针阀等组成，针阀与衔铁制成一体。

喷油器的工作原理

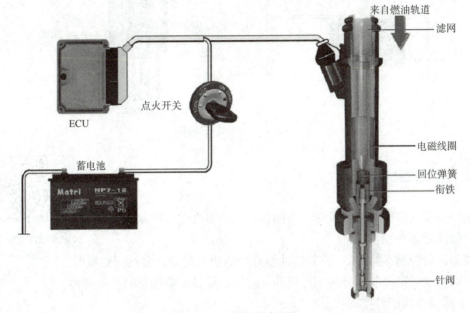

图3-4-4　轴针式喷油器

喷油器不喷油时，回位弹簧通过衔铁使针阀紧压在阀座上，防止滴油。当 ECU 的喷油控制信号将喷油器与电路接通后，电磁线圈通电，产生电磁吸力，将衔铁吸起并带动针阀离开阀座，同时回位弹簧被压缩，燃油经由轴针与喷口的环隙或喷孔中喷出。当 ECU 将电路切断时，电磁线圈断电，电磁吸力消失，回位弹簧迅速使针阀关闭，喷油器停止喷油。

当喷油器的结构和喷油压力一定时，喷油器的喷油量取决于针阀的开启时间，即电磁线圈的通电时间。ECU 利用电磁脉冲的宽度来控制喷油器每次的喷油时间，从而控制喷油量。一般喷油器每次喷油时间为 2～10 ms，喷油器针阀升程约为 0.1 mm。低阻型喷油器，喷油持续时间为 2～10 ms，针阀升程约为 0.5 mm。回位弹簧弹力对针阀密封性和喷油器断油的干脆程度会产生影响。

2. 孔式喷油器工作原理

孔式喷油器也叫球阀式喷油器，如图 3-4-5 所示，是由进油滤网、电磁线圈、回位弹簧、衔铁及针阀等组成的。

电磁线圈中无电流通过时，回位弹簧通过衔铁将针阀紧压在阀座上，密封喷油口，防止滴油；当喷油脉冲输入电磁线圈时，产生电磁吸力，固定在球阀上的衔铁被向上吸起，球阀抬离阀座，燃油开始通过喷孔喷出；当喷油脉冲终止时，吸力消失，球阀在弹簧力作用下返回阀座，喷油结束。

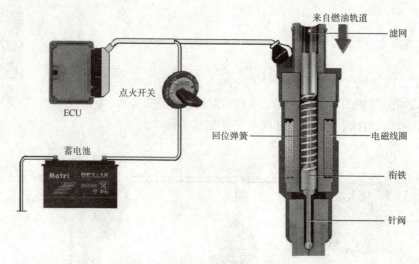

图3-4-5 孔式喷油器

四、喷油器控制

燃油喷射系统类型及喷油量控制策略

喷油器控制包括对喷射正时、喷油量、燃油停供进行控制。

1. 喷油正时控制

喷油正时控制是指 ECU 控制喷油器开始喷油的时刻。多点间歇喷射汽油机的喷油时刻控制可分为同步喷油正时控制和异步喷油正时控制两种。

1) 同步喷油正时控制

同步喷油正时控制是根据发动机各缸工作循环,在既定的曲轴位置进行喷油,同步喷油有规律性。在顺序喷射系统中,发动机工作一个循环(曲轴转两周 720°),各缸喷油器轮流喷油一次,且像点火系统跳火一样,按照特定的顺序依次进行喷射。

实现顺序喷射的一个关键问题是需要知道活塞即将到达排气上止点的是哪一个气缸。为此,在顺序喷射系统中,ECU 需要一个气缸判别信号(简称判缸信号)。ECU 根据曲轴位置(转角)信号和判缸信号,确定出是哪一个气缸的活塞运行至排气上止点前某一角度(四缸发动机一般在上止点前 60° 左右)时,发出喷油控制指令,接通该缸喷油器电磁线圈电流,使喷油器开始喷油,如图 3-4-6 所示。

2) 异步喷油正时控制

异步喷油与发动机的工作不同步,无规律性,它是在同步喷油的基础上,为改善发动机的性能额外增加的喷油,主要有起动异步喷油和加速异步喷油。

(1) 起动时的异步喷油正时控制。

在部分电控燃油喷射系统中,为改善发动机的起动性能,在发动机起动时,除同步喷油外,再增加一次异步喷油。

具有起动异步喷油功能的电控燃油喷射系统,在起动开关处于接通状态时,ECU 接收到第一个凸轮轴位置传感器信号(G 信号)之后,接收到第一个曲轴位置传感器的信号(Ne 信号)时,开始进行起动时的异步喷油。

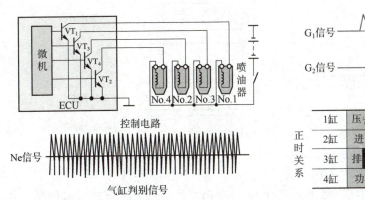
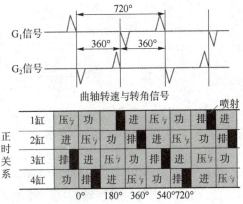

图3-4-6　多点燃油顺序喷射控制电路与正时关系

（2）加速时的异步喷油正时控制。

发动机由怠速工况向汽车起步工况过渡时，由于燃油惯性等原因，会出现混合气稀的现象。为了改善起步加速性能，ECU根据节气门位置传感器（IDL信号）从接通到断开时，增加一次固定量的喷油。在有些电控燃油喷射系统中，ECU接收到的IDL信号从接通到断开后，检测到第一个Ne信号时，增加一次固定量的喷油。有些发动机电控燃油喷射系统，为使发动机加速更灵敏，当节气门迅速开启或进气量突然增加（急加速）时，在同步喷射的基础上再增加异步喷射。

2. 喷油量控制

喷油量控制是电控燃油喷射系统最主要的控制功能之一，其目的是使发动机在各种运行工况下都能获得最佳的混合气浓度，以提高发动机的经济性和降低排放污染。当喷油器的结构和喷油压差一定时，喷油量的多少就取决于喷油时间。在汽油机电控燃油喷射系统中，喷油量控制是通过对喷油器喷油时间的控制来实现的。

喷油量控制可分为同步喷油量控制和异步喷油量控制。同步喷油量控制又分为发动机起动时的喷油量控制和发动机起动后的喷油量控制，二者的控制模式不同。

1）起动时的同步喷油量控制

ECU首先根据点火开关、曲轴位置传感器和节气门位置传感器提供的信号，判定发动机是否处于起动状态，以便决定是否按起动程序控制喷油；在发动机起动时，由于转速波动大，无论是D型电控燃油喷射系统中的绝对压力传感器，还是L型电控燃油喷射系统中的进气流量传感器，都不能精确地确定进气量，也就无法确定合适的基本喷油时间，所以发动机起动时的同步喷油量控制与起动后的控制不同。发动机起动时，ECU根据冷却液温度传感器信号确定基本喷油量，然后再根据进气温度和蓄电池电压进行修正，得到起动时的喷油持续时间。

在发动机转速低于规定值或点火开关位于STA（起动）挡时，ECU根据冷却液温度信号和内存的水温-喷油时间曲线确定基本喷油时间，如图3-4-7所示。根据进气温度信号对喷油时间作修正（延长或缩短）；然后再根据蓄电池电压适当延长喷油时间，以实现喷油量的进一步修正，即电压修正，如图3-4-8所示。

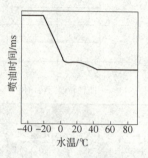

图3-4-7 起动时的基本喷油时间

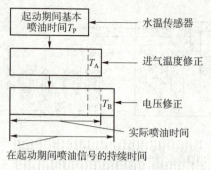

图3-4-8 喷油时间的确定

发动机工作时,喷油器的实际喷油时刻比 ECU 发出喷油指令的时刻晚,即存在一段滞后时间,如图 3-4-9 所示。喷油器喷油的滞后时间,随蓄电池电压降低而延长,这将导致喷油器实际喷油的持续时间比 ECU 确定出的喷油时间缩短,喷油量减少,从而影响电控燃油喷射系统对喷油量的控制精度。为此,发动机工作时,ECU 需根据蓄电池电压适当修正喷油时间,以提高喷油量控制的精度。

2) 起动后的同步喷油量控制

发动机起动后转速超过预定值时,ECU 确定的喷油持续时间为:

喷油持续时间 = 基本喷油持续时间 × 喷油修正系数 + 电压修正值

基本喷油时间是实现既定空燃比(即理论空燃比 14.7∶1)的喷射时间。在 D 型电控燃油喷射系统中,ECU 根据发动机转速信号和进气管绝对压力信号,由内存的三元 MAP 图确定基本喷油时间,如图 3-4-10 所示。在 L 型电控燃油喷射系统中,ECU 根据发动机转速信号和空气流量信号确定基本喷油时间。

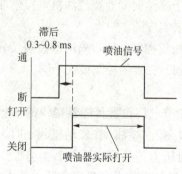

图3-4-9 喷油器喷油滞后时间

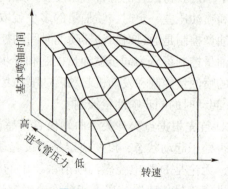

图3-4-10 三元MAP图

发动机起动后的各工况下,ECU 在确定基本喷油时间的同时,还必须根据各种传感器输送来的发动机运行工况信息,对基本喷油时间进行修正。

(1) 暖机工况修正。

发动机温度较低时,燃油蒸发性差,为使发动机迅速进入最佳工作状态,必须供给较浓的混合气。发动机起动后,在达到正常工作温度之前,ECU 根据冷却液温度信号对喷油时间进行修正,暖机工况加浓修正系数曲线如图 3-4-11 所示。

暖机加浓修正还受怠速信号控制,节气门位置传感器中的怠速触点接通或断开时,根据发动机转速不同,ECU 确定的喷油时间略有不同。

（2）进气温度修正。

发动机进气温度影响进气密度，ECU 根据进气温度传感器提供的进气温度信号（THA 信号）对喷油时间进行修正。通常以 20 ℃为进气温度信息的标准温度，低于 20 ℃时空气密度大，ECU 适当增加喷油时间，使混合气不致过稀；进气温度高于 20 ℃时，空气密度减小，适当减少喷油时间，以防混合气偏浓。

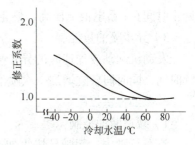

图3-4-11　暖机工况加浓修正系数曲线

（3）大负荷工况喷油量修正。

发动机在大负荷工况下运转时，要求使用较浓的混合气以获得大功率，ECU 根据发动机负荷大小修正喷油时间。

发动机工作时，ECU 可根据进气管绝对压力传感器信号或空气流量计信号以及节气门位置传感器输送的全负荷信号或节气门开度信号判断发动机负荷状况，大负荷时适当增加喷油时间。大负荷的加浓量为正常喷油量的 10% ～ 30%。有些发动机大负荷加浓量还与冷却水温度信号相关。

（4）过渡工况喷油量修正。

发动机在过渡工况（加速或减速）下运行时，为获得良好的动力性、经济性和响应性，需要适当修正喷油时间。

ECU 主要根据进气管绝对压力信号（或空气流量信号）、发动机转速信号、车速信号、节气门位置信号、空挡起动开关信号来判断过渡工况，并对喷油时间进行修正。

（5）怠速工况稳定性修正（只用于 D 型电控燃油喷射系统）。

在 D 型电控燃油喷射系统中，决定基本喷油时间的进气管绝对压力的变化，在过渡工况时，相对于发动机转速的变化将产生滞后。节气门之后进气管容积越大，怠速时发动机转速越低，这种滞后时间越长。

（6）空燃比反馈修正。

在装有三元催化转化器的电控汽油机中，用氧传感器对排气中的氧含量进行检测，ECU 根据检测结果对空燃比进行修正，将空燃比控制在理论空燃比附近。

（7）空燃比修正。

发动机在使用过程中，电子控制燃油喷射系统各部件性能会有所改变，从而使空燃比控制发生偏差，且这种偏差随着时间的推移，会不断加大。在汽油喷射电子控制系统中虽然设有空燃比反馈修正，但它有一定修正范围，一旦修正值超过修正范围，就会造成控制上的困难。

在实际运行中，当修正值大于设定值时，为进一步提高空燃比的控制精度，ECU 根据计算出的实际空燃比与理论空燃比的偏差，对喷油时间进行总修正，并把修正系数储存在 ROM 或 RAM 中作为以后的预置值。

（8）电源电压修正。

通常把开启滞后与关闭滞后的差值称为无效喷射时间。由于在无效喷油时间内，事实上没有进行喷射，因此需要进行补偿修正。

在实际运行条件下，针阀开启滞后时间受蓄电池电压影响较大，针阀关闭滞后时间受蓄电池电压的影响较小，ECU 根据蓄电池电压对喷油持续时间进行修正，蓄电池电压低，修正时间长；蓄电池电压高，修正时间短。

3）异步喷油量控制

发动机起动或加速时的异步喷油量一般是固定的，即各缸喷油器以一个固定的喷油持续时间，同时向各缸增加一次喷油。

3. 燃油停供控制

1）减速断油控制

汽车行驶中，驾驶员快收加速踏板使汽车减速时，ECU 将会切断燃油喷射控制电路，停止喷油，以降低碳氢化合物及一氧化碳的排放量。当发动机转速降至设定转速时又恢复正常喷油。

2）限速断油控制

发动机加速时，发动机转速超过安全转速或汽车车速超过设定的最高车速时，ECU 将切断燃油喷射控制电路，停止喷油，防止超速。

任务决策

任务 3.4 喷油器检修任务单

组名				
组训				
项目经理（组长）	学号：		姓名：	
团队成员	学号	角色		具体分工
任课教师			实训教师	
领任务	该车辆的故障现象是_____。			
明作用	喷油器的功用是根据_____提供的电信号（_____）控制_____喷射量。			
找位置	喷油器位于_____。			
懂原理	1. 喷油器可分为_____和_____两种。 2. 请根据图 3-4-4 说明轴针式喷油器的工作原理。			

续表

3. 请根据图 3-4-5 说明孔式喷油器的工作原理。 4. 喷油器控制包括对_____、_____、_____进行控制。控制电路分析。	 喷油器的控制电路
宝来轿车喷油器控制电路如图 3-4-12 所示，喷油器共有 2 个端子，其中 1 号端子为供电端子、2 号端子为信号端子。蓄电池通过点火开关、主继电器 J271（2 号和 8 号端子）、熔断器 SC22 给喷油器 1 号端子供电；蓄电池通过点火开关、主继电器 J271（6 号和 4 号端子）与 ECU 的 T94/69 端相接，经过发动机控制单元 J623 内部控制搭铁。发动机控制单元 J623 通过控制喷油器 2 号端子，实现各缸喷油。 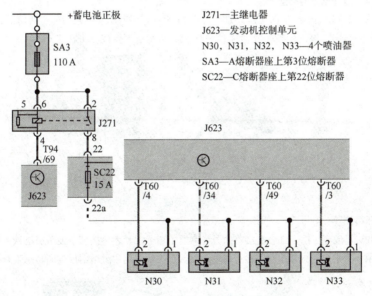 图3-4-12 宝来轿车喷油器控制电路	
请根据本车故障现象制定故障检修步骤思维导图	

任务实施

请按照以下工作手册，进行检修工作流程。

任务 3.4 喷油器检修工作手册

喷油器的检修

检修工作流程
步骤1：听喷油器针阀开闭时的振动或声响 发动机热机后怠速运转时，用手触试或用触杆式听诊器接触喷油器，测听各缸喷油器针阀开闭时的振动或声响，如图3-4-13所示，应能听到有节奏的清脆的"嗒嗒"声，加速时声响节奏加快。若某缸喷油器工作声音很小，则可能是针阀卡滞，应做进一步的检查；如果感觉无振动或听不到声响，说明喷油器或其电路有故障。  图3-4-13 听喷油器工作的声音
步骤2：喷油器电磁线圈电阻的检查 关闭点火开关，拔下喷油器线束插接器，如图3-4-14所示，用万用表测量喷油器两端子之间的电阻，低阻值喷油器应为2～5Ω，高阻值喷油器应为13～16Ω，否则应更换该喷油器。  图3-4-14 喷油器电磁线圈电阻检查
步骤3：供电电压检测 万用表选择20 V直流电压挡，红表笔接喷油器线束端1端子，黑表笔接蓄电池负极搭铁，电压应为12 V，如图3-4-15所示。否则对照维修电路图检查供电线路、点火开关、主继电器或熔断器是否有故障。 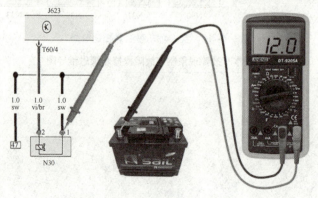 图3-4-15 喷油器供电电压检测

续表

步骤4：控制信号的检测

拔下喷油器插接器，将试灯一端接到喷油器2端子上，另一端接蓄电池负极，起动车辆，试灯闪烁，正常，如图3-4-16所示。若试灯不亮或不闪烁，则说明控制电路有故障，应检查喷油器至发动机控制单元J623的控制线路和发动机控制单元J623，看其是否有故障。

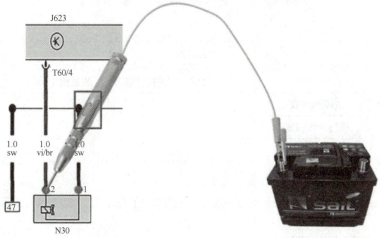

图3-4-16 喷油器控制信号的检测

步骤5：故障码读取、执行元件测试和读取数据流

关闭点火开关，连接汽车故障诊断仪与汽车故障诊断接口，打开点火开关及诊断仪开关，读取故障码；并进行执行元件测试判断喷油器工作情况；读取喷油器的数据流，喷油脉宽单位为s，如图3-4-17所示。

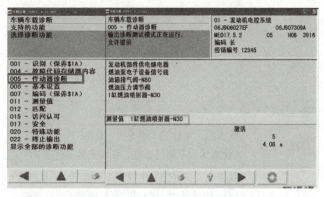

图3-4-17 喷油器执行元件测试

任务 3.4 喷油器检修学生工作活页

姓名		班级		学号	
任务名称	任务 3.4 喷油器检修	日期		组长	
任课教师		实训教师			
领任务	该车辆的故障现象是_____。				
车辆信息					
识电路	请画出实训车辆喷油器电路图。				

会检测

序号	名称	工具（挡位）、连接针脚号	测量值（单位）	标准值（单位）
步骤 1	故障码读取			
步骤 2	执行元件测试			
步骤 3	数据流读取			
步骤 4	电阻检测			
步骤 5	供电检测			
步骤 6	信号检测			
步骤 7	听喷油器针阀开闭时的振动或声响			

能维修

请根据检测结果确定故障点及维修方案。

任务评价	评价主体	评价等级	确认签字
	自评	优秀□ 良好□ 中等□ 及格□ 不及格□ （优秀比例不超过 20%，良好比例不超过 30%）	
	互评	优秀□ 良好□ 中等□ 及格□ 不及格□ （优秀比例不超过 20%，良好比例不超过 30%）	

任务 3.4 喷油器检修工作评价活页

班级：　　　　　学号：　　　　　姓名：　　　　　日期：

按要求完成在□打√，未按要求完成在□打×并扣除对应分数，扣分不得超过该项的总分。

工作评价活页（教师用）					
序号	评分项及配分标准	得分条件		得分	扣分
1	作业安全和职业操守（10分）	□1. 能进行工位7S（整理、整顿、清理、清洁、素养、节约、安全）操作（4分） □2. 能进行设备和工具安全检查（2分） □3. 能进行工具、测量仪器清洁、校准、存放操作（2分） □4. 能做到油液、水液、工具三不落地操作（2分）			
2	信息查询和资讯检索（10分）	1. 能正确使用维修手册、维修电路图查询资料（6分） 　□1.1 查询相应类型喷油器的拆装流程（2分） 　□1.2 查询对应喷油器接线端子的功用（2分） 　□1.3 查询对应喷油器熔断器的安装位置（2分） 2. 能在规定时间内查询喷油器测量所需资料（4分）			
3	保养、拆装、检测作业（50分）	1. 拆装和检测喷油器（22分） 　□1.1 检查准备工具、测量仪器，查阅技术手册，了解拆装顺序，拆卸喷油器线束插接器（2分） 　□1.2 喷油器工作声音的外观检查（5分） 　□1.3 喷油器线圈电阻的检查（5分） 　□1.4 喷油器供电电压的检查（5分） 　□1.5 喷油器控制信号的检查（5分） 2. 喷油器故障码读取和执行元件测试、数据流读取(15分） 　□2.1 喷油器执行元件测试（5分） 　□2.2 喷油器故障码读取（5分） 　□2.3 喷油器数据流读取（5分） 3. 拆装和检测喷油器熔断器（13分） 　□3.1 喷油器熔断器的拆装（3分） 　□3.2 喷油器熔断器性能的检查（5分） 　□3.3 喷油器熔断器供电的检查（5分）			
4	诊断、检测、调校分析（10分）	□1. 能判断喷油器维修决策（6分） □2. 能判断喷油器熔断器维修决策（4分）			
5	表单填写和报告撰写（10分）	□1. 语句通顺（4分） □2. 无错别字（2分） □3. 无抄袭（4分）			
6	团队合作和沟通表达（10分）	□1. 团队合作、集体责任、共同决策（5分） □2. 沟通表达、交流分享、分工明确（5分）			
合计					
教师签字					

任务小结

任务小结

思政：工匠精神——无私奉献贺玉兵

任务测试

企业案例

任务 3.5　直喷燃油供给系统检修

任务描述

1. 任务要求

一辆迈腾轿车，车主反映车辆起动困难且怠速抖动。请对直喷燃油供给系统进行检测，确认故障点。

2. 任务目标

（1）熟悉缸内直喷燃油供给系统的组成、工作原理及控制电路（×中级）。

（2）能够检测缸内直喷燃油供给系统的主要部件，并分析、确认缸内直喷燃油供给系统的故障原因（×高级＋大赛）。

3. 任务分组

对班级学生进行分组，6～8人一组，利用随机抽签的方法抽取本项目的项目经理。分组完成后，有序坐好，小组讨论制定组名、组训，营造小组凝聚力和文化氛围，并确定任务分工，完成任务单的填写。任务实施过程中，采用班组轮值制度，学生轮值担任项目经理、机电维修工程师、质检工程师、前台接待等角色，每个人都有锻炼组织协调项目管理、项目实施、项目验收能力的机会。通过小组协作，培养学生团队合作、互帮互助的精神和协同攻关的能力。

任务资讯

一、缸内直喷燃油供给系统的功用

缸内直喷式汽油机（Gasoline Direct Injection）简称 GDI 系统，如图 3-5-1 所示，缸内直喷就是将喷油嘴的位置移到了气缸内，直接在气缸里喷油。直接将燃油喷入气缸内与进气混合，喷射压力也进一步提高（10 MPa 以上），使燃油雾化更加细致，真正实现了精准地按比例控制喷油与进气混合，并且消除了缸外喷射的缺点。同时喷嘴位置、喷雾形状、进气气流控制，以及活塞顶形状等特别的设计，使油气能够在整个气缸内充分、均匀地混合，从而使燃油充分燃烧，能量转化效率更高。

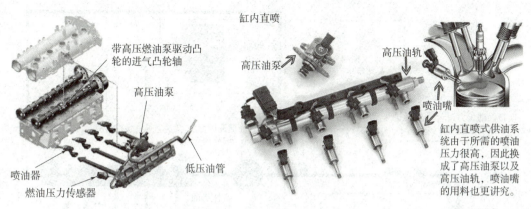

图3-5-1 缸内直喷燃油供给系统

二、缸内直喷发动机的燃烧模式

1. 分层燃烧模式

分层燃烧模式是将燃油分层喷射,使燃烧分浓度层次,燃烧区中心的燃料浓度较高,燃烧区外围则空气较多,利于燃烧区的混合气迅速燃烧,并且带动较远处较稀混合气的燃烧。它具有热效率高、节流损失少等特点。

2. 稀薄燃烧模式

稀薄燃烧模式是发动机以较稀薄的混合气,即空燃比在(15~16):1范围内运转,但在稀薄燃烧发动机中,将以更为稀薄的混合气燃烧,即空燃比大于18:1,此时气缸内的燃烧状态称为稀薄燃烧。

3. 均质燃烧模式

均质燃烧模式是均质混合气模式的过量空气系数在不同工况下接近理论值。节气门开度按照加速踏板的位置来控制,在发动机负荷较大且转速较高时,进气阀就会完全打开,于是吸入的空气就经过上、下进气道进入气缸。燃油喷射并不是像分层充气模式那样发生在压缩行程,而是发生在进气行程中,这样燃油和空气就有了更充足的时间来混合,并且可以利用空气流动旋转的涡流来击碎燃油颗粒,使之混合更加充分。

三、缸内直喷燃油供给系统的工作原理

汽油发动机缸内直喷燃油管路可分为低压燃油系统和高压燃油系统两部分,如图3-5-2所示。发动机缸内直喷燃油系统主要由预供油燃油泵G6、带燃油压力调节器的滤清器、低压燃油压力传感器G410、高压燃油泵、燃油压力调节阀N276、高压燃油压力传感器G247、高压油轨、喷油阀(喷油器)、发动机控制单元J623和燃油泵控制单元J538等组成。

直喷燃油系统工作原理

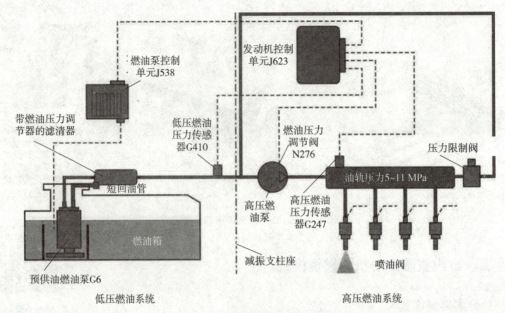

图3-5-2　汽油发动机缸内直喷工作原理

1. 低压燃油系统

低压燃油系统用于将燃油从油箱中抽出，维持一定的燃油压力输送到高压燃油泵。它主要由预供油燃油泵G6、燃油滤清器、燃油泵控制单元J538、发动机控制单元J623和低压燃油压力传感器G410等组成，如图3-5-2所示。

预供油燃油泵G6将油箱内的燃油输送到高压燃油泵。燃油泵控制单元J538安装在预供油燃油泵的上面，通过脉冲宽度调制（PWM）信号来控制预供油燃油泵G6，使低压燃油系统的油压达到0.05～0.50 MPa，如图3-5-3所示，在冷热起动时使低压燃油系统的压力达到0.65 MPa左右。燃油滤清器上限压阀开启压力约为0.68 MPa。如果预供油燃油泵G6失效，则发动机无法工作。

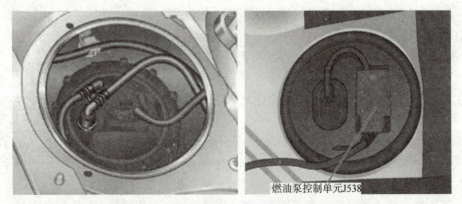

图3-5-3　预供油燃油泵及燃油泵控制单元J538

发动机控制单元J623主要是采集发动机数据，按照预定程序控制喷油时机和喷油量，从而实现最高燃烧效率。

低压燃油压力传感器G410安装在低压燃油管路上，用于测量低压燃油系统中的燃油压力,并将信号送给发动机控制单元J623。发动机控制单元J623将当前的燃油压力与实际需要的燃油压力进行对比。如果当前的燃油压力不能满足实际需求,发动机控制单元J623就会给燃油泵控制单元J538发信号,J538控制预供油燃油泵G6提高低压燃油系统工作压力。如果实际需要的燃油压力又降低了,预供油燃油泵的工作压力也会随之降低。

压力保持阀用于在发动机熄火时保持住燃油压力。如果在交通事故中预供油燃油管破裂,压力保持阀还可防止燃油溢出。当燃油压力达到0.6 MPa时,压力限制阀就会打开,这样可防止低压管路内的燃油压力过高,多余的燃油流入燃油箱。发动机控制单元J623接收到这个信号后,会发给燃油泵控制单元J538一个信号,J538会根据实际需要来调节预供油燃油泵,如果低压燃油压力传感器信号中断,那么就无法根据需要来调节燃油压力了,燃油压力就始终保持为0.5 MPa。

2. 高压燃油系统

高压燃油系统主要由发动机控制单元J623、高压燃油泵、高压油轨、高压喷油阀、燃油压力调节阀N276、高压燃油压力传感器G247等组成,其实物如图3-5-4所示。压力限制阀装在左侧缸体的燃油分配器上,当高压系统内的燃油压力超过12 MPa时,该阀会打开一个通往低压系统的通路,如图3-5-4所示。

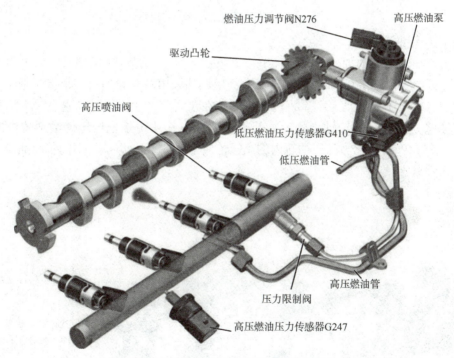

图3-5-4 缸内直喷燃油系统的高压部分

1)高压燃油压力传感器G247

该传感器安装在右侧缸体的燃油分配器上,它将高压燃油系统内的当前压力信息发送给发动机控制单元J623。它测量高压燃油系统中的燃油压力,发动机控制单元J623会分析这个信号,并通过高压燃油泵内的燃油压力调节阀N276来调节高压燃油压力。如果高压燃油压力传感器G247信号中断,发动机控制单元J623就以一个固定值来控制燃油压力调节阀 N276。其结构如图 3-5-5 所示，高压燃油压力传感器由印制电路板、传感器元件、间隔块和壳体等组成。其核心就是一个钢膜，在钢膜上镀有应变电阻，要测的压力经压力接口作用到钢膜的一侧时，由于钢膜弯曲，就引起应变电阻的阻值发生变化，经传感器内电子分析机构，将油压传感器信号送给发动机控制单元 J623。发动机控制单元 J623 给传感器供电，其供电电压为 5 V，当压力升高时电阻降低，于是信号电压升高。

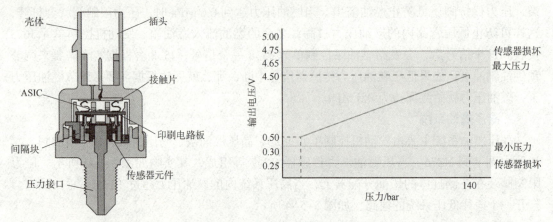

图3-5-5　高压燃油压力传感器G247

2）高压燃油泵

高压燃油泵是燃油加压的关键环节，该泵在缸盖上，是一个活塞泵。该泵由凸轮轴来驱动，可产生高达 110 bar 的燃油压力。高压燃油泵由双凸轮通过一个齿轮来驱动。双凸轮通过一个滚子来驱动泵活塞，这个泵活塞在泵内就产生出高压。它是一个结构简单的单柱塞泵，靠进气凸轮轴上的四方凸轮来驱动。其功用是把低压燃油系统内的低压（0.05~0.65 MPa）转化为高压油轨内的高压（5~11 MPa），以满足不同工况的需求，如图 3-5-6 所示。

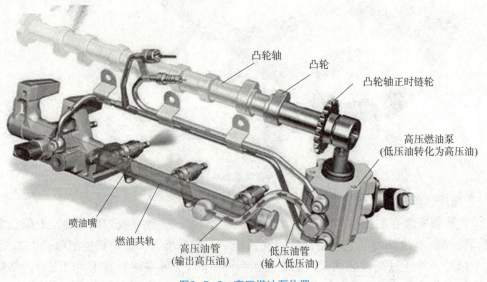

图3-5-6　高压燃油泵位置

高压燃油泵由泵体、进油阀（高压燃油泵电磁阀）、泵活塞、出油阀（单向阀，机械装置）以及泵体与进油阀/出油阀形成的泵腔组成，如图3-5-7所示。

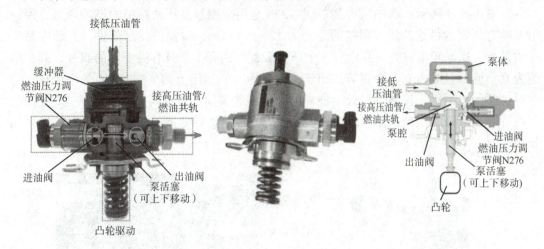

图3-5-7　高压燃油泵结构

高压燃油泵将低压油转化为高压油主要分为三个过程：吸油、压缩、泵油，如图3-5-8所示。

吸油过程出油阀关闭，进油阀开启，泵活塞随着凸轮轴凸轮的旋转而向下移动，泵腔的容积不断增大，泵腔内的燃油压力近似于低压系统内压力，进油阀在针阀弹簧力的作用下打开，燃油流入泵腔。

压缩过程中，出油阀关闭，ECU控制进油阀也关闭，此时泵腔形成一个封闭空间，泵活塞随着凸轮轴凸轮的旋转而向上移动，使泵腔体积缩小，压缩泵腔内燃油，燃油压力随之升高。

泵油过程中，泵活塞继续向上移动，进油阀仍处于关闭，由于泵腔内燃油压力大于高压油管压力，推开出油阀，泵腔内燃油从泵腔内泵出，流向高压油管。

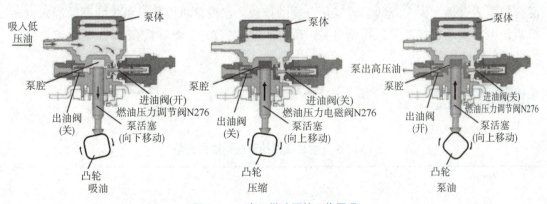

图3-5-8　高压燃油泵的工作原理

燃油压力调节阀N276是通过ECU控制的，供油时发动机控制单元J623给燃油压力调节阀N276发送指令使其吸合，针阀克服针阀回位弹簧的作用力向左运动；同时进油阀在弹簧作用力作用下被关闭，泵活塞在凸轮带动下向上运动，泵腔内油压增大。当泵腔内的油压高于油轨内的油压时出油阀被开启，燃油被泵入油轨内。

3）燃油压力调节阀 N276

如图 3-5-9 所示，燃油压力调节阀 N276 是用来控制高压油路中的燃油压力，保持喷油嘴有恒定的供油油压，限制的压力为 12～15 MPa，以保护高压部件。它装在高压燃油泵上，属高频电磁阀。其内有 1 个压力腔，腔内有 1 个具有溢流阀的膜片，膜片里侧为真空腔，且腔内有一个弹簧。出于安全原因，燃油压力调节阀 N276 是一个在不通电时打开的电磁阀。控制信号处于波峰时，电磁阀关闭，进油阀处于开启状态；控制处于波谷时，电磁阀作动，控制进油阀关闭。通过控制波峰和波谷的时间，从而控制进油量大小。

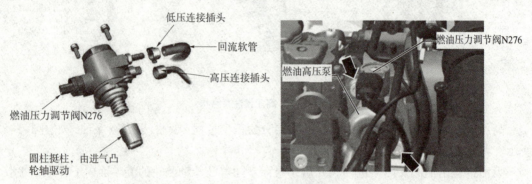

图3-5-9 燃油压力调节阀N276

4）高压喷油阀

高压喷油阀的主要作用是使燃油形成细雾，正确计量出燃油量，将燃油准确地喷到燃烧室内相应区域，在正确的时刻使燃油被直接压入燃烧室。这样可以在短时间内喷出很多燃油，从而满足发动机的需要。高压喷油阀插在缸盖内，由发动机控制单元 J623 按点火顺序来控制，在触发后直接将燃油喷入气缸。其为 6 孔高压喷嘴模式的结构，可在节气门全开时或在预热催化转化器阶段的双喷射过程中，避免油束覆盖整个活塞顶部，混合气更为合适，大大降低了碳氢化合物的排放。当发动机冷却时更少的燃油混入发动机机油中。发动机控制单元控制电磁喷嘴在 65 V 时打开，允许最高 12 A 的电流，允许最低 2.6 A 的电流。

任务决策

任务 3.5 直喷燃油供给系统检修任务单

组名					
组训					
项目经理（组长）	学号			姓名	
团队成员	学号		角色		具体分工

续表

任课教师			实训教师	

领任务	该车辆的故障现象是_____。
明作用	缸内直喷式汽油机（Gasoline Direct Injection）简称_____系统，缸内直喷就是将喷油嘴的位置移到了气缸内，直接在_____里喷油。直接将燃油喷入气缸内与进气混合，喷射压力也进一步提高（10 MPa以上），使其更加细致，真正实现了精准地按_____喷油与进气混合，并且消除了缸外喷射的缺点。
找位置	迈腾1.8TSI轿车发动机汽油缸内直喷燃油管路可分为_____和_____两部分。
懂原理	1. 低压燃油系统主要由_____、燃油滤清器、_____和_____等组成。 2. 高压燃油系统主要由发动机控制单元J623、_____、高压油轨、_____、_____、_____等组成。 3. 请根据图3-5-2画出低压燃油系统和高压燃油系统的工作路线，并说明其工作原理。

控制电路分析	
低压燃油泵控制单元电路	图3-5-10所示为迈腾B7L轿车燃油泵控制单元电路，发动机控制单元J623可根据发动机转速和负荷的变化通过燃油泵供给单元J538直接控制低压燃油泵G6的工作转速。燃油供给单元共有5个端子，其中G为燃油量传感器（3个端子）、G6为低压燃油泵（2个端子）。低压燃油泵G6的T5a/1端子为供电端子，T5a/5端子为信号端子。

续表

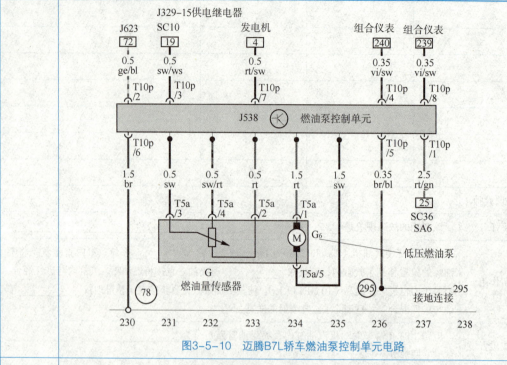

图3-5-10　迈腾B7L轿车燃油泵控制单元电路

燃油压力调节阀N276的控制电路	图3-5-11所示为迈腾B7L轿车燃油压力调节阀N276的控制电路，共有2个端子，其中1号端子为供电端子，2号端子为信号端子。 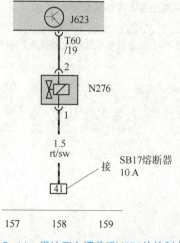 图3-5-11　燃油压力调节阀N276的控制电路
燃油压力传感器G247的控制电路	图3-5-12所示为迈腾B7L轿车燃油压力传感器G247的控制电路，共有3个端子，其中T3br/1端子为供电端子，T3br/2端子为信号端子，T3br/3端子为搭铁端子。

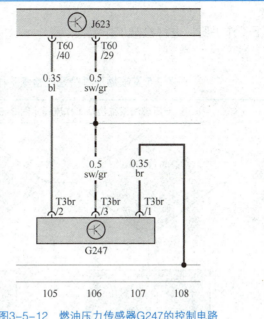

图3-5-12 燃油压力传感器G247的控制电路

图3-5-13所示为迈腾B7L轿车喷油阀（喷油器）的控制电路，共有2个端子，其中1号端子为信号端子，2号端子为供电端子。

高压喷油器控制电路

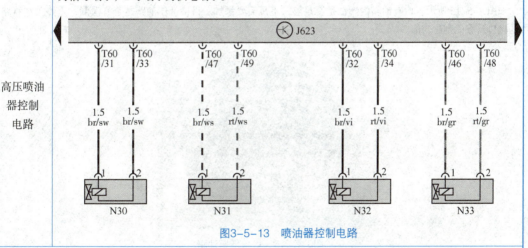

图3-5-13 喷油器控制电路

请根据本车故障现象制定故障检修步骤思维导图

任务实施

请按照以下工作手册，进行检修工作流程。

缸内直喷燃油系统检修

任务 3.5 直喷燃油供给系统检修工作手册

1. 低压燃油系统检修工作流程（图 3-5-14）

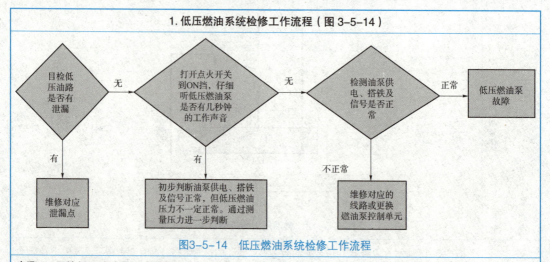

图3-5-14 低压燃油系统检修工作流程

步骤1：目检低压油路是否有泄漏

如图 3-5-15 所示，检查油箱内燃油是否足够，不足需要添加。目检低压油路是否有泄漏，重点关注管路的接口及有无刮碰变形。

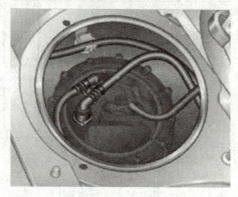

图3-5-15 目检低压油路

步骤2：听低压燃油泵是否工作

如果无泄漏，打开点火开关至 ON 挡的瞬间，仔细听低压燃油泵是否有工作的声音。如果有声音，则初步判断油泵供电、搭铁及信号正常，但低压燃油压力不一定正常，需连接压力表，测量判断；如果油泵无声音，则检测油泵供电、搭铁及信号是否正常；如果不正常，维修对应的线路，如果线路正常，初步判断低压燃油泵故障。

步骤3：低压燃油泵供电的检测

根据电路图检查燃油泵的供电，打开点火开关，将万用表调至 20 V 直流电压挡，红表笔测量燃油泵 T5a/1 号端子，黑表笔可靠搭铁，电压正常为 12 V，如图 3-5-16 所示。

续表

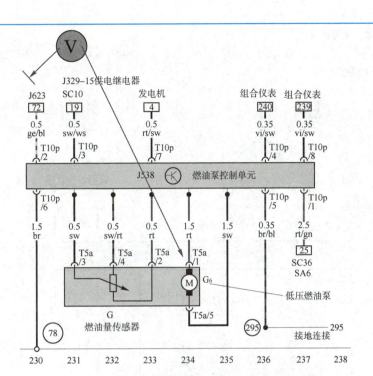

图3-5-16 低压燃油泵供电的检测

步骤4：低压燃油泵搭铁的检查

如图3-5-17所示，在保证T5a/1号端子供电正常的基础上，打开点火开关，万用表选择20 V直流电压挡，红、黑表笔接燃油泵控制单元T5a/1与T5a/5号端子之间，万用表如显示12 V左右则表明搭铁正常，否则检查搭铁线及搭铁点。

图3-5-17 低压燃油泵搭铁的检查

续表

步骤5：低压燃油泵电阻的检查

如图3-5-18所示，万用表选择200Ω电阻挡，红、黑表笔分别接T5a/1号端子和T5a/号端子，阻值应小于0.5Ω，否则更换燃油泵。

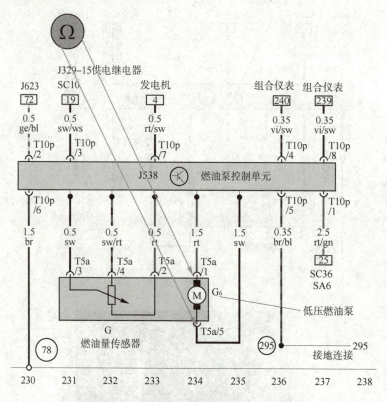

图3-5-18　低压燃油泵电阻的检查

步骤6：燃油泵控制单元动力总线检测

如图3-5-19所示，为迈腾B7L轿车燃油泵控制单元动力总线电路图，根据电路图检查燃油泵控制单元的动力总线信号测量，打开点火开关，使用双通道示波器测量16号针脚动力总线高PT-CAN-H和6号针脚动力总线低PT-CAN-L的对地波形，正常波形如图3-5-19所示；如果不正常，检测总线是否有短路或断路。

续表

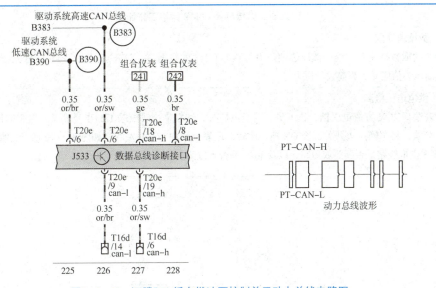

图3-5-19　迈腾B7L轿车燃油泵控制单元动力总线电路图

2. 高压燃油系统检修工作流程（图3-5-20）

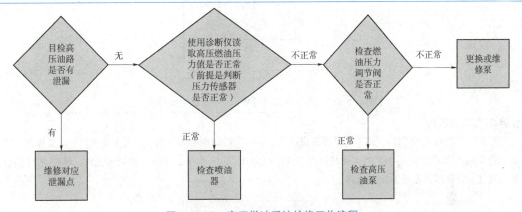

图3-5-20　高压燃油系统检修工作流程

步骤1：目检高压油路是否有泄漏

如图 3-5-21 所示，目检高压油路是否有泄漏，重点关注管路的接口、高压油泵密封垫处是否有燃油泄漏。

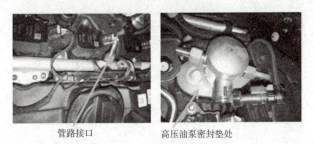

管路接口　　　　　高压油泵密封垫处

图3-5-21　目检高压油路是否有泄漏

步骤2：故障码读取

用故障诊断仪的"读取故障码"功能检查燃油系统的工作情况。

续表

3. 燃油压力传感器 G247 检修工作流程
步骤 1：数据流读取 选择"读取数据流"功能，读取燃油压力传感器 G247 的数据流，打开高压油管接头，让系统泄压完毕，高压燃油压力值应显示当前大气压力。
步骤 2：供电电压检测 万用表选择 20 V 直流电压挡，拔下传感器线束插头，红表笔接线束端 T3br/1 号端子，黑表笔接蓄电池负极可靠搭铁，将车辆点火开关旋至 ON 挡，此时万用表读数应为 5 V 左右，如图 3-5-22 所示；如果不正常，检查 J623 供电线路是否断路或短路，以及 J623 是否有故障。 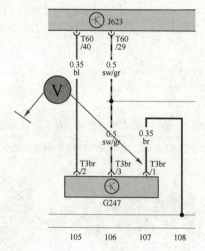 图 3-5-22　燃油压力传感器 G247 供电电压检测
步骤 3：搭铁线检测 万用表选择 200 Ω 电阻挡，拔下传感器线束插头，红表笔接线束端 6 号端子，黑表笔接蓄电池负极可靠搭铁，将车辆点火开关旋至 OFF 挡，此时万用表读数应为 0，如图 3-5-23 所示；如果不正常，检查 J623 搭铁是否良好、搭铁线路是否断路或短路。 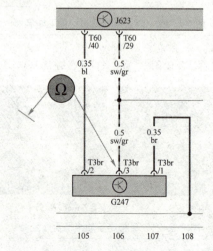 图 3-5-23　燃油压力传感器 G247 搭铁线检测

续表

步骤4：信号线检测

　　万用表选择 20 V 直流电压挡，安插备针于 T3br/2 号端子，红表笔接 T3br/2 号端子备针，黑表笔接蓄电池负极可靠搭铁，起动车辆，逐渐踩下加速踏板，信号电压随节气门开度增大而增大，信号电压在 0～5 V 之间变化，如图 3-5-24 所示。

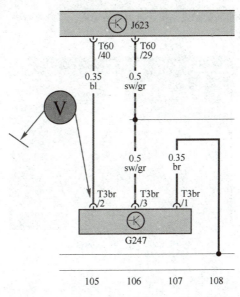

图3-5-24　燃油压力传感器G247信号线检测

步骤5：传感器线路检测

　　万用表选择 200 Ω 电阻挡，拔下传感器及发动机控制单元 J623 线束插头，分别测量发动机控制单元 J623 的 T60/40、T60/29 端子和传感器线束端 T3br/2、T3br/3 端子之间的电阻，将车辆点火开关置于 OFF 挡，此时万用表读数应为 0.5 Ω 左右，如图 3-5-25 所示；如果不正常，检查线路是否短路或断路。

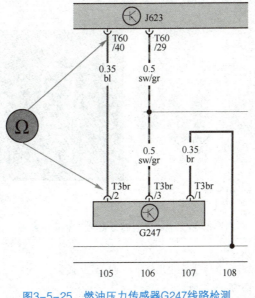

图3-5-25　燃油压力传感器G247线路检测

续表

4. 燃油压力调节阀 N276 检修工作流程

步骤 1：执行元件测试

用故障诊断仪的"执行元件测试"功能检查燃油压力调节阀 N276 的工作情况。

步骤 2：读取故障码

用诊断仪先清除故障码，并重新起动发动机，再调取故障码，若有故障码，则按故障码的提示排除故障，如图 3-5-26 所示。

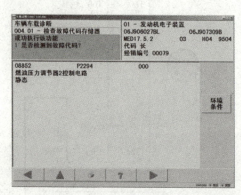

图3-5-26　故障码读取

步骤 3：供电线检测

燃油压力调节阀 N276 不工作时，电子节气门（EPC）灯会点亮，路试车辆，会出现车辆加速缓慢现象，即使加速踏板踩到底，发动机转速也只有 3 000 r/min 左右。由于燃油压力调节阀 N276 是高频电磁阀，所以不能进行通电测试，否则会导致 N276 烧坏。

如图 3-5-27 所示，拔下燃油压力调节阀 N276 插头，万用表选择 20 V 直流电压挡，红表笔连接插头 1 号端子，黑表笔连接蓄电池负极可靠搭铁，若此时读数为 4.37 V 则为正常。

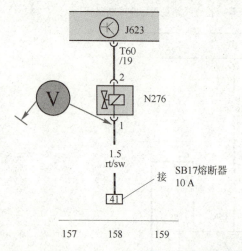 

图3-5-27　燃油压力调节阀N276供电的检测

步骤 4：信号检测

如图 3-5-28 所示，万用表选择 20 V 直流电压挡，红表笔连接插头 2 号端子，黑表笔连接蓄电池负极可靠搭铁，若此时读数为 0.64 V 则为正常。

续表

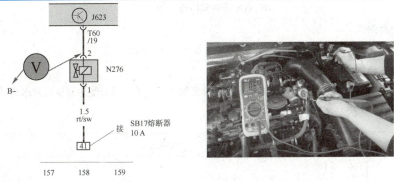

图3-5-28　燃油压力调节阀N276信号检测

拔下燃油压力调节阀N276插接器，将试灯一端接到燃油压力调节阀N276的2号端子上，另一端接蓄电池负极，起动车辆，试灯闪烁，正常；若试灯不亮或不闪烁，则说明控制电路有故障，应检查燃油压力调节阀N276至发动机控制单元J623的控制线路和发动机控制单元J623，看其是否有故障。

步骤5：电阻的检测

如图3-5-29所示，使用万用表电阻挡，测量燃油压力调节阀N276的1号针脚和2号针脚之间的电阻值，正常为0.7 Ω左右，否则需更换。

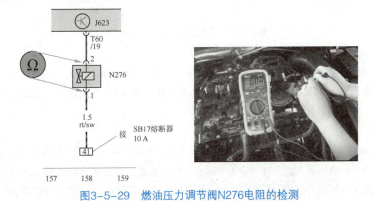

图3-5-29　燃油压力调节阀N276电阻的检测

步骤6：线路检测

将车辆点火开关置于OFF挡，拔下燃油压力调节阀N276线束插头，万用表选择200 Ω电阻挡，分别测量发动机控制单元J623的T60/19端子和燃油压力调节阀N276的2号端子，此时万用表读数应小于0.5 Ω，如图3-5-30所示；如果不正常，检查线路是否短路或断路。

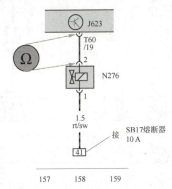

图3-5-30　燃油压力调节阀N276线路检测

5. 高压喷油阀检修工作流程

步骤1：执行元件测试

用故障诊断仪的"执行元件测试"功能检查高压喷油器的工作情况。

步骤2：供电电压检测

万用表选择100 V直流电压挡，红表笔接喷油器线束端1号端子，黑表笔接蓄电池负极搭铁，电压应为65 V，如图3-5-31所示。

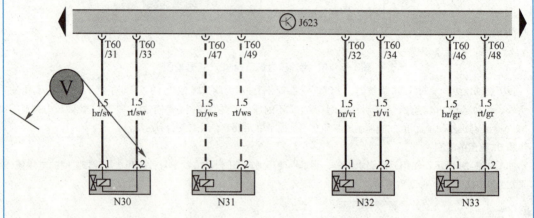

图3-5-31　喷油器供电电压检测

步骤3：信号线的检测

拔下喷油器插接器，将试灯一端接到喷油器2号端子上，另一端接蓄电池负极，起动车辆，试灯闪烁，正常；若试灯不亮或不闪烁，则说明控制电路有故障，应检查喷油器至发动机控制单元J623的控制线路和发动机控制单元J623，看其是否有故障。

步骤4：线路检测

万用表选择200 Ω电阻挡，拔下燃油压力调节阀N276线束插头，分别测量发动机控制单元J623的T60/31、T60/33端子和喷油器N30的1号、2号端子，将车辆点火开关置于OFF挡，此时万用表读数应为0.5 Ω左右，如图3-5-32所示；如果不正常，检查线路是否短路或断路。依次检测喷油器N31、N32、N33。

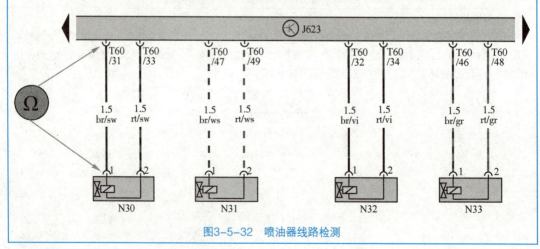

图3-5-32　喷油器线路检测

任务 3.5 直喷燃油供给系统检修学生工作活页

姓名			班级		学号	
任务名称	任务 3.5 直喷燃油供给系统检修		日期		组长	
任课教师				实训教师		
领任务	该车辆的故障现象是_____。					
车辆信息						
识电路	请画出实训车辆直喷燃油供给系统电路图。					

会检测
1. 低压燃油系统检修

序号	名称	工具（挡位）、连接针脚号	测量值（单位）	标准值（单位）
步骤 1	目检低压油路是否有泄漏			
步骤 2	听低压燃油泵是否工作			
步骤 3	低压燃油泵供电的检测			
步骤 4	低压燃油泵搭铁的检查			
步骤 5	低压燃油泵电阻的检查			
步骤 6	燃油泵控制单元动力总线检测			
<td colspan="4" align="center">2. 高压燃油系统检修</td>				
步骤 1	目检高压油路是否有泄漏			
步骤 2	故障码读取			
步骤 3	燃油压力传感器 G247 数据流读取			
步骤 4	燃油压力传感器 G247 供电电压检测			
步骤 5	燃油压力传感器 G247 搭铁线检测			
步骤 6	燃油压力传感器 G247 信号线检测			
步骤 7	燃油压力传感器 G247 传感器线路检测			
步骤 8	燃油压力调节阀 N276 执行元件测试			
步骤 9	燃油压力调节阀 N276 读取故障码			
步骤 10	燃油压力调节阀 N276 供电线检测			
步骤 11	燃油压力调节阀 N276 信号线检测			
步骤 12	燃油压力调节阀 N276 电阻的检测			
步骤 13	燃油压力调节阀 N276 线路检测			
步骤 14	高压喷油器执行元件测试			
步骤 15	高压喷油器供电电压检测			
步骤 16	高压喷油器信号检测			
步骤 17	高压喷油器线路检测			

能维修

请根据检测结果确定故障点及维修方案。

任务评价	评价主体	评价等级	确认签字
	自评	优秀☐　良好☐　中等☐　及格☐　不及格☐ （优秀比例不超过 20%，良好比例不超过 30%）	
	互评	优秀☐　良好☐　中等☐　及格☐　不及格☐ （优秀比例不超过 20%，良好比例不超过 30%）	

任务 3.5 直喷燃油供给系统检修工作评价活页

班级：　　　　学号：　　　　姓名：　　　　日期：

按要求完成在□打√，未按要求完成在□打×并扣除对应分数，扣分不得超过该项的总分。

工作评价活页（教师用）				
序号	评分项及配分标准	得分条件	得分	扣分
1	作业安全和职业操守（10分）	□1.能进行工位7S（整理、整顿、清理、清洁、素养、节约、安全）操作（4分） □2.能进行设备和工具安全检查（2分） □3.能进行工具、测量仪器清洁、校准、存放操作（2分） □4.能做到油液、水液、工具三不落地操作（2分）		
2	信息查询和资讯检索（10分）	1.能正确使用维修手册、维修电路图查询资料（5分） □1.1 查询相应直喷燃油供给系统的拆装流程（2分） □1.2 查询低压燃油泵、燃油泵控制单元、喷油器、高压燃油压力传感器、燃油压力调节阀、熔断器等接线端子的功用及安装位置（3分） 2.能在规定时间内查询并记录测量所需资料（5分）		
3	保养、拆装、检测作业（50分）	1.拆装和检测低压燃油系统及各传感器（34分） □1.1 检查准备工具、测量仪器，查阅技术手册，了解拆装顺序，拆卸各传感器线束插接器（4分） □1.2 直喷燃油供给系统的外观检查（4分） □1.3 燃油泵控制单元的检查（6分） □1.4 低压燃油泵的检查（6分） □1.5 燃油压力传感器的检查（6分） □1.6 燃油压力调节阀的检查（6分） 2.高压喷油器的拆装检测（10分） □2.1 高压喷油器执行元件测试（5分） □2.2 喷油器线圈电阻、供电及控制信号的检查（5分） 3.拆装和检测燃油泵及喷油器的熔断器（6分） □3.1 喷油器熔断器的拆检（3分） □3.2 燃油泵熔断器的拆检（3分）		
4	诊断、检测、调校分析（10分）	□1.能判断高压燃油系统的维修决策（6分） □2.能判断低压燃油系统的维修决策（4分）		
5	表单填写和报告撰写（10分）	□1.语句通顺（4分） □2.无错别字（2分） □3.无抄袭（4分）		
6	团队合作和沟通表达（10分）	□1.团队合作、集体责任、共同决策（5分） □2.沟通表达、交流分享、分工明确（5分）		
合计				
教师签字				

任务小结

任务小结　　思政："七一勋章"获得者　　任务测试　　企业案例
　　　　　　大国工匠——艾爱国

任务 3.6　冷却液温度传感器检修

任务描述

1. 任务要求
一辆装备 1ZR-FE 电控发动机的丰田卡罗拉轿车，车主反映冷车起动困难，发动机运行中故障指示灯点亮。经过全面的检测，确认为发动机冷却液温度传感器故障。

2. 任务目标
（1）掌握冷却液温度传感器的工作原理（×中级）。
（2）能检测冷却液温度传感器，并分析、确认故障原因（×高级+大赛）。

3. 任务分组
对班级学生进行分组，6～8人一组，利用随机抽签的方法抽取本项目的项目经理。分组完成后，有序坐好，小组讨论制定组名、组训，营造小组凝聚力和文化氛围，并确定任务分工，完成任务单的填写。任务实施过程中，采用班组轮值制度，学生轮值担任项目经理、机电维修工程师、质检工程师、前台接待等角色，每个人都有锻炼组织协调项目管理、项目实施、项目验收能力的机会。通过小组协作，培养学生团队合作、互帮互助的精神和协同攻关的能力。

任务资讯

一、冷却液温度传感器的功用与类型

发动机冷却液温度传感器又称水温传感器，其功用是检测发动机冷却液的温度，并将温度信号转变为电信号输送给发动机控制模块，作为汽油喷射、点火正时、怠速和尾气排放控制的主要修正信号。发动机冷却液温度传感器为负温度系数（PTC）的热敏电阻式温度传感器。

二、冷却液温度传感器的工作原理

1. 冷却液温度传感器的安装位置
冷却液温度传感器一般安装在缸体、缸盖水套或出水管，有的安装在节温器内并深入水套中，如图 3-6-1 所示。

图3-6-1　冷却液温度传感器安装位置

2. 冷却液温度传感器的工作原理

冷却液温度传感器主要由热敏电阻、金属引线、接线插座和壳体等组成。其工作原理如图 3-6-2 所示。接线插座有单端子式和双端子式，目前汽车电控系统多采用双端子接线插座。冷却液温度传感器为 NTC 型热敏电阻，其具有温度升高时阻值减小，温度降低时阻值增大的特性，是非线性关系，在 ECU 内部串联一个分压电阻，ECU 向热敏电阻和分压电阻组成的分压电路提供一个稳定的电压，一般为 5 V，当被测对象的温度升高时，阻值减少，输出信号电压低；当被测对象的温度降低时，阻值增高，输出信号电压高。ECU 根据接收到的信号电压值，便可计算出对应的温度值，从而进行喷油和点火的修正控制。

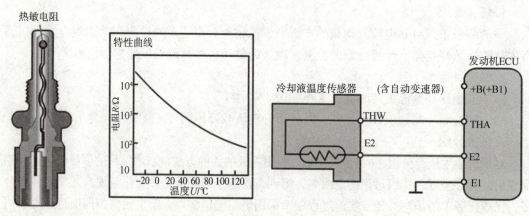

图3-6-2　冷却液温度传感器的工作原理

部分电控发动机控制单元内部有一个与冷却液温度传感器串联的电阻，如图 3-6-3 所示，这个电阻将在 50 ℃左右（电压在 1.25 V 左右）时打开，所以传感器两端的电压降在冷态和热态时会有很大变化。

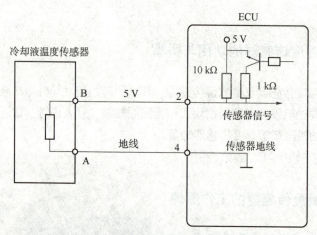

图3-6-3　冷却液温度传感器的控制电路

冷却液温度传感器的输出电压随温度变化规律见表 3-6-1。

表 3-6-1　冷却液温度传感器不同温度时的电压值

发动机处于冷态		发动机处于热态	
温度 /℃	电压 /V	温度 /℃	电压 /V
−29	4.70	43	4.20
−17	4.40	55	3.70
−7	4.10	65	3.40
5	3.60	76	3.00
15	3.00	82	2.80
27	2.40	93	2.40
49	1.25	115	1.62

用示波器可以对冷却液温度传感器测试波形，标准波形如图 3-6-4 所示。

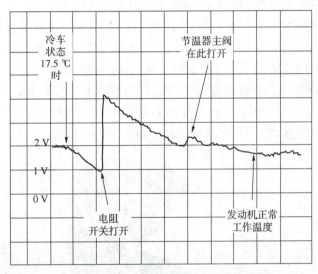

图3-6-4　冷却液温度传感器标准波形

新技术：电子节温器

电子节温器由充蜡膨胀式节温器、充蜡元件内的电阻加热器、压缩弹簧（用于机械封闭冷却液通道）、一个大阀盘和一个小阀盘组成。温度调节单元 F265 结构组成如图 3-6-5 所示。温度调节单元的加热电阻不是加热冷却液，而是加热温度调节单元的石蜡体部分，使大循环打开。冷却液分配器壳体内的膨胀式节温器浸在冷却液中，充蜡元件在不加热的情况下调节温度，这与传统节温器一样，但是它是按不同温度范围设计的。由于冷却液温度的作用，蜡熔化成液体并膨胀，这个膨胀作用使得行程销产生一个行程。在不通电的正常情况下，这个膨胀过程按照发动机出水口处 110 ℃冷却液温度来设计。加热电阻位于膨胀式温度调节单元的石蜡中，电阻根据特性图加热石蜡，使石蜡膨胀发生位移，温度调节单元通过此位移进行机械调节；加热是由发动机控制单元发出的一个脉冲信号来完成的；加热程度由脉宽和时间决定。

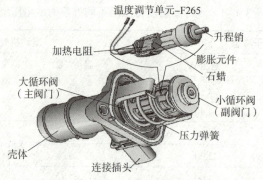

图3-6-5　温度调节单元F265结构组成

小负荷时，当发动机冷车起动、暖机期间，与传统的冷却系统一样，为了使发动机尽快达到正常的工作温度，系统为小循环。在冷起动、暖机及小负荷时，冷却液经过发动机缸盖、分配器上平面流入，此时，小循环阀门打开，冷却液通过小阀门直接流回水泵处，形成小循环。在暖机后的小负荷时，冷却液温度为95～110 ℃。

当发动机全负荷运转时，要求较高的冷却能力。控制单元根据传感器信号得出的计算值对温度调节单元加载电压，溶解石蜡体，使大循环阀门打开，接通大循环。同时关闭小循环通道，切断小循环。在全负荷时冷却液温度为85～95 ℃。

散热器出口的冷却液温度传感器G83安装在散热器出口的管路上，如图3-6-6所示，它测量散热器出口的冷却液温度。通过比较G62和G83的两个信号来控制散热器风扇的工作情况。如果冷却液温度传感器G83的信号中断，那么散热器会以1挡一直工作。

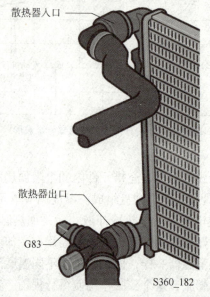

图3-6-6　散热器出口冷却液温度传感器G83

任务决策

任务 3.6 冷却液温度传感器检修任务单

组名	
组训	
项目经理（组长）	学号： 姓名：
团队成员	学号 角色 具体分工
任课教师	实训教师
领任务	该车辆的故障现象是_____。
明作用	1. 发动机冷却液温度传感器的功用是检测_____的温度，并将温度信号转变为_____输送给发动机控制模块，作为_____、_____、急速和尾气排放控制的主要修正信号。 2. 发动机冷却液温度传感器为_____类型温度传感器。
找位置	冷却液温度传感器位于_____。
懂原理	1. NTC 型热敏电阻具有温度升高时阻值_____，温度降低时阻值_____的特性，是_____关系。 2. 请根据图 3-6-2 描述冷却液温度传感器的工作原理。
控制电路分析	

如图 3-6-7 所示，为丰田卡罗拉 1ZR-FE 发动机冷却液温度传感器的控制电路。该冷却液温度传感器有 2 个端子，ECM 内 5 V 电源经串联电阻通过 2 号端子给冷却液温度传感器供电，冷却液温度传感器 1 号端子通过 ECM 搭铁，传感器通过 ECM 上 120 号端子将温度信号输送给 ECU。

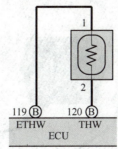

图 3-6-7　丰田卡罗拉 1ZR-FE 发动机冷却液温度传感器

请根据本车故障现象制定故障检修步骤思维导图

任务实施

请按照以下工作手册，进行检修工作流程。

冷却液温度传感器检修

任务 3.6 冷却液温度传感器检修工作手册

检修工作流程
步骤 1：读取故障码 　　用故障诊断仪的"读取故障码"功能检查冷却液温度传感器的工作情况。选择"读取故障码"功能，读取冷却液温度传感器的故障码。
步骤 2：数据流读取 　　用故障诊断仪的"读取数据流"功能检查冷却液温度传感器的工作情况。选择"读取数据流"功能，读取冷却液温度传感器的数据流，在达到发动机正常工作温度前，随着转速的提高，发动机工作温度逐渐增大，冷却液温度的数据流值也逐渐增大。
步骤 3：供电电压检测 　　选择万用表，校表后选择 20 V 直流电压挡，拔下冷却液温度传感器线束插头，红表笔接线束端 2 号端子，黑表笔接蓄电池负极可靠搭铁，将车辆点火开关置于 ON 挡，此时万用表读数应为 5 V 左右，如图 3-6-8 所示；如果不正常，检查 ECU 供电线路是否断路或短路，以及 ECU 是否有故障。 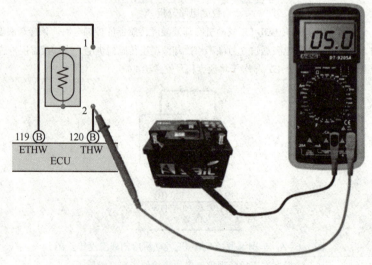 图 3-6-8　冷却液温度传感器供电电压检测

续表

步骤 4：搭铁线检测

万用表选择 20 V 直流电压挡，拔下冷却液温度传感器线束插头，红表笔接蓄电池正极，黑表笔接线束端 1 号端子，将车辆点火开关置于 ON 挡，此时万用表读数应为 12 V 左右，如图 3-6-9 所示；如果不正常，检查电脑搭铁是否良好、搭铁线路是否断路或短路。

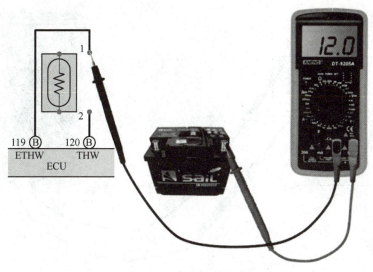

图3-6-9　冷却液温度传感器搭铁线检测

步骤 5：传感器阻值的检测

如图 3-6-10 所示，万用表选择 100 kΩ 电阻挡，拆下冷却液温度传感器，并置于带加热器和温度计的装水容器中，红、黑表笔分别接传感器端 1 号端子和 2 号端子，加热容器的水使其升温，此时万用表读数随温度的变化应符合表 3-6-1 中数值范围。如果不正常，更换冷却液温度传感器。

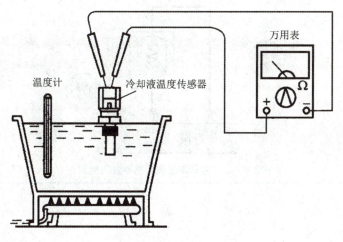

图3-6-10　冷却液温度传感器阻值的检测

步骤6：信号线检测

如图3-6-11所示，万用表选择20 V直流电压挡，安插备针于2号端子，红表笔接2号端子备针，黑表笔接蓄电池负极可靠搭铁，起动车辆，信号电压在0～5 V之间变化，随发动机温度的升高而减小。如果不正常，检查信号线是否断路或短路，检查传感器本身是否损坏。

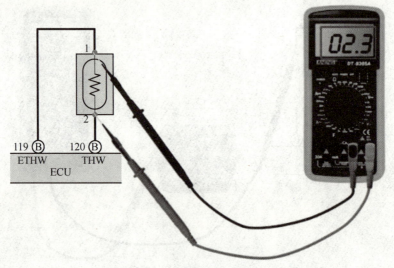

图3-6-11　冷却液温度传感器信号线检测

步骤7：传感器线路检测

将车辆点火开关置于OFF挡，拔下冷却液温度传感器线束插头，拔下ECU线束插头，万用表选择200 Ω电阻挡，分别测量ECU端子119、120和冷却液温度传感器线束端1、2端子，如图3-6-12所示，此时万用表读数应小于0.5 Ω；如果不正常，检查线路是否短路或断路。

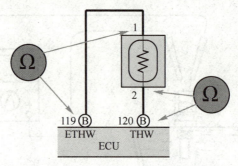

图3-6-12　冷却液温度传感器线路检测

任务 3.6 冷却液温度传感器检修学生工作活页

姓名		班级		学号	
任务名称	任务 3.6 冷却液温度传感器检修	日期		组长	
任课教师			实训教师		
领任务	该车辆的故障现象是＿＿＿＿＿＿＿＿＿＿＿＿＿＿＿＿＿＿＿＿＿＿＿＿。				
车辆信息					
识电路	请画出实训车辆冷却液温度传感器电路图。				
会检测					
序号	名称	工具（挡位）、连接针脚号	测量值（单位）	标准值（单位）	
步骤 1	发动机故障码读取				
步骤 2	冷却液温度传感器供电电压检测				
步骤 3	冷却液温度传感器信号线检测				
步骤 4	冷却液温度传感器电阻检测				
步骤 5	传感器线路检测				
步骤 6	发动机数据流读取				
能维修					
请根据检测结果确定故障点及维修方案。					
任务评价	评价主体	评价等级			确认签字
	自评	优秀□ 良好□ 中等□ 及格□ 不及格□ （优秀比例不超过 20%，良好比例不超过 30%）			
	互评	优秀□ 良好□ 中等□ 及格□ 不及格□ （优秀比例不超过 20%，良好比例不超过 30%）			

任务 3.6 冷却液温度传感器检修工作评价活页

班级：　　　　学号：　　　　姓名：　　　　日期：

按要求完成在□打√，未按要求完成在□打×并扣除对应分数，扣分不得超过该项的总分。

工作评价活页（教师用）				
序号	评分项及配分标准	得分条件	得分	扣分
1	作业安全和职业操守（10分）	□1. 能进行工位7S(整理、整顿、清理、清洁、素养、节约、安全）操作（4分） □2. 能进行设备和工具安全检查（2分） □3. 能进行工具、测量仪器清洁、校准、存放操作（2分） □4. 能做到油液、水液、工具三不落地操作（2分）		
2	信息查询和资讯检索（10分）	1. 能正确使用维修手册、维修电路图查询资料（6分） 　□1.1 查询冷却液温度传感器的拆装流程（2分） 　□1.2 查询冷却液温度传感器的控制电路（2分） 　□1.3 查询冷却液温度传感器的安装位置（2分） 2. 能在规定时间内查询冷却液温度传感器的检测所需资料（4分） 　□2.1 能正确记录所查询资料章节页码（2分） 　□2.2 能正确记录所需检修信息（2分）		
3	保养、拆装、检测作业（50分）	1. 读取故障码（18分） 　□1.1 故障诊断仪的连接与使用（8分） 　□1.2 读取冷却液温度传感器的故障码及数据流（10分） 2. 冷却液温度传感器的线路检测（32分） 　□2.1 传感器供电电压检测（8分） 　□2.2 搭铁线检测（8分） 　□2.3 传感器阻值的检测（8分） 　□2.4 信号线检测（8分）		
4	诊断、检测、调校分析（10分）	□1. 能判断冷却液温度传感器维修决策（6分） □2. 能通过数据流判断冷却液温度传感器线路故障（12分）		
5	表单填写和报告撰写（10分）	□1. 语句通顺（4分） □2. 无错别字（2分） □3. 无抄袭（4分）		
6	团队合作和沟通表达（10分）	□1. 团队合作、集体责任、共同决策（5分） □2. 沟通表达、交流分享、分工明确（5分）		
		合计		
		教师签字		

任务小结

任务小结　　思政：创新精神——　　任务测试　　企业案例
　　　　　　高艺虎

任务 3.7　氧传感器检修

任务描述

1. 任务要求
一辆装备 CEAA 电控发动机的迈腾 B7L 轿车，车主反映最近车辆油耗较大，且尾气颜色不正常，经过全面检测，确认为氧传感器出现故障。

2. 任务目标
（1）掌握氧传感器的工作原理（×中级）。
（2）能检测氧传感器，并分析、确认故障原因（×高级＋大赛）。

3. 任务分组
对班级学生进行分组，6～8 人一组，利用随机抽签的方法抽取本项目的项目经理。分组完成后，有序坐好，小组讨论制定组名、组训，营造小组凝聚力和文化氛围，并确定任务分工，完成任务单的填写。任务实施过程中，采用班组轮值制度，学生轮值担任项目经理、机电维修工程师、质检工程师、前台接待等角色，每个人都有锻炼组织协调项目管理、项目实施、项目验收能力的机会。通过小组协作，培养学生团队合作、互帮互助的精神和协同攻关的能力。

任务资讯

一、氧传感器的功用与类型

1. 氧传感器的功用
现代汽车发动机上都要安装两个氧传感器。前氧传感器的作用是检测排气中氧离子的含量，并向 ECU 发出反馈信号。ECU 判断混合气浓度是否合适，进而调节喷油器的喷油量，将混合气的空燃比控制在理论值附近。后氧传感器的作用是监测三元催化转化器的转化效率，后氧传感器将三元催化转化器后方的氧含量反馈给发动机 ECU，发动机 ECU 将两个氧传感器的信号进行对比来判断三元催化转化器是否正常。

2. 氧传感器的类型
氧传感器按照传感器是否有加热装置分为非加热型和加热型，如图 3-7-1 所示。

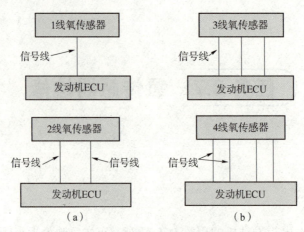

图3-7-1 氧传感器按有无加热装置分类
（a）非加热型：1线、2线；（b）加热型：3线、4线

按照传感器的材质和结构不同分为氧化锆式氧传感器和氧化钛式氧传感器，如图3-7-2所示。

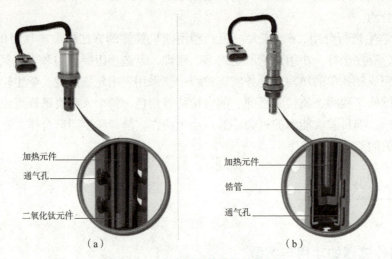

图3-7-2 氧传感器按结构材质分类
（a）氧化钛式氧传感器；（b）氧化锆式氧传感器

二、氧传感器的工作原理

1. 氧传感器的安装位置

氧传感器安装在排气管上，三元催化转化器前后各安装一个氧传感器，如图3-7-3所示。

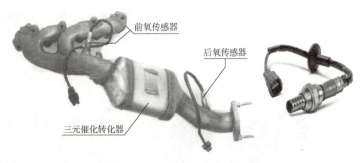

图3-7-3 氧传感器的安装位置

2. 氧化锆式氧传感器的结构和工作原理

1）氧化锆式氧传感器的结构

氧化锆式氧传感器主要由钢质护管、钢质壳体、铝管、加热元件、电极引线、防水护套和线束插头等组成，如图3-7-4所示。锆管是二氧化锆（ZrO_2）固体电解质粉制成的陶瓷管，管的内外表面均涂有金属铂层作为电极，内侧通大气，外侧通排气。

图3-7-4 氧化锆式氧传感器结构

2）氧化锆式氧传感器的工作原理

温度在400 ℃以上时，若锆管内外表面接触的气体氧的浓度不同，则在两个铂电极之间将会产生电动势。发动机工作时，锆管内表面接触大气，氧浓度是固定的，锆管外表面接触废气，氧浓度是变化的，所以两个电极间产生电动势，并输送给ECU，以便ECU知道实际空燃比，进而对空燃比进行反馈控制。其工作特性如图3-7-5所示，当混合气过稀时，则排气中氧含量高，传感器内外侧氧浓度差小，两电极间产生的电压低（约为0.1 V），此时ECU将增加喷油量，使实际空燃比减小；反之，混合气过浓时，则排气中氧含量低，传感器内外侧氧浓度差大，两电极间产生的电压高（约为0.9 V）。此时ECU将减少喷油量，使实际空燃比增大。如此反复，ECU根据氧传感器信号不断调节喷油量，将实际空燃比控制在理论空燃比附近。在理论空燃比附近，氧传感器输出的电压信号有一突变。由于氧化锆式氧传感器在300 ℃以上的环境中才能输出稳定的信号电压，因此，加热的目的是保证低温（排气温度在 150～200 ℃以下）时氧传感器就能投入工作，从而减少有害气体的排放。

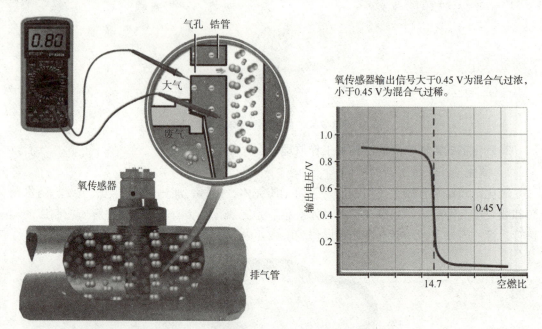

图3-7-5　氧化锆式氧传感器工作原理

2. 氧化钛式氧传感器的结构和工作原理

1）氧化钛式氧传感器的结构

氧化钛式氧传感器主要由二氧化钛传感元件、钢质壳体、加热元件和电极引线等组成，如图 3-7-6 所示。二氧化钛传感元件的阻值随氧离子浓度的变化而变化，因此氧化钛式氧传感器也称阻值变化型氧传感器，信号源相当于一个可变电阻。

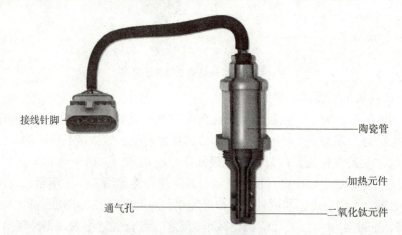

图3-7-6　氧化钛式氧传感器的结构

2）氧化钛式氧传感器的工作原理

当发动机混合气稀，排气中氧含量较多时，传感元件周围的氧离子浓度较大，则阻值低，输出低电压；当发动机的混合气浓，排气中氧含量少时，传感元件周围的氧离子很少，则阻值高，输出高电压。利用适当的电路对电阻变量进行处理，即可转换成电压信号输送给 ECU，用来确定实际的空燃比。氧化钛式氧传感器的电阻将在混合气的过量空气系数大约为 1（空燃比约为 14.7）时产生突变。

氧传感器失效的主要原因是传感元件老化和中毒。氧传感器老化的主要原因是传感元件局部表面温度过高。氧传感器的传感元件受到污染而失效的现象称为中毒。氧传感器中毒主要是指铅（Pb）中毒、硅（Si）中毒和磷（P）中毒。

空燃比传感器工作原理

新技术：空燃比氧传感器

空燃比氧传感器又叫宽域氧传感器，它能连续检测出稀薄燃烧区的空燃比，可正常工作的空燃比范围为 12∶1～20∶1，使得 ECM 在非理论空燃比区域范围内实现喷油量的反馈控制成为可能。空燃比氧传感器安装在排气管路中三元催化转化器的前面，所有缸内直喷发动机都使用空燃比氧传感器。

空燃比氧传感器是以普通加热型氧化锆式氧传感器为基础扩展而来的，由普通加热型氧化锆式氧传感器和泵氧元两部分组成，其结构如图 3-7-7 所示。

一部分称为感应室，它的一面与大气接触而另一面是测试腔，通过扩散孔与排气接触，和普通氧化锆式氧传感器一样，由于感应室两侧的氧含量不同而产生一个电动势 U_s。一般的氧化锆式传感器将此电压作为控制单元的输入信号来控制空燃比，而宽域氧传感器与此不同的是：发动机控制单元要使感应室两侧的氧含量保持一致，让电压值维持在 0.45 V，这个电压只是电脑的参考标准值，它需要传感器的另一部分来完成。

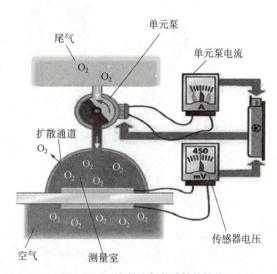

图 3-7-7 空燃比氧传感器的结构

另一部分是传感器的关键部件泵氧元，泵氧元一边排气，另一边与测试腔相连。泵氧元就是利用氧化锆式氧传感器的反作用原理，将电压施加于氧化锆组件（泵氧元）上，这样会造成氧离子的移动，把排气中的氧泵入测试腔中，使感应室两侧的电压值维持在 0.45 V。这个施加在泵氧元上变化的电压，才是我们要的氧含量信号。如果混合气太浓，那么排气中含氧量下降，此时从扩散孔溢出的氧较多，感应室的电压升高。为达到平衡，发动机控制单元增加控制电流使泵氧元增加泵氧效率，使测试腔的氧含量增加，这样可以调节感应室的电压恢复到 0.45 V；相反，混合气太稀，则排气中的含氧量增加，这时氧要从扩散孔进入测试腔，感应室电压降低，此时泵氧元向外排出氧来平衡测试腔中的含氧量，使感应室的电压维持在 0.45 V。总而言之，加在泵氧元上的电压可以保证当测试腔内的氧多时，排出腔内的氧，这时发动机控制单元的控制电流是正电流；当腔内的氧少时，进行供氧，此时发动机控制单元的控制电流是负电流。以上过程供给泵氧元的电流就反映了排气中的过量空气含量系数。

发动机正常工作时，控制单元通过改变单元泵电流来调节泵氧速度，将能斯特电池的电压值维持在450 mV。这种不断变化的单元泵电流经ECU处理后形成宽带氧传感器的信号，控制单元依此信号对空燃比进行闭环控制，使三元催化转化器的转换效率达到理想状态。

混合气过浓时，如图3-7-8所示，排气中的氧含量少，倘若单元泵以原来的工作电流工作，测量室的氧量将不足，能斯特电池电压值会超过450 mV。此时控制单元增大单元泵的工作电流，增加泵氧速度，使测量室中的氧量增加，能斯特电池电压值又恢复到450 mV。同时，控制单元根据氧传感器电压值来减少喷油量。混合气过稀时，排气中的氧含量多，倘若单元泵仍以原来的工作电流工作，测量室的氧量将增多，能斯特电池电压值会低于450 mV。此时控制单元减小单元泵的工作电流，减小泵氧速度，使测量室中的氧量减少，能斯特电池电压值又恢复到450 mV。同时，控制单元根据氧传感器信号电压值增加喷油量。

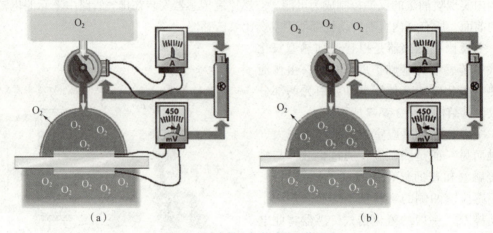

图3-7-8　空燃比氧传感器工作原理
（a）混合气过浓；（b）混合气过稀

双元件空燃比氧传感器有5根接线端子，如图3-7-9所示，其中两根是加热器的接线，一根是泵氧单元和电池单元共用的参考接地线，一根为电池单元的信号线，另一根是泵氧单元泵电流的输入线。为了补偿制造误差，有的制造厂在每个传感器的泵电流电路上增加一个微调电阻，使5根接线的空燃比氧传感器变为有6根接线。

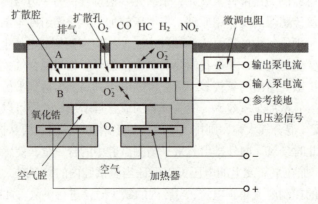

图3-7-9　空燃比氧传感器的电路

任务 3.7 氧传感器检修任务单

组名	
组训	
项目经理（组长）	学号： 姓名：

团队成员	学号	角色	具体分工

任课教师		实训教师	
领任务	该车辆的故障现象是_____。		
明作用	1 前氧传感器功用是检测_____，并将信号转变为_____输送给发动机控制模块，ECU 调整_____。 2. 后氧传感器的作用是_____。		
找位置	氧传感器位于_____。		
懂原理	1. 按照传感器的材质和结构不同分为_____氧传感器和_____氧传感器。 2. 请结合图 3-7-5 描述氧化钛式氧传感器的工作原理。 3. 请结合图 3-7-8 描述空燃比氧传感器的工作原理。 		
控制电路分析			
氧传感器（4 线）电路	如图 3-7-10 所示为宝来 1.6 L CSRA 汽油发动机前氧传感器的控制电路。该氧传感器有 4 个端子，其中 1 号端子为氧传感器加热器的供电端子（蓄电池电压），2 号端子为加热器的搭铁端子，由 ECU 控制搭铁；3 号端子和 4 号端子为氧传感器的信号端子，向 ECU 输出信号电压。		

续表

	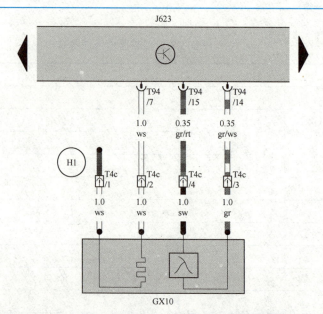图3-7-10 宝来1.6 L CSRA汽油发动机前氧传感器的控制电路
空燃比氧传感器（5线）电路	如图3-7-11所示，为迈腾B7L CEAA发动机前氧传感器的控制电路。前氧传感器G39是一个空燃比氧传感器，Z19是加热器，传感器有5个端子，传感器插头的1号与5号端子之间串联了1个微调电阻，阻值约100 Ω。4号端子和3号端子为加热器的供电和信号端子，来自油泵继电器的12 V电压由4号端子输入，3号端子由ECU控制搭铁；加热器电阻约为3 Ω（正常值为2～5 Ω）。2号端子与6号端子为氧化锆电池单元输出电压，值应为0.45 V左右；1号端子与6号端子为氧传感器输出信号。 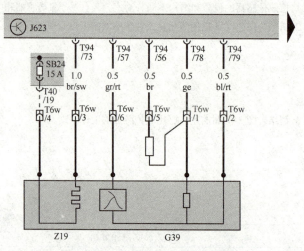图3-7-11 迈腾B7L CEAA发动机前氧传感器的控制电路
	请根据本车故障现象制定故障检修步骤思维导图

任务实施

请按照以下工作手册,进行检修工作流程。

任务 3.7 氧传感器检修工作手册

1.4 线氧传感器检修工作流程

步骤 1：读取故障码

用故障诊断仪的"读取故障码"功能检查氧传感器的工作情况。选择"读取故障码"功能，读取氧传感器的故障码，如图 3-7-12 所示。

图3-7-12　氧传感器故障码

步骤 2：数据流读取

用故障诊断仪的"读取数据流"功能检查氧传感器的工作情况。选择"读取数据流"功能，读取氧传感器的数据流，如图 3-7-13 所示。

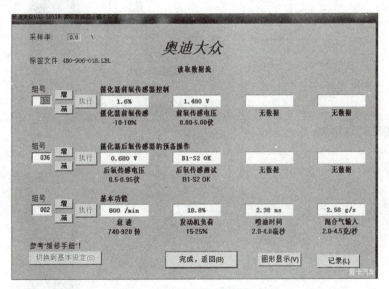

图3-7-13　氧传感器数据流

步骤 3：加热器供电电压检测

选择万用表，校表后选择 20 V 直流电压挡，拔下氧传感器线束插头，红表笔接线束端 1 号端子，黑表笔接蓄电池负极可靠搭铁，将车辆点火开关置于 ON 挡，此时万用表读数应为 12 V 左右，如图 3-7-14 所示。如果不正常，检查 ECU 供电线路是否断路或短路，以及 ECU 是否有故障。

续表

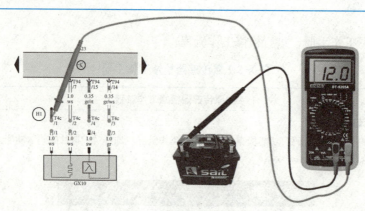

图3-7-14　氧传感器加热器供电电压检测

步骤4：加热器搭铁的检测

万用表选择20 V直流电压挡，安插备针于2号端子，红表笔接蓄电池正极，黑表笔接2号端子备针，起动车辆，发动机排气温度较低时，万用表应显示蓄电池电压，发动机排气温度达到一定值时，万用表读数应为0，如图3-7-15所示。如果不正常，检查电脑搭铁是否良好、搭铁线路是否断路或短路。

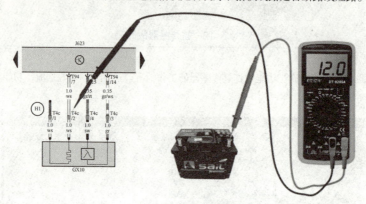

图3-7-15　氧传感器加热器搭铁的检测

步骤5：加热电阻阻值的检测

万用表选择200 Ω电阻挡，拔下氧传感器线束插头，红、黑表笔分别接氧传感器加热器端1号端子和2号端子，此时万用表读数应为0.5～20 Ω，如图3-7-16所示。如果不正常，更换氧传感器。

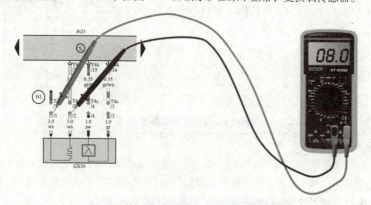

图3-7-16　氧传感器加热器阻值的检测

续表

步骤 6：氧传感器信号电压的检测

如图 3-7-17 所示，安插备针于 3 号端子和 4 号端子，高频万用表红黑表笔分别接 3 号端子备针和 4 号端子备针，起动车辆，输出电压在 0～1 V 范围交替显示 0.1 V 与 0.9 V，10 s 不少于 8 次。如果不正常，检查信号线是否断路或短路，检查传感器本身是否损坏。

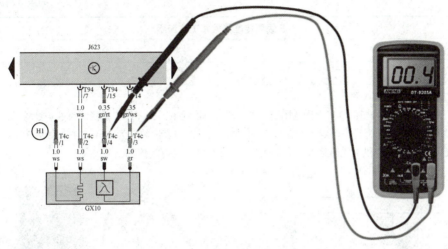

图3-7-17　氧传感器信号电压的检测

步骤 7：传感器线路检测

如图 3-7-18 所示，万用表选择 200 Ω 电阻挡，拔下氧传感器线束插头，分别测量 ECU 端子 T94/7、T94/15、T94/14 和氧传感器线束端 T4c/2、T4c/4、T4c/3 端子之间的电阻，将车辆点火开关置于 OFF 挡，此时万用表读数应为 0.5 Ω 左右；如果不正常，检查线路是否短路或断路。

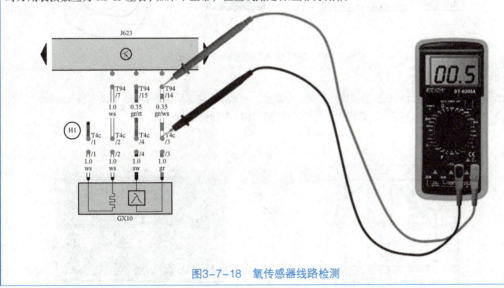

图3-7-18　氧传感器线路检测

空燃比传感器检修

2.5 线氧传感器检修工作流程
步骤1：读取故障码
步骤2：数据流读取
步骤3：加热器供电电压检测
选择万用表，校表后选择 20 V 直流电压挡，拔下氧传感器线束插头，红表笔接线束端 4 号端子，黑表笔接蓄电池负极可靠搭铁，将车辆点火开关置于 ON 挡，此时万用表读数应为 12 V 左右，如图 3-7-19 所示。如果不正常，检查 ECU 供电线路是否断路或短路，以及 ECU 是否有故障。 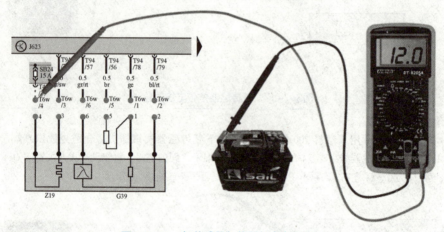 图3-7-19　氧传感器加热器供电电压检测
步骤4：加热器搭铁检测
选择示波器，连接备针到氧传感器加热器端 2 号端子，示波器连接 2 号端子备针，起动车辆，波形为方波，如图 3-7-20 所示；如果不正常，需检查 2 号端子线路及 J623 发动机控制单元。 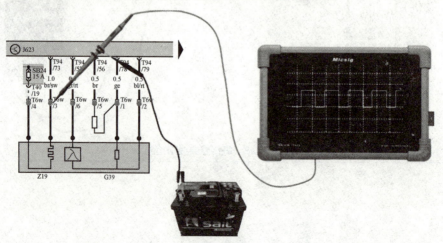 图3-7-20　氧传感器加热器搭铁检测

续表

步骤5：加热电阻阻值的检测

万用表选择100 kΩ电阻挡，拔下氧传感器线束插头，红、黑表笔分别接氧传感器加热器端3号端子和4号端子，此时万用表读数应为3 Ω左右，如图3-7-21所示；如果不正常，更换氧传感器。

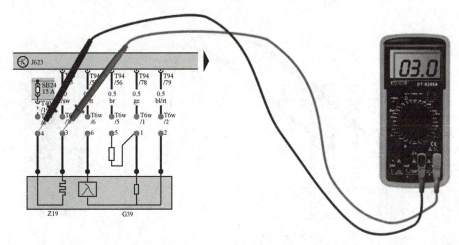

图3-7-21　氧传感器加热电阻阻值检测

步骤6：电池单元输出电压的检测

如图3-7-22所示，万用表选择20 V直流电压挡，安插备针于2号端子和6号端子，红黑表笔分别接2号端子和6号端子备针，起动车辆，输出电压值应为0.45 V左右，否则检查信号线是否断路或短路，检查传感器本身是否损坏。

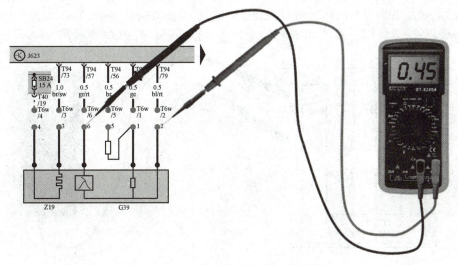

图3-7-22　电池单元输出电压的检测

续表

步骤7：信号电压的检测

如图 3-7-23 所示，安插备针于 1 号端子和 6 号端子，高频万用表红黑表笔分别接 1 号端子和 6 号端子备针，起动车辆，输入泵电流线上的电压会以 0.2～0.9 V 的幅度波动，在混合气从最浓变为最稀时，输入泵电流线上的电压变化幅度将大于 1.0 V。

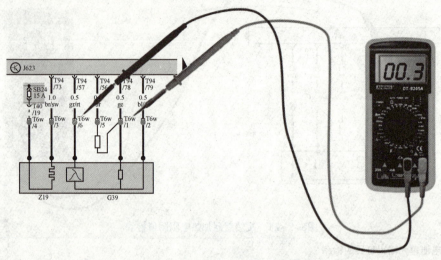

图3-7-23　氧传感器信号电压的检测

步骤8：传感器线路的检测

如图 3-7-24 所示，万用表选择 200 Ω 电阻挡，拔下氧传感器线束插头，拔下 ECU 线束插头，分别测量 ECU 端子 T94/73、T94/57、T94/78、T94/79 和氧传感器线束端 T6w/3、T6w/6、T6w/1、T6w/2 端子之间的电阻，将车辆点火开关置于 OFF 挡，此时万用表读数应小于 0.5 Ω；如果不正常，检查线路是否短路或断路。

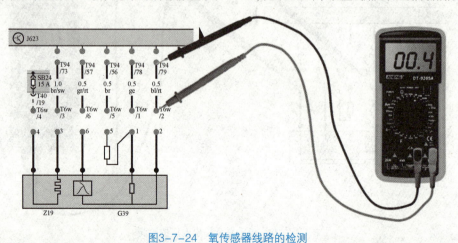

图3-7-24　氧传感器线路的检测

任务 3.7 氧传感器检修学生工作活页

姓名			班级		学号	
任务名称	任务 3.7 氧传感器检修		日期		组长	
任课教师				实训教师		
领任务	该车辆的故障现象是_____。					
车辆信息						
识电路	请画出实训车辆氧传感器电路图。					
会检测						

序号	名称	工具（挡位）、连接针脚号	测量值（单位）	标准值（单位）
步骤 1	发动机故障码读取			
步骤 2	数据流读取			
步骤 3	数据流分析			
步骤 4	加热器供电电压检测			
步骤 5	加热器搭铁线检测			
步骤 6	加热器阻值检测			
步骤 7	信号线检测			
步骤 8	传感器线路检测			

能维修			
请根据检测结果确定故障点及维修方案。			

任务评价	评价主体	评价等级	确认签字
	自评	优秀□ 良好□ 中等□ 及格□ 不及格□ （优秀比例不超过 20%，良好比例不超过 30%）	
	互评	优秀□ 良好□ 中等□ 及格□ 不及格□ （优秀比例不超过 20%，良好比例不超过 30%）	

任务 3.7 氧传感器检修工作评价活页

班级：　　　　　学号：　　　　　姓名：　　　　　日期：
按要求完成在□打√，未按要求完成在□打×并扣除对应分数，扣分不得超过该项的总分。

序号	评分项及配分标准	得分条件	得分	扣分
		工作评价活页（教师用）		
1	作业安全和职业操守（10分）	□1.能进行工位7S（整理、整顿、清理、清洁、素养、节约、安全）操作（4分） □2.能进行设备和工具安全检查（2分） □3.能进行工具、测量仪器清洁、校准、存放操作（2分） □4.能做到油液、水液、工具三不落地操作（2分）		
2	信息查询和资讯检索（10分）	1.能正确使用维修手册、维修电路图查询资料（6分） 　□1.1 查询相应类型氧传感器的拆装流程（2分） 　□1.2 查询氧传感器的控制电路图（2分） 　□1.3 查询氧传感器的安装位置（2分） 2.能在规定时间内查询氧传感器检测所需资料（4分） 　□2.1 能正确记录所查询资料章节页码（2分） 　□2.2 能正确记录所需检修信息（2分）		
3	保养、拆装、检测作业（50分）	1.读取故障码（10分） 　□1.1 故障诊断仪的连接与使用（4分） 　□1.2 读取氧传感器的故障码及数据流（6分） 2.4线氧传感器的检测（20分） 　□2.1 加热器供电的检测（4分） 　□2.2 加热器搭铁的检测（4分） 　□2.3 加热器阻值的检测（4分） 　□2.4 信号电压的检测（4分） 　□2.5 传感器线路检测（4分） 3.6线氧传感器的检测（20分） 　□3.1 加热器供电的检测（4分） 　□3.2 加热器搭铁的检测（4分） 　□3.3 加热器阻值的检测（4分） 　□3.4 信号电压的检测（4分） 　□3.5 氧化锆电池输出电压的检测（4分）		
4	诊断、检测、调校分析（10分）	□1.能判断氧传感器维修决策（6分） □2.能正确分析氧传感器数据流（4分）		
5	表单填写和报告撰写（10分）	□1.语句通顺（4分） □2.无错别字（2分） □3.无抄袭（4分）		
6	团队合作和沟通表达（10分）	□1.团队合作、集体责任、共同决策（5分） □2.沟通表达、交流分享、分工明确（5分）		
	合计			
	教师签字			

任务小结

任务小结　　思政：诚信——瓜子张　　任务测试　　企业案例

模块四　发动机电控点火系统检修

模块简介

点火系统的性能对发动机的工作影响很大，为此要求点火系统必须在发动机各种工况和使用条件下都能及时、可靠地点火。点火及时是要求点燃混合气的时间适当，汽油机最佳的点火时间应保证缸内最高压力点出现在压缩上止点后10°～15°，此时发动机的性能最好。点火可靠是指点火系统能产生足够高的电压及充足的点火能量，以保证能点燃气缸内的混合气。本项目包含5个学习任务，即认识发动机点火系统、点火线圈检修、曲轴位置传感器检修、凸轮轴位置传感器检修和爆震传感器检修。

学习目标

★ 知识目标

1. 熟悉点火系统主要零部件的安装位置及外部构造，并理解它们的作用（×初级）。
2. 理解点火系统的作用和工作原理（×中级）。
3. 熟悉点火系统各传感器的类型和基本结构（×中级）。
4. 了解点火系统各传感器的作用和工作原理（×高级＋大赛）。
5. 能够看懂点火系统相关电路图（×中级＋大赛）。

★ 能力目标

1. 能够检测火花塞、点火线圈，并分析、确认故障原因（×高级＋大赛）。
2. 能够检测曲轴位置传感器、凸轮轴位置传感器、爆震传感器，并分析、确认故障原因（×高级＋大赛）。
3. 能快速查询汽车维修资料、技术服务信息、用户手册和保养手册（×高级＋大赛）。
4. 学会基本检测工具的使用方法，能够根据测量结果判断传感器的好坏（×高级＋大赛）。
5. 能够使用工具正确检测各传感器（×高级＋大赛）。
6. 能正确查阅维修手册，能读懂相关电路图（×高级＋大赛）。

7. 能使用解码器对车辆进行基本检查，读取相关故障码，能读取相关元件的基本数据流（×高级＋大赛）。

8. 能熟练分析、判断元件故障和线路短路、断路等故障（×高级＋大赛）。

★ **素质目标**

1. 能够制订工作计划，独立完成工作学习任务。

2. 能够在工作过程中与小组其他成员合作、交流并进行学习任务分工，具备团队合作和安全操作的意识。

3. 养成服从管理、规范作业的良好工作习惯。

4. 培养安全工作的习惯。

★ **思政目标**

1. 爱国守法、崇德向善、诚实守信。

2. 爱岗敬业、积极进取、团结协作。

3. 热爱劳动、沟通流畅、勇于创新。

4. 精益求精、工匠精神、7S管理。

任务 4.1　认识发动机点火系统

任务描述

1. 任务要求

一辆装备 EA888 电控发动机的迈腾轿车,请对点火控制系统进行全面检查,确认点火系统每个元器件的位置。

2. 任务目标

(1)掌握点火系统的功用和构造(×初级)。
(2)能够准确找到点火系统各元器件的位置(×初级+大赛)。
(3)能够进行火花塞的常规维护和检测(×中级+大赛)。

3. 任务分组

对班级学生进行分组,6~8人一组,利用随机抽签的方法抽取本项目的项目经理。分组完成后,有序坐好,小组讨论制定组名、组训,营造小组凝聚力和文化氛围,并确定任务分工,完成任务单的填写。任务实施过程中,采用班组轮值制度,学生轮值担任项目经理、机电维修工程师、质检工程师、前台接待等角色,每个人都有锻炼组织协调项目管理、项目实施、项目验收能力的机会。通过小组协作,培养学生团队合作、互帮互助的精神和协同攻关的能力。

任务资讯

一、点火系统的作用

汽油发动机正常工作需满足三个条件,即良好的空气、燃油混合气,较高的压缩压力,正确的点火正时及强烈的火花。点火系统的主要功用是保证发动机在各种工况和使用条件下,气缸内都能适时、准确、可靠地产生电火花,点燃可燃混合气使发动机运转对外输出动力。

二、电控点火系统的分类

电控点火系统也称微机控制点火系统,是现代轿车广泛应用的一种新型点火系统。根据点火线圈的数量和高压电分配方式的不同,电控点火系统可分为单独点火方式点火系统和同时点火方式点火系统。

三、电控点火系统的工作原理

1. 电控点火系统的基本工作原理

1)电控点火系统的组成

电控点火系统主要由传感器(监测发动机运行状况)、ECU(处理信号和发出点火指令)、执行器(对点火指令做出响应的点火器和点火线圈)和火花塞等组成,如图4-1-1所示。

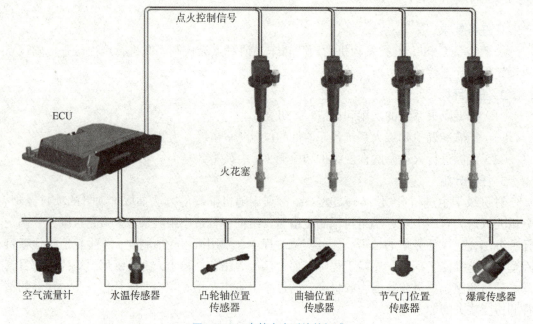

图4-1-1 电控点火系统的组成

2)电控点火系统的工作原理

传感器用来检测与点火有关的发动机工作的状况信息,并将检测结果输入ECU,作为计算和控制点火时刻的依据。这些传感器大多与燃油喷射系统、进气控制系统等电子控制系统共用。主要传感器有凸轮轴位置传感器、曲轴位置传感器、爆震传感器、进气管绝对压力传感器(或空气流量计)、节气门位置传感器和冷却液温度传感器等,如图4-1-2所示。

目前汽车发动机大多数采用集中控制系统,其中微机控制点火系统仅是ECU的一个子系统。ECU既是燃油喷射控制系统的控制核心,也是点火控制系统的控制核心。在ECU的只读存储器(ROM)中,除存储有监控和自检等程序之外,还存储有由台架试验测定的该型发动机在各种工况下的最佳点火提前角。随机存储器(RAM)用来存储微机工作时暂时需要存储的数据,如输入/输出数据、单片机运算得出的结果、故障代码、点火提前角修正数据等,这些数据根据需要可随时调用或被新的数据改写。CPU不断接收上述各种传感器发送的信号,并按预先编制的程序进行计算和判断后,向点火控制器发出最佳点火提前角和点火线圈初级电路导通时间的控制信号。

模块四 发动机电控点火系统检修

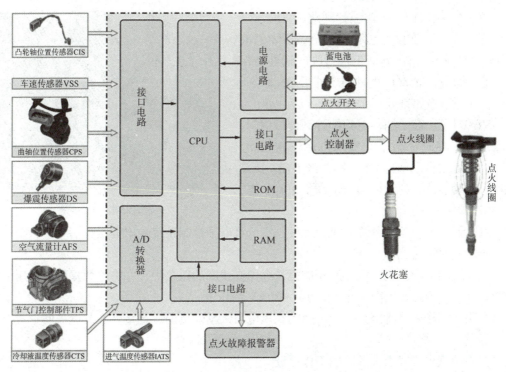

图4-1-2 电控点火系统的工作原理

蓄电池和发电机为发动机点火系统提供能量。发动机起动时，由蓄电池提供点火能量，发动机起动后，发电机就开始发电，由发电机提供点火能量，如图4-1-3所示。

图4-1-3 蓄电池和发电机

(a) 蓄电池；(b) 发电机

点火开关有4个挡位：LOCK挡、ACC挡、ON挡和START挡，如图4-1-4所示，它的作用是控制点火线圈的初级线路。

LOCK挡：锁止挡，此位置是钥匙插入和拔出的位置，此时车辆除了防盗系统和车内小灯以外，电路完全关闭，方向盘被锁止。锁车后钥匙会处于LOCK状态，此时钥匙门不仅锁住方向，同时切断全车电源。

ACC挡：附件通电挡，将钥匙拧到此位置时，附件用电路会接通，收音机等设备可用。ACC状态是接通汽车部分电气设备的电源，如CD、空调等。

ON 挡：接通挡，将钥匙拧到此位置时，全车电路接通，系统会为起动发动机做必要的准备工作和自检工作，车辆正常行驶时钥匙会保持在这个位置。正常行车时钥匙处于 ON 状态，这时全车所有电路都处于工作状态。

START 挡：起动挡，将钥匙拧到此位置时，起动机电路接通，会带动发动机运转并起动。松开后钥匙会自动回到 ON 挡。而 START 挡是发动机起动挡位，起动后会自动恢复正常状态，即 ON 挡。

图4-1-4 点火开关

点火器是电控点火系统的执行元件，它可将电子控制系统输出的点火信号进行功率放大，驱动点火线圈工作。

点火线圈可将火花塞跳火所需的能量存储在线圈的磁场中，并将电源提供的低压电转变为足以在电极间产生击穿点火的 15～20 kV 高压电。

火花塞的作用是将点火线圈产生的高压电引入发动机的燃烧室并在其电极间形成电火花，点燃可燃混合气。

2. 单独点火方式点火系统的工作原理

单独点火方式电控点火系统如图 4-1-5 所示。其特点是每个气缸一个点火线圈，即点火线圈的数量与气缸数相等。由于每个气缸都有各自独立的点火线圈，所以即使发动机的转速很高，点火线圈也有足够的通电时间，以保证足够高的点火能量。在发动机转速和点火能量相同的情况下，单位时间内通过点火线圈一次绕组回路的电流要小得多，点火线圈不易发热，且点火线圈的体积又可以非常小巧，一般直接将点火线圈压装在火花塞上。

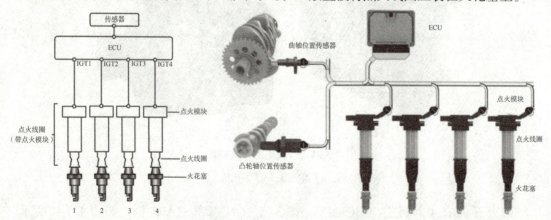

图4-1-5 单独点火方式点火系统

3. 同时点火方式点火系统的工作原理

同时点火方式电控点火系统如图 4-1-6 所示，其特点是活塞同时到达上止点位置的两个气缸（一个为压缩上止点，另一个为排气上止点）共用一个点火线圈，即点火线圈的数量等于气缸数的一半。点火线圈的高压线直接与火花塞相连，每个点火线圈连接两个缸的火花塞，两缸工作相位相差 360° 曲轴转角。

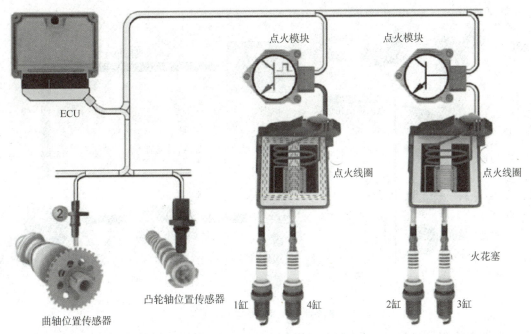

图4-1-6 同时点火方式点火系统

以六缸发动机为例，1缸和6缸、2缸和5缸、3缸和4缸的活塞分别同时到达上止点，称为同步缸，两同步缸共用一个点火线圈，两个缸的火花塞与共用的点火线圈中的二次绕组串联。当点火线圈一次绕组断电时，一个气缸接近压缩行程的上止点，火花塞跳火可点燃该缸的混合气，称为有效点火；而另一气缸接近排气行程的上止点，火花塞跳火不起作用，称为无效点火。由于处于排气行程气缸内的压力很低，加之废气中导电离子较多，其火花塞很容易被高压电击穿，消耗的能量就非常少，所以不会对压缩行程气缸点火产生影响。

四、电控点火系统的控制策略

电控点火系统的功能包括点火提前角控制、通电时间（闭合角）控制和爆燃控制三个方面。

电控点火系统的控制策略

1. 点火提前角控制

汽油机的转速、负荷一定时，其功率和耗油率随点火提前角的改变而变化。对应发动机每一工况都存在一个"最佳"点火提前角，对现代汽车而言，最佳的点火提前角应能保证发动机的动力性、经济性、排放性等综合性能达到最佳。电控点火系统对点火提前角的控制方法，在发动机起动时和起动后是不同的，如图4-1-7所示。

1）起动时点火提前角的控制

发动机起动时，按ECU内存储的初始点火提前角（设定值）对点火提前角进行控制。起动时点火提前角的设定值随发动机而异，对一定的发动机而言，起动时的点火提前角是固定的，一般为10°左右。

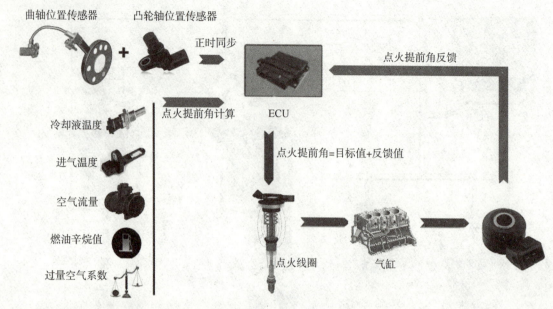

图4-1-7 点火提前角控制

在发动机起动过程中,发动机转速变化大,且由于转速较低(一般低于500 r/min),进气管绝对压力传感器信号或空气流量计信号不稳定,ECU无法正确计算点火提前角,一般将点火时刻固定在设定的初始点火提前角。此时的控制信号主要是发动机转速信号(Ne信号)和起动开关信号(STA信号)。

2)起动后点火提前角的控制

发动机正常运转时(起动后),发动机ECU根据发动机的转速和负荷信号,确定基本点火提前角,并根据其他有关信号进行修正,最后确定实际的点火提前角,并向电子点火控制器输出点火指令信号,以控制点火系统的工作。

最佳点火提前角 = 初始点火提前角 + 基本点火提前角 + 修正点火提前角(或点火延迟角)。

(1)初始点火提前角。

为了控制点火正时,电控单元根据上止点位置来确定点火提前角。在一些微电子控制点火系统中,有些发动机电控单元把G1或G2信号出现后第一个Ne信号过零点定为压缩行程上止点前10°,并以这个角度作为点火正时计算的基准点,称之为初始点火提前角,其大小随发动机而异。

(2)基本点火提前角。

发动机正常运转时,电控单元按怠速工况和非怠速工况两种情况,确定基本点火提前角。

发动机处于怠速工况时,电控单元根据节气门位置信号、发动机转速信号及空调开关信号,确定基本点火提前角,如图4-1-8所示。

发动机处于非怠速工况时,电控单元根据发动机转速和节气门位置信号,从预置在储存器中的数据表

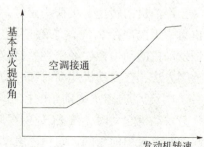

图4-1-8 怠速工况基本点火提前角变化规律

中查出相应的基本点火提前角，如图 4-1-9 所示。

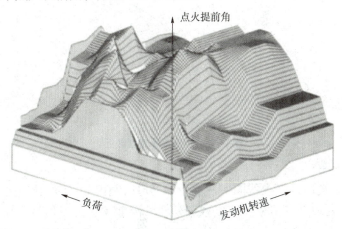

图 4-1-9　非怠速工况基本点火提前角变化规律

（3）修正点火提前角。

①暖机修正。发动机冷车起动后，冷却水温度较低时，应增大点火提前角。在暖机过程中，随冷却水温度的升高，点火提前角修正值逐渐减小，如图 4-1-10 所示。发动机暖机修正的主要控制信号包括冷却水温度信号（THW）、空气流量信号、节气门位置信号等。

②过热修正。发动机处于正常运行工况时，若冷却水温度过高，为了避免产生爆震，应将点火提前角推迟。发动机处于怠速工况时，若冷却水温度过高，为了避免发动机长时间过热，应将点火提前角增大。过热修正的主要控制信号包括冷却水温度信号（THW）、节气门位置信号等。

③空燃比反馈修正。装有氧传感器的电控汽油喷射系统，其电控单元根据氧传感器的反馈信号对空燃比进行修正。随着修正喷油量的增加或减少，发动机转速在一定范围内波动。为了高怠速的稳定性，在反馈修正喷油量减少时，点火提前角相应地增加，如图 4-1-11 所示。空燃比反馈修正的控制信号主要有氧传感器信号（OX）、节气门位置信号（IDL）、冷却水温度信号（THW）、车速信号等。

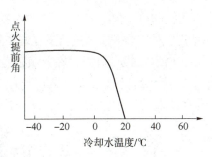

图 4-1-10　暖机修正曲线

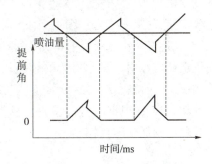

图 4-1-11　空燃比反馈修正

④怠速稳定性修正。发动机处于怠速工况时，电控单元不断地计算发动机的平均转速，当发动机的转速低于规定的怠速转速时，电控单元根据实际转速与目标转速差值的大小相应地增大点火提前角；当发动机转速高于目标转速时，则减小点火提前角，如图 4-1-12 所示。

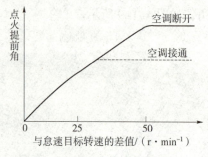

图4-1-12 怠速稳定性修正

2. 通电时间控制

在电控点火系统中，点火线圈一次绕组的通电时间由 ECU 控制。通电时间控制模型存储在 ECU 内，发动机工作时，ECU 根据发动机转速信号（Ne 信号）和电源电压信号确定合适的通电时间，并向点火器输出指令信号（IGT 信号），以控制点火器中晶体管的导通时间。随发动机转速提高和电源电压下降，通电时间增长。

在电控点火系统中，为了减小转速对二次电压的影响，提高点火能量，采用了一次绕组电阻很小的高能点火线圈，其一次电流最高可达 30 A 以上。为了防止一次电流过大烧坏点火线圈，在部分电控点火系统中，除对点火线圈一次绕组的通电时间进行控制外，还增加了对其一次电流进行控制的恒流控制电路，以保证在任何转速下的一次电流均为规定值（7 A）。恒流控制的基本方法是在点火器功率晶体管的输出回路中增设一个电流检测电阻器，用电流在该电阻器上形成的电压降反馈控制晶体管的基极电流，只要这种反馈为负反馈，就可使晶体管的集电极电流稳定，从而实现恒流控制。

3. 爆燃控制

点火提前角是影响爆燃的主要因素之一，推迟点火（即减小点火提前角）是消除爆燃的最有效措施。在电控点火系统中，ECU 根据爆燃传感器信号，判定有无发生爆燃及爆燃的强度，并根据其判定结果对点火提前角进行反馈控制，使发动机工作于爆燃的边缘，既能防止爆燃发生，又能有效地提高发动机的动力性和经济性。ECU 则根据爆震传感器电压信号判断发动机是否发生爆燃及爆燃的强度。有爆燃时，则逐渐减小点火提前角（推迟点火），直到爆燃消失为止。无爆燃时，则逐渐增大点火提前角（提前点火），当再次出现爆燃时，ECU 又开始逐渐减小点火提前角，爆燃控制过程就是对点火提前角进行反复调整的过程。

发动机负荷较小时，发生爆燃的倾向几乎为零，所以电控点火系统在此负荷范围内采用开环控制模式。而当发动机的负荷超过一定值时，电控点火系统自动转入闭环控制模式。发动机工作时，ECU 根据节气门位置传感器信号判断发动机的负荷大小，从而决定点火系统采用开环控制还是闭环控制。

五、火花塞的检修

1. 火花塞的作用

火花塞功能结构

火花塞的功用是将点火线圈产生的高压电引入燃烧室，并在电极间产生电火花以点燃混合气，如图 4-1-13（a）所示。

2. 火花塞的结构

火花塞主要由中心电极、侧电极、壳体和绝缘体等组成，其构造如图 4-1-13（b）所示。火花塞的绝缘体固定在钢制壳体内，以保证中心电极与侧电极之间绝缘。在绝缘体中心孔中装有金属杆和中心电极，金属杆顶端与分高压线插线螺母相连，金属杆底端与中心电极之间用导体玻璃密封。中心电极用镍-锰合金制成，具有良好的耐高温、耐腐蚀和导电性能。壳体下端是弯曲的侧电极，它与中心电极之间保持一定的间隙。火花塞通过壳体上的螺纹安装在气缸盖上，铜制密封垫圈可起到密封和传热的功用。

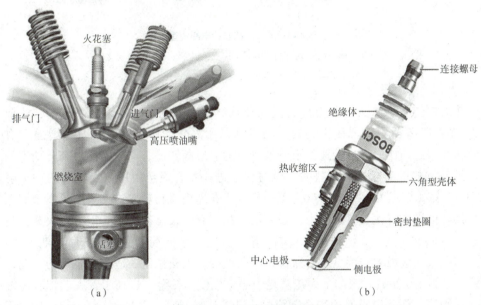

图4-1-13 火花塞的位置和结构
（a）火花塞位置；（b）火花塞结构

3. 火花塞的分类

常见火花塞品牌如图 4-1-14 所示。

图4-1-14 火花塞的品牌

1）火花塞的电极类型

火花塞按照电极个数，可分为单侧电极、双侧电极、三侧电极和四侧电极，如图 4-1-15 所示。传统单侧电极火花塞的火焰核位于中央电极与侧电极之间，热量较多地被侧电极吸收从而抑制了火焰核的增大，即"消焰作用"明显，这就降低了此类型火花塞的跳火性能。三侧电极火花塞的三个接地电极位于中央电极四周，消除了单侧电极火花塞中央电极被侧电极遮挡的缺点，削弱了"消焰作用"，火花能量较大，拥有更好的跳火性能。

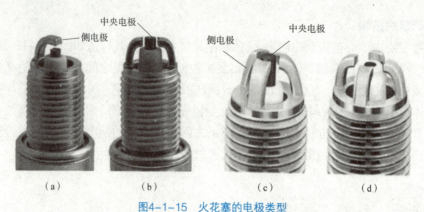

图4-1-15 火花塞的电极类型

（a）单侧电极；（b）双侧电极；（c）三侧电极；（d）四侧电极

2）火花塞的电极材料

火花塞材质等级分类大致有镍合金火花塞、铂金火花塞、铱铂金火花塞、铱金火花塞，如图4-1-16所示。现在主流的发动机都采用涡轮增压、缸内直喷等增强动力的技术，升功率、压缩比、最高转速都不断攀升。为适应高转速、高压缩比、高升功率的"三高"汽油发动机的需求，火花塞的电极材料也进一步升级至使用熔点较高的铂（熔点为1 772 ℃）、铱（熔点为（2 410±40）℃）作为火花塞电极材料。这类采用了贵金属电极的火花塞具有极高的抗化学腐蚀能力，在使用寿命上有了长足的进步。镍合金火花塞是火花塞中最为普通的一种，无法适用于高端车辆，只适用于低端车型，其寿命周期为2万km左右。铂金火花塞最大的特点是寿命长，耐久性好，火花稳定，适合更恶劣的工况，其寿命周期为4万km左右。铱铂金火花塞是中心电极使用铱金，提高了着火性，改善发动机点火的灵敏度，而侧电极使用铂金制成的火花塞。铱铂金火花塞寿命在6万~10万km。铱金材料具有高硬度、高抗腐蚀性和高熔点的特点，其火花塞性能是最好的，并且铱金是最抗腐蚀和最耐磨的贵金属，可以满足大功率发动机的需求，并且可以承受高温，使得电极不易被熔化和损坏，相应其价格也较高，在几十块到几百块之间，铱金火花塞可以在行驶里程达6万~8万km时进行更换。

图4-1-16 火花塞的电极材料

（a）镍合金火花塞；（b）铂金火花塞；（c）铱铂金火花塞；（d）铱金火花塞

3）火花塞的热特性

发动机工作时，火花塞绝缘体裙部的温度对其工作性能有很大影响。温度过低，落在火花塞绝缘体裙部上的汽油或润滑油容易形成积炭，导致火花塞漏电而不跳火；温度过高，则容易引起发动机早燃和爆燃。火花塞绝缘体裙部温度保持在 500～700 ℃时，既能使落上的油粒立即燃烧，又不至于引起发动机早燃和爆燃，该温度称为火花塞的自洁温度。若将汽油发动机燃烧室的温度控制在 500～850 ℃这个范围内就能够有效避免火花塞提前跳火及火花塞头部过热；同时也能够有效清除气缸燃烧残留物，避免气缸失火。火花塞绝缘体裙部的温度取决于其受热情况和散热条件。火花塞绝缘体裙部长，则受热面积大而传热距离长，工作时温度就高；火花塞绝缘体裙部短，则受热面积小而传热距离短，工作温度低。国产火花塞的热特性就是用火花塞绝缘体裙部长度标定的热值来表示的。火花塞热值表示火花塞绝缘体裙部吸热与散热的平衡能力。热值越高，表示火花塞的吸热与散热平衡能力越强，火花塞从燃烧室导出热量的速度越快，火花塞的工作温度越低，这样的火花塞称为冷型火花塞；相反，热值越低，表示火花塞的吸热与散热平衡能力越差，火花塞从燃烧室导出热量的速度越慢，火花塞的工作温度越高，这样的火花塞称为热型火花塞，如图 4-1-17 所示。

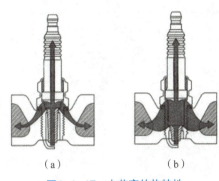

图4-1-17　火花塞的热特性
（a）热型；（b）冷型

火花塞的热值代号从 1～11，热值代号为 1～3 的称热型火花塞，热值代号为 4～6 的称中型火花塞，热值代号为 7～11 的称冷型火花塞。为保证发动机的正常工作，不同的发动机应配用不同热值的火花塞。热型火花塞适用于压缩比低、转速低、功率小的发动机，冷型火花塞则适用于压缩比高、转速高、功率较大的发动机。如大众 EA1111.6 原装火花塞采用博世 F7HER2 型号的火花塞，表示热值为 7、火花塞间隙 0.9 mm、螺纹直径 14 mm、长 22 mm 的火花塞，如图 4-1-18 所示。

图4-1-18　大众EA1111.6原装火花塞

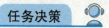

任务决策

任务 4.1 认识发动机点火系统任务单

组名			
组训			
项目经理（组长）	学号：		姓名：
团队成员	学号	角色	具体分工
任课教师		实训教师	
领任务	一辆装备 EA888 电控发动机的迈腾轿车，请对点火控制系统进行全面检查，确认点火系统每个元器件的位置。		
明作用	1.汽油发动机正常工作需满足三个条件，即＿＿＿＿＿＿，较高的＿＿＿＿＿＿，正确的＿＿＿＿＿＿及强烈的火花。 2.点火系统的主要功用是保证发动机在各种工况和使用条件下，气缸内都能＿＿＿＿＿＿、＿＿＿＿＿＿、＿＿＿＿＿＿地产生＿＿＿＿＿＿，点燃可燃混合气使发动机运转对外输出动力。		
懂原理	1.常见点火系统类型分为＿＿＿＿＿＿和＿＿＿＿＿＿两种。 2.电控电子点火系统的功能包括＿＿＿＿＿＿、＿＿＿＿＿＿和＿＿＿＿＿＿三个方面。 3.请根据图 4-1-5 简要说明单独点火方式点火系统的工作原理。 4.请根据图 4-1-6 简要说明同时点火方式点火系统的工作原理。		
请画出点火系统的组成和元器件功能的思维导图			

任务实施

请按照以下工作手册，进行检修工作流程。

任务 4.1 认识发动机点火系统工作手册

火花塞维护

1. 认识电控点火系统

步骤 1：认识电控点火系统基本组成

电控点火系统的基本组成如图 4-1-19 所示。

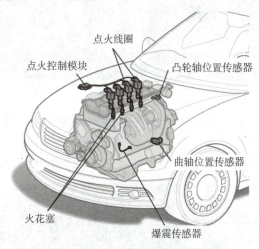

图 4-1-19　电控点火系统基本组成

步骤 2：查找点火线圈位置

安装位置：点火线圈位于发动机顶部位置，如图 4-1-20 所示。

图 4-1-20　点火线圈位置及其位置

续表

步骤3：查找火花塞位置

火花塞位置如图4-1-21所示。

图4-1-21　火花塞位置及其位置

步骤4：查找曲轴位置传感器位置

曲轴位置传感器既用于发动机曲轴位置、上止点位置的测定，又用于发动机转速的测定，如图4-1-22所示。

图4-1-22　曲轴位置传感器及其位置

步骤5：查找凸轮轴位置传感器位置

凸轮轴位置传感器（G信号）的功用是采集配气凸轮轴的位置信号，并输入ECU，以使ECU识别气缸1压缩上止点，从而进行顺序喷油控制、点火时刻控制和爆燃控制，如图4-1-23所示。

 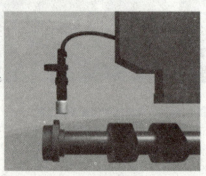 

图4-1-23　凸轮轴位置传感器及其位置

续表

步骤6：查找爆震传感器位置

爆震传感器将发动机爆震信号转化为电信号传递给 ECU，ECU 根据爆震信号对点火提前进行修正，使点火提前角保持最佳值，如图 4-1-24 所示。

图4-1-24　爆震传感器及其位置

步骤7：查找发动机 ECU

发动机 ECU 如图 4-1-25 所示。

图4-1-25　发动机ECU及其位置

2. 火花塞检修流程

步骤1：火花塞外观检查

火花塞在高温、高压的环境下工作，而且还要受燃油中添加剂的腐蚀，是易损零件。火花塞常见故障是绝缘体裂损、电极烧蚀、积炭、电极间隙失准等。故障火花塞包括火花塞有油污或积炭、绝缘体出现裂纹、电极有熔化或端部被削等，如图 4-1-26 所示。火花塞积炭较轻时，可用铜丝刷或软钢丝刷进行清理，积炭严重或绝缘体裂损、电极烧蚀时必须更换。火花塞电极间隙可用塞尺测量，若不符合规定标准，应用专用工具弯曲侧电极来调整。当存在裂纹、电极受污、间隙磨损或过大时，就不会产生火花。当火花塞间隙过小时，可能发生熄弧效应。此时即使产生火花也不能引燃燃料。如果使用的火花塞热值不适宜，就会造成火花塞电极积炭或熔化。

续表

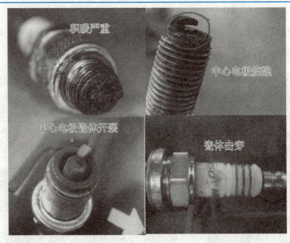

图4-1-26　火花塞外观检查

步骤2：火花塞颜色检查

拆下火花塞观察，如为赤褐色或铁锈色，表明火花塞正常，如图4-1-27所示；如为渍油状，表明火花塞间隙失调或供油过多，高压线短路或断路；如为烟熏之黑色，表明火花塞冷热型选错或混合气浓，机油上窜。如顶端与电极间有沉积物，当为油性沉积物时，说明气缸窜机油，与火花塞无关；当为黑色沉积物时，说明火花塞积炭而旁路；当为灰色沉积物时，则是汽油中添加剂覆盖电极导致缺火。若严重烧蚀，如顶端起疤、有黑色花纹破裂、电极熔化，表明火花塞损坏。

火花塞正常颜色　　　　　　火花塞浸湿（烧机油）　　火花塞熏黑　　燃烧残渣物堆积　　生锈

图4-1-27　火花塞颜色检查

步骤3：火花塞清洁

如火花塞上有积炭、积油等时可用汽油或煤油、丙酮溶剂浸泡，待积炭软化后，用非金属刷刷净电极上和瓷芯与壳体空腔内的积炭，用压缩空气吹干，切不可用刀刮、砂纸打磨或汽油烧，以防损坏电极和瓷质绝缘体。有条件的话可使用火花塞清洁器进行清洁，如图4-1-28所示，空气压力应低于588 kPa，时间不大于20 s。

续表

图4-1-28　火花塞清洁器

步骤4：火花塞间隙检查与调整

　　间隙测量用专用量规检查，如图4-1-29所示。间隙调整应用专用工具扳动侧电极来调整，不能扳动或敲击中心电极。调整多极性火花塞间隙时，应尽可能使各侧电极与中心电极间隙一致。某些车型（如丰田）要求不能调整火花塞间隙，如间隙不合适则更换新的火花塞。丰田1ZR发动机的火花塞间隙标准值为1.0～1.1 mm，最大使用间隙为1.3 mm。

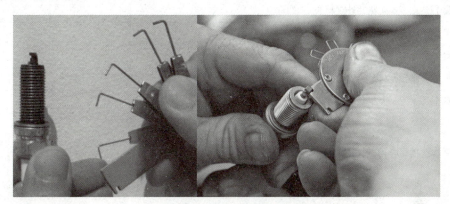

图4-1-29　火花塞间隙检查

步骤5：火花塞电阻检测

　　用兆欧表测量火花塞的绝缘电阻，应大于10 kΩ，如图4-1-30所示。

图4-1-30　火花塞电阻检测

任务 4.1 认识发动机点火系统学生工作活页

姓名		班级		学号	
任务名称	任务 4.1 认识发动机点火系统	日期		组长	
任课教师			实训教师		
车辆信息					

会检测					
序号	名称	位置		端子数	备注
步骤 1	点火线圈				
步骤 2	火花塞				
步骤 3	曲轴位置传感器				
步骤 4	凸轮轴位置传感器				
步骤 5	爆震传感器				
步骤 6	ECU				
序号	名称	工具（挡位）		测量值（单位）	标准值（单位）
步骤 1	火花塞外观检查				
步骤 2	火花塞颜色检查				
步骤 3	火花塞清洁				
步骤 4	火花塞间隙检查调整				
步骤 5	火花塞电阻检测				

善分享
请分享本次项目学习的关键要点和心得收获。
不足之处：

任务评价	评价主体	评价等级	确认签字
	自评	优秀□　良好□　中等□　及格□　不及格□ （优秀比例不超过 20%，良好比例不超过 30%）	
	互评	优秀□　良好□　中等□　及格□　不及格□ （优秀比例不超过 20%，良好比例不超过 30%）	

任务 4.1 认识点火系统工作评价活页

班级：　　　　　学号：　　　　　姓名：　　　　　日期：

按要求完成在□打√，未按要求完成在□打×并扣除对应分数，扣分不得超过该项的总分。

工作评价活页（教师用）					
序号	评分项及配分标准	得分条件		得分	扣分
1	作业安全和职业操守（10分）	□1. 能进行工位7S（整理、整顿、清理、清洁、素养、节约、安全）操作（4分） □2. 能进行设备和工具安全检查（2分） □3. 能进行工具、测量仪器清洁、校准、存放操作（2分） □4. 能做到油液、水液、工具三不落地操作（2分）			
2	信息查询和资讯检索（10分）	1. 能正确使用维修手册、维修电路图查询资料（6分） 　□1.1 查询点火系统的拆装流程（3分） 　□1.2 查询点火系统接线端子的功用（3分） 2. 能在规定时间内查询点火系统测量所需资料（4分） 　□2.1 能正确记录所查询资料章节页码（2分） 　□2.2 能正确记录所需检修信息（2分）			
3	保养、拆装、检测作业（50分）	1. 拆装点火系统（10分） 　□1.1 检查准备测量仪器，查阅了解拆装顺序（5分） 　□1.2 拆卸点火系统线束插接器（5分） 2. 查找点火系统各元器件的位置（30分） 　□2.1 点火线圈位置（5分） 　□2.2 火花塞位置（5分） 　□2.3 曲轴位置传感器位置（5分） 　□2.4 凸轮轴位置传感器位置（5分） 　□2.5 爆震传感器位置（5分） 　□2.6 发动机ECU（5分） 3. □火花塞检修（10分）			
4	诊断、检测、调校分析（10分）	□1. 能找到点火系统各零部件位置（6分） □2. 能划分点火系统的子系统（4分）			
5	表单填写和报告撰写（10分）	□1. 语句通顺（4分） □2. 无错别字（2分） □3. 无抄袭（4分）			
6	团队合作和沟通表达（10分）	□1. 团队合作、集体责任、共同决策（5分） □2. 沟通表达、交流分享、分工明确（5分）			
合计						
教师签字						

任务小结

　任务小结　　思政：一丝不苟，知行合一　　任务测试　　企业案例

任务 4.2　点火线圈检修

任务描述

1. 任务要求

一辆迈腾轿车，车主反映发动机故障指示灯常亮，发动机怠速不良。经过对点火系统的全面检测，确认为点火线圈故障。

2. 任务目标

（1）掌握点火线圈的工作原理（×中级）。

（2）能检测点火线圈，并分析、确认故障原因（×高级＋大赛）。

3. 任务分组

对班级学生进行分组，6～8人一组，利用随机抽签的方法抽取本项目的项目经理。分组完成后，有序坐好，小组讨论制定组名、组训，营造小组凝聚力和文化氛围，并确定任务分工，完成任务单的填写。任务实施过程中，采用班组轮值制度，学生轮值担任项目经理、机电维修工程师、质检工程师、前台接待等角色，每个人都有锻炼组织协调项目管理、项目实施、项目验收能力的机会。通过小组协作，培养学生团队合作、互帮互助的精神和协同攻关的能力。

任务资讯

一、点火线圈的功用

点火线圈是产生点火所需高压电的一种变压器，它将 12 V 的低压电转变成 15～20 kV 的高压电。

二、点火线圈的工作原理

独立点火线圈的工作原理

1. 点火线圈的位置

点火线圈位于发动机气缸盖火花塞的顶部，如图 4-2-1 所示。

2. 独立点火线圈的结构

独立点火线圈主要由插头、点火模块、磁盘、低压线圈、高压线圈和高压电阻等组成，如图 4-2-2 所示。点火线圈集高压点火线和点火线圈触发模块（驱动芯片）于一身，可减少能量损失，增进燃烧，提高能效。一个气缸分配一个点火线圈，可以减少电池辐射，提高车内电子装置的稳定性。独立点火高压线圈可安装在凸轮轴的中间，也就是气缸上的位置，可充分利用间隙空间，令发动机布局更简洁合理。由于每个气缸都配置了单独的点火线圈，所以各个气缸之间的点火相互独立，保证了点火能量，避免互相干扰。

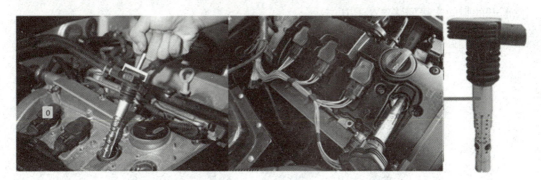

图4-2-1　点火线圈的位置

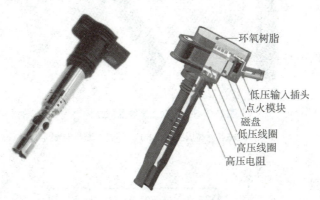

图4-2-2　点火线圈的结构

新技术：分离式独立点火高压线圈

独立点火线圈可分为一体式点火高压线圈和分离式点火高压线圈，如图4-2-3所示。一体式点火高压线圈为一整体不可分离，顶端的头部较小，里面是驱动芯片，高压护套（高压接杆）内部有初级线圈和次级线圈，为整支设计，高压接杆不可分离。其优点就是布局简洁和省空间；缺点是初级线圈和次级线圈的位置被设计到发动机气缸上面，导致高温下散热不良。分离式点火线圈的初级线圈和次级线圈、驱动芯片均在点火线圈头部，头部体积较大，高压接杆可分离，而新推出的汽车，均改为这种分离式点火高压线圈，其优点是有更高的点火能量输出，燃烧效率更高；散热效果更好，寿命更长；分离式点火高压线圈的线圈部分和驱动芯片均在发动机外部，这种设计可更好地控制点火高压线圈的工作温度，直接避免了点火高压线圈温度过高的问题出现。

3. 独立点火线圈的工作原理

发动机工作时，ECU根据接收到的各传感器信号，按存储器中存储的有关程序和相关数据，确定出该工况下最佳点火提前角和点火线圈初级电路闭合角（即通电时间），并以此向点火模块发出指令。点火模块则根据ECU的指令，控制点火线圈初级电路的导通和截止。点火线圈由初级绕组、次级绕组和铁芯组成,基本原理是变压器原理。点火线圈工作必须具备初级回路、次级回路和初级回路通断控制。如图 4-2-4 所示,电路图初级回路由发动机 ECU 提供 12 V 供电,然后经过初级绕组至发动机 ECU 搭铁;次级回路由搭铁至火花塞至次级绕组至搭铁;初级回路通断是由发动机 ECU 控制的,点火线圈在初级回路断开的瞬间次级回路产生高压。

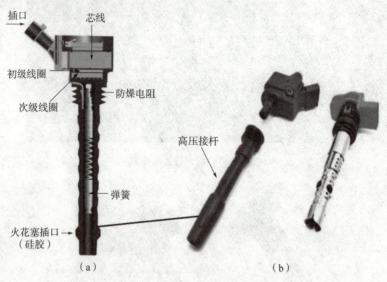

图4-2-3　独立点火线圈的结构
(a)分离式点火高压线圈;(b)一体式点火高压线圈

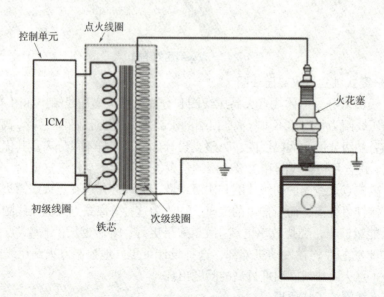

图4-2-4　独立点火线圈的工作原理

如图 4-2-5 所示,为丰田车系 4 线带反馈线的点火线圈电路图。丰田车系点火线圈共有 4 个端子,其中 1 号端子为供电线、2 号端子为信号线、3 号端子为反馈线、4 号端子为搭铁线。初级回路为蓄电池正级供电,通过点火线圈 1 号端子至初级线圈,然后经过三极管，通过点火线圈 4 号端子至搭铁；次级回路由蓄电池正极通过点火线圈 1 号端子至次级线圈，然后至火花塞，最后搭铁。2 号端子为信号线，通过该信号线控制初级回路的通断，从而使次级线圈回路产生高压。3 号端子为反馈线，当火花塞点火成功，会传递信号给 3 号线，3 号线将点火确认信息发送给 ECU，4 个点火线圈共用同一根反馈线。

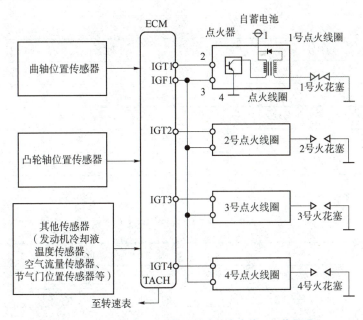

图 4-2-5　丰田车系 4 线带反馈线的点火线圈工作原理

4. 同时点火点火线圈的工作原理

如图 4-2-6 所示，初级回路由发动机 ECU 提供 12 V 供电，然后经过初级绕组至发动机 ECU 搭铁；次级回路由搭铁至火花塞至次级绕组至火花塞搭铁；初级回路通断控制是由发动机 ECU 控制的。

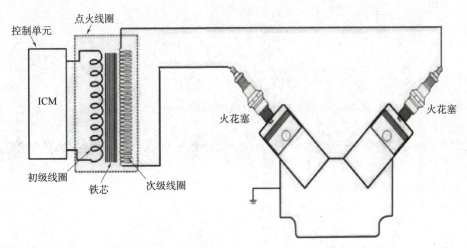

图 4-2-6　同时点火点火线圈的工作原理

任务决策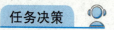

任务 4.2 点火线圈检修任务单

组名				
组训				
项目经理（组长）	学号：		姓名：	
团队成员	学号	角色		具体分工
任课教师			实训教师	
领任务	该车辆的故障现象是_____。				
明作用	点火线圈是产生点火所需_____的一种_____，它将_____的低压电转变成_____的高压电。				
找位置	点火线圈位于_____。				
懂原理	1. 独立点火线圈可分为_____和_____两种。 2. 请根据图 4-2-4 找出初级回路、次级回路及初级回路控制。 3. 请根据图 4-2-5 说明丰田车系 4 线带反馈线的点火线圈工作原理。 				

续表

控制电路分析

如图 4-2-7 所示迈腾 B8L 发动机点火线圈电路，共有 4 个端子，其中 1 号端子为供电端子，2 号端子和 4 号端子为搭铁端子，3 号端子为信号端子。初级回路：蓄电池 B+ → 1 号端子 → 初级线圈 → 三极管 → 2 号端子至搭铁；次级回路：火花塞 → 次级线圈 → 4 号端子 → 搭铁。J623 通过 3 号端子控制三极管导通或截止使初级回路通断，从而次级产生高压电。蓄电池供电经过主继电器 J271（30 和 57 端子）和保险 SB10 给点火线圈 1 号端子供电，4 个点火线圈共用一个供电线。

迈腾发动机点火线圈（4 线）电路

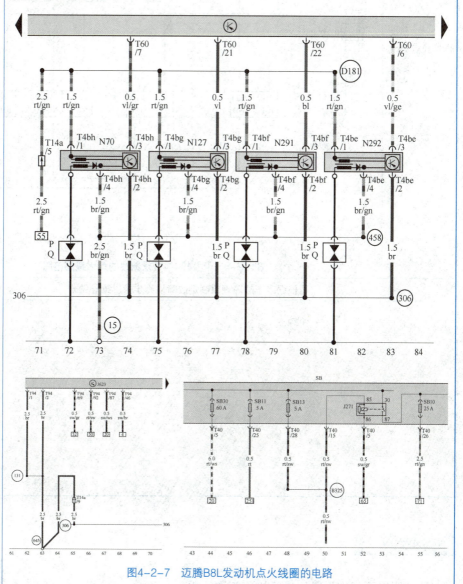

图 4-2-7　迈腾 B8L 发动机点火线圈的电路

续表

卡罗拉点火线圈（4线）电路	如图4-2-8所示卡罗拉4线带反馈线的点火线圈电路，共有4个端子，其中1号端子为供电端子，3号端子为信号端子，2号端子为反馈信号端子，4号端子为搭铁端子。4个点火线圈共用同一根反馈线。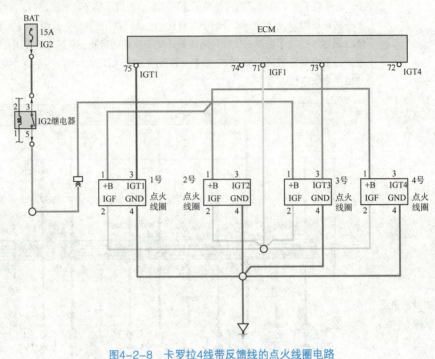图4-2-8 卡罗拉4线带反馈线的点火线圈电路
请根据本车故障现象制定故障检修步骤思维导图	

任务实施

请按照以下工作手册，进行检修工作流程。

独立点火线圈检修

任务 4.2 点火线圈检修工作手册

1. 迈腾点火线圈（4 线）检修工作流程

步骤 1：读取故障码

用故障诊断仪的"读取故障码"功能，检查点火线圈的工作情况。选择"读取故障码"功能，读取点火线圈的故障码。

步骤 2：读取数据流

用故障诊断仪的"读取数据流"功能检查点火线圈失火数。如果发动机某缸不工作，发动机会记录该缸的失火数，如图 4-2-9 所示。

图4-2-9　点火线圈的数据流

步骤 3：点火线圈供电电压检测

拔下点火线圈线束插头，万用表选择 20 V 直流电压挡，红表笔接点火线圈线束端 1 号端子，黑表笔接蓄电池负极可靠搭铁，将点火开关置于 ON 挡，此时读数为蓄电池电压，如图 4-2-10 所示。

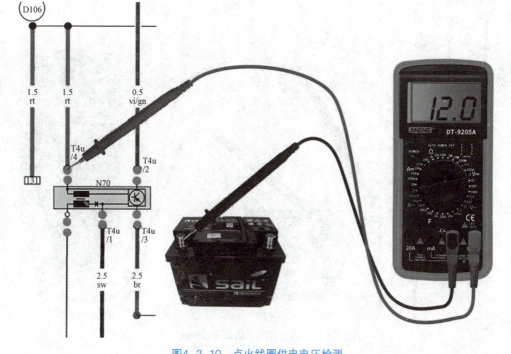

图4-2-10　点火线圈供电电压检测

续表

如果读数为零,则检查主继电器 J271、保险 SB10 和供电线路是否断路或者短路;主继电器 J271 和保险 SB10 具体位置如图 4-2-11 所示,检测方法不再赘述。

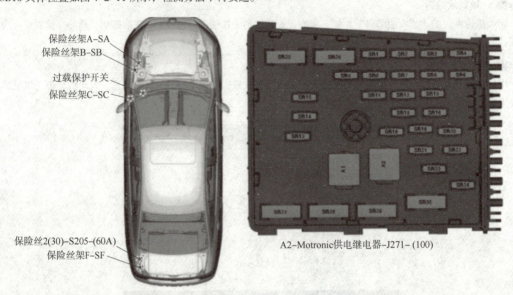

图4-2-11　主继电器J271和保险SB10位置

步骤 4:搭铁线(初级回路)检测

拔下点火线圈线束插头,万用表选择 200 Ω 电阻挡,红表笔接线束端 2 号端子,黑表笔接蓄电池负极可靠搭铁,此时读数为 0,如图 4-2-12 所示。

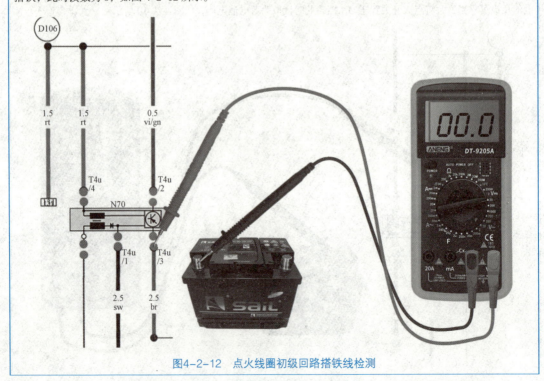

图4-2-12　点火线圈初级回路搭铁线检测

续表

步骤5：搭铁线（次级回路）检测

拔下点火线圈线束插头，万用表选择200Ω电阻挡，红表笔接线束端4号端子，黑表笔接蓄电池负极可靠搭铁，此时读数为0，如图4-2-13所示。

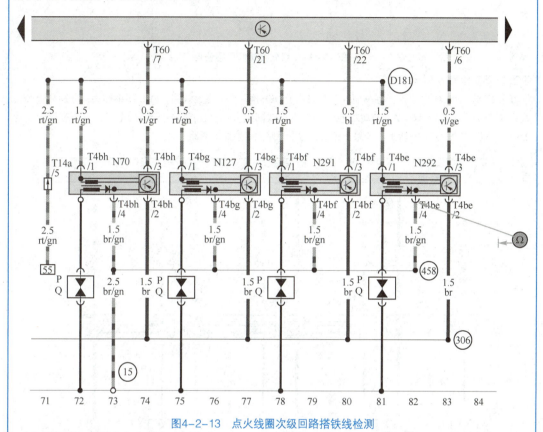

图4-2-13　点火线圈次级回路搭铁线检测

步骤6：信号线检测

试灯夹子连接在蓄电池负极，试灯连接在3号端子上，起动车辆，此时试灯闪亮，如图4-2-14所示。

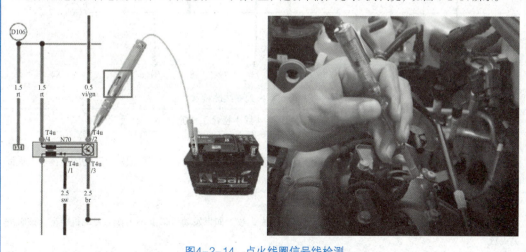

图4-2-14　点火线圈信号线检测

续表

或者用故障诊断仪的"读取波形"功能读取点火线圈信号波形。点火线圈信号波形为方波,如图4-2-15所示。

图4-2-15 点火线圈信号线波形

步骤7:线路检测

万用表选择200 Ω 电阻挡,将车辆点火开关置于OFF挡,拔下点火线圈、ECU线束插头,分别测量ECU线束端T60/6、T60/7、T60/21、T60/22端子与各点火线圈线束端对应的3端子间的电阻,万用表读数应为0.5 Ω 左右,如图4-2-16所示。如果不正常,检查线路是否短路或断路。

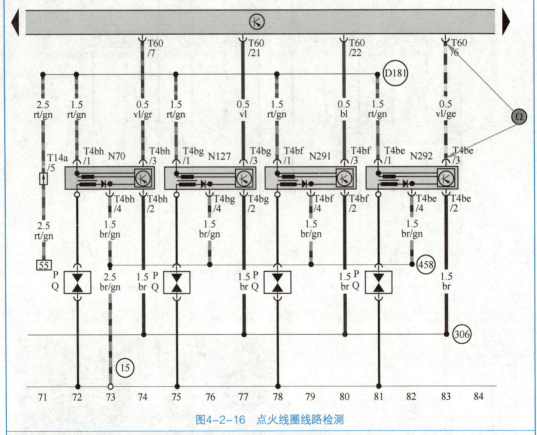

图4-2-16 点火线圈线路检测

2. 卡罗拉点火线圈(4线)检修工作流程

步骤1:读取故障码

用故障诊断仪的"读取故障码"功能,检查点火线圈的工作情况。选择"读取故障码"功能,读取点火线圈的故障码。

步骤2:数据流读取

用故障诊断仪的"读取数据流"功能检查点火线圈失火数。如果发动机某缸不工作,发动机会记录该缸的失火数。

步骤3：点火线圈供电电压检测

拔下点火线圈线束插头，校表后万用表选择 20 V 直流电压挡，红表笔接点火线圈线束端 1 号端子，黑表笔接蓄电池负极可靠搭铁，将点火开关置于 ON 挡，此时读数为蓄电池电压，如图 4-2-17 所示。如果读数为零，则检查 IG2 保险、IG2 继电器和供电线路是否断路或者短路。

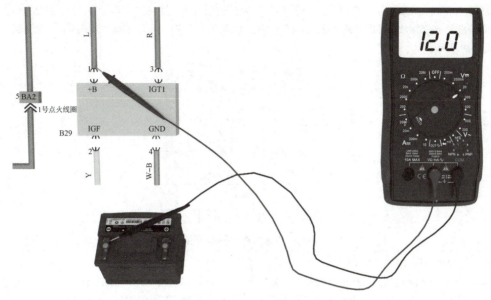

图4-2-17　点火线圈供电电压检测

步骤4：搭铁线检测

拔下点火线圈线束插头，万用表选择 200 Ω 电阻挡，红表笔接线束端 4 号端子，黑表笔接蓄电池负极可靠搭铁，此时读数为 0，如图 4-2-18 所示。

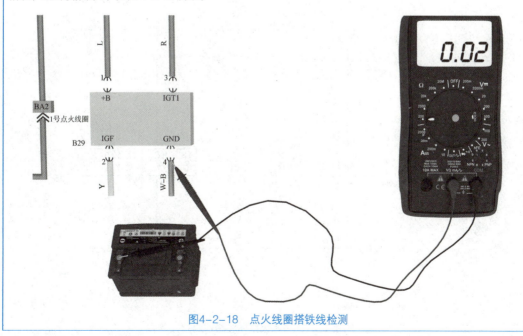

图4-2-18　点火线圈搭铁线检测

续表

步骤5：信号线检测 试灯夹子连接在蓄电池负极，试灯连接在3号端子上，起动车辆，此时试灯闪亮。或者用故障诊断仪的"读取波形"功能读取点火线圈信号波形，点火线圈信号波形为方波。
步骤6：反馈线检测 安插备针于点火线圈2号端子，试灯夹子连接在蓄电池负极，试灯连接在2号端子备针上，起动车辆，此时试灯闪亮。或者用故障诊断仪的"读取波形"功能读取点火线圈信号波形，点火线圈信号波形为方波，如图4-2-19所示。 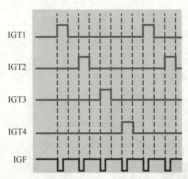 图4-2-19　点火线圈IGT和IGF信号波形
步骤7：传感器线路检测 万用表选择200Ω电阻挡，将车辆点火开关置于OFF挡，拔下点火线圈、ECU线束插头，分别测量ECM端子71、72、73、74、75与点火线圈线束端2号端子、蓄电池负极、3号点火线圈3号端子、2号点火线圈3号端子、1号点火线圈3号端子对应端子间的电阻，万用表读数都应为0.5Ω左右，如图4-2-20所示。如果不正常，检查线路是否短路或断路。 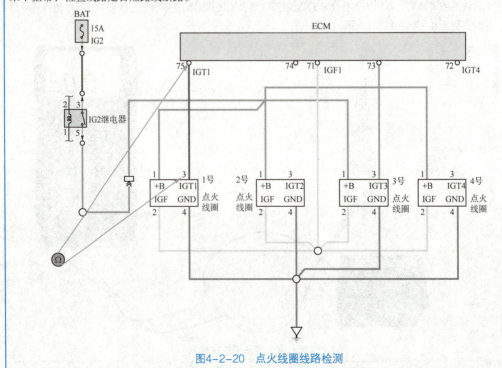 图4-2-20　点火线圈线路检测

任务 4.2 点火线圈检修学生工作活页

姓名			班级		学号	
任务名称	任务 4.2 点火线圈检修		日期		组长	
任课教师			实训教师			
领任务	该车辆的故障现象是_____。					
车辆信息						
会检测						

序号	大众点火线圈检修	工具（挡位）、连接针脚号	测量值（单位）	标准值（单位）	位置	端子数	备注
步骤1	故障码读取						
步骤2	数据流读取						
步骤3	供电电压检测						
步骤4	搭铁线检测						
步骤5	信号线检测						
步骤6	搭铁线检测						
步骤7	线路检测						

序号	丰田点火线圈检修	工具（挡位）、连接针脚号	测量值（单位）	标准值（单位）			
步骤1	供电电压检测						
步骤2	搭铁线检测						
步骤3	信号线检测						
步骤5	火花塞电阻检测						

能维修	
请根据检测结果确定故障点及维修方案。	

任务评价	评价主体	评价等级	确认签字
	自评	优秀☐　良好☐　中等☐　及格☐　不及格☐ （优秀比例不超过 20%，良好比例不超过 30%）	
	互评	优秀☐　良好☐　中等☐　及格☐　不及格☐ （优秀比例不超过 20%，良好比例不超过 30%）	

任务 4.2 点火线圈检修工作评价活页

班级：　　　　　学号：　　　　　姓名：　　　　　日期：

按要求完成在□打√，未按要求完成在□打×并扣除对应分数，扣分不得超过该项的总分。

工作评价活页（教师用）					
序号	评分项及配分标准	得分条件		得分	扣分
1	作业安全和职业操守（10分）	□1. 能进行工位7S（整理、整顿、清理、清洁、素养、节约、安全）操作（4分） □2. 能进行设备和工具安全检查（2分） □3. 能进行工具、测量仪器清洁、校准、存放操作（2分） □4. 能做到油液、水液、工具三不落地操作（2分）			
2	信息查询和资讯检索（10分）	1. 能正确使用维修手册、维修电路图查询资料（6分） 　□1.1 查询相应类型点火线圈的拆装流程（2分） 　□1.2 查询点火线圈的控制电路图（2分） 　□1.3 查询点火线圈的安装位置（2分） 2. 能在规定时间内查询点火线圈检测所需资料（4分） 　□2.1 能正确记录所查询资料章节页码（2分） 　□2.2 能正确记录所需检修信息（2分）			
3	保养、拆装、检测作业（50分）	1. 读取故障码和数据流（10分） 　□1.1 故障诊断仪的连接与使用（4分） 　□1.2 读取氧传感器的故障码及数据流（6分） 2. 大众点火线圈的检测（20分） 　□2.1 供电线的检测（4分） 　□2.2 初级回路搭铁线的检测（4分） 　□2.3 次级回路搭铁线的检测（4分） 　□2.4 信号线的检测（4分） 　□2.5 传感器线路检测（4分） 3. 丰田点火线圈的检测（20分） 　□3.1 供电线的检测（4分） 　□3.2 搭铁线的检测（4分） 　□3.3 信号线的检测（4分） 　□3.4 反馈线的检测（4分） 　□3.5 传感器线路检测（4分）			
4	诊断、检测、调校分析（10分）	□1. 能判断点火线圈维修决策（6分） □2. 能正确分析点火线圈数据流（4分）			
5	表单填写和报告撰写（10分）	□1. 语句通顺（4分） □2. 无错别字（2分） □3. 无抄袭（4分）			
6	团队合作和沟通表达（10分）	□1. 团队合作、集体责任、共同决策（5分） □2. 沟通表达、交流分享、分工明确（5分）			
合计						
教师签字						

任务小结

任务小结　　思政：厚积而薄发　　思政：诚信——不过度维修　　任务测试　　企业案例

任务 4.3　曲轴位置传感器检修

任务描述

1. 任务要求
一辆装备 1A-FE 电控发动机的卡罗拉轿车，车主反映发动机故障指示灯常亮，发动机怠速不良。经过对点火系统的全面检测，确认为曲轴位置传感器故障。

2. 任务目标
（1）掌握曲轴位置传感器的工作原理（×中级）。
（2）能检测曲轴位置传感器，并分析、确认故障原因（×高级+大赛）。

3. 任务分组
对班级学生进行分组，6～8 人一组，利用随机抽签的方法抽取本项目的项目经理。分组完成后，有序坐好，小组讨论制定组名、组训，营造小组凝聚力和文化氛围，并确定任务分工，完成任务单的填写。任务实施过程中，采用班组轮值制度，学生轮值担任项目经理、机电维修工程师、质检工程师、前台接待等角色，每个人都有锻炼组织协调项目管理、项目实施、项目验收能力的机会。通过小组协作，培养学生团队合作、互帮互助的精神和协同攻关的能力。

任务资讯

一、曲轴位置传感器的功用
曲轴位置传感器（Crankshaft Position Sensor，CKPS）又称为发动机转速与曲轴转角传感器，其功用是采集曲轴转动角度和发动机转速信号，给 ECU 提供发动机转速信号和曲轴转角信号，作为燃油喷射和点火控制的主控信号。

二、曲轴位置传感器的分类
按结构形式和工作原理不同，曲轴位置传感器可分为光电式、电磁式和霍尔式，目前广泛采用的是电磁式和霍尔式。下面重点介绍电磁式曲轴位置传感器。

三、电磁式曲轴位置传感器的工作原理

1. 电磁式曲轴位置传感器的位置

曲轴位置位置传感器（Ne 信号）位于曲轴的一端，信号盘随曲轴旋转，如图 4-3-1 所示。Ne 信号指发动机曲轴转角信号，它是根据曲轴位置传感器产生的信号经过滤波整形和转换而获得的脉冲信号。

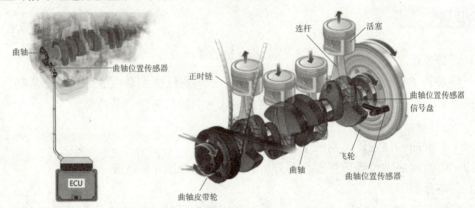

图 4-3-1　电磁式曲轴位置传感器的位置

2. 电磁式曲轴位置传感器的结构

电磁式曲轴位置传感器主要由信号转子（信号盘）、电磁线圈、永磁铁、铁芯、外壳、线束接头等组成，信号转子为齿盘式，在其圆周上均匀间隔地制作有 58 个凸齿、57 个小齿缺和 1 个大齿缺，传感器电磁线圈磁头和信号盘的间隙为 0.5～1.5 mm，如图 4-3-2 所示。

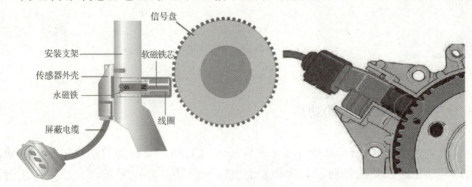

图 4-3-2　电磁式曲轴位置传感器的结构

3. 电磁式曲轴位置传感器的工作原理

如图 4-3-3 所示，信号盘旋转，当信号盘凸齿接近并对正电磁线圈时，磁场增强；当信号盘凸齿离开电磁线圈时，磁场减弱，在感应线圈中产生交变的感应电动势。这样每个齿都会引起线圈内磁通由零变到最大，又由最大变到零的周期性变化，从而在感应线圈里产生一个类似正弦波的感应电动势输出，其大小与磁通的变化率成正比。其频率和幅值随发动机转速的增大而增大。因为信号转子上设有一个产生基准信号的大齿缺，所以当大齿缺转过磁头时，信号电压所占的时间较长，即输出信号为一宽脉冲信号，该信号对应于气

缸 1 或气缸 4 压缩上止点前一定角度。ECU 接收到宽脉冲信号时，便可知道气缸 1 或气缸 4 上止点位置即将到来，至于即将到来的是气缸 1 还是气缸 4，则需根据凸轮轴位置传感器输入的信号来确定。

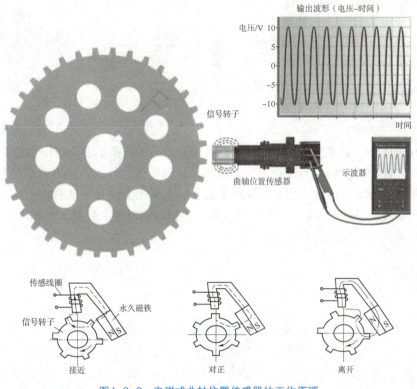

图4-3-3　电磁式曲轴位置传感器的工作原理

每当信号转子随发动机曲轴转动一圈，传感器就会向 ECU 输入 58 个脉冲信号。因此，ECU 每接收到曲轴位置传感器 58 个信号，就可知道发动机曲轴旋转了一圈。如果在 1 min 内 ECU 接收到曲轴位置传感器 116 000 个信号，ECU 便可计算出曲轴转速 n 为 2 000 r/min（即 $n=116\ 000/58=2\ 000$）；如果 ECU 每分钟接收到曲轴位置传感器 290 000 个信号，ECU 便可计算出曲轴转速为 5 000 r/min（即 $n=290\ 000/58=5\ 000$）。以此类推，ECU 根据每分钟接收曲轴位置传感器脉冲信号的数量，便能计算出发动机曲轴旋转的转速，如图 4-3-4 所示。

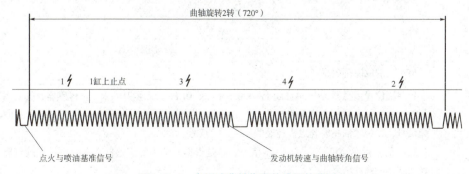

图4-3-4　电磁式曲轴位置传感器的波形

新技术：霍尔式曲轴位置传感器

霍尔式传感器上集成了被永久磁铁偏置的动态差分霍尔 IC 芯片，当目标轮在传感器前部敏感区域旋转时，IC 芯片探测到由于齿尖和齿缺交替通过而产生的磁场变化，并将其通过施密特触发器转换为方波数字信号输出给 ECU。霍尔式传感器通常有 3 根输出线，分别为电源线、信号输出线和搭铁线，工作示意图如图 4-3-5 所示。

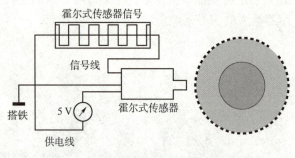

图4-3-5　霍尔式曲轴位置传感器工作示意图

曲轴位置传感器通常为双霍尔传感器，其中集成了两块霍尔芯片，信号齿需一前一后经过双霍尔芯片，两霍尔信号进行差分运算后，再进行域值转换，输出方波信号给 ECU。所以双霍尔传感器无零转速功能，即要产生信号，信号轮必须有一定的转速。霍尔式曲轴位置传感器的优点是输出为数字信号，精度高。但是对装配要求较高，为旋转敏感性安装，且集成有电气元件，对控制电脑要求高。

任务决策

任务 4.3 曲轴位置传感器检修任务单

组名				
组训				
项目经理（组长）	学号：		姓名：	
团队成员	学号	角色		具体分工
任课教师			实训教师	
领任务	该车辆的故障现象是＿＿＿＿＿＿＿＿＿＿＿＿＿＿＿＿＿＿＿＿＿＿＿＿＿＿＿＿＿＿＿＿。			
明作用	1. 曲轴位置传感器（Crankshaft Position Sensor，CKPS）又称为＿＿＿＿＿传感器，其功用是采集＿＿＿＿＿转动角度和发动机＿＿＿＿＿信号，给 ECU 提供发动机转速信号和曲轴转角信号，作为燃油喷射和点火控制的＿＿＿＿＿信号。 2. Ne 信号指发动机＿＿＿＿＿信号，它是根据曲轴位置传感器产生的信号经过整形和转换而获得的脉冲信号。			

续表

找位置	曲轴位置位置传感器（Ne信号）位于_____，_____随曲轴旋转。
懂原理	1. 目前广泛采用曲轴位置传感器的是_____和_____两种。 2. 请根据图4-3-3简要说明电磁式曲轴位置传感器的工作原理。 3. 请画出电磁式曲轴位置传感器的波形。
控制电路分析	
曲轴位置传感器（2线）电路	如图4-3-6所示为卡罗拉轿车发动机曲轴位置传感器电路，共有2个端子，其中1号端子为曲轴位置传感器信号+（NE+），2号端子为曲轴位置传感器信号-（NE-）。 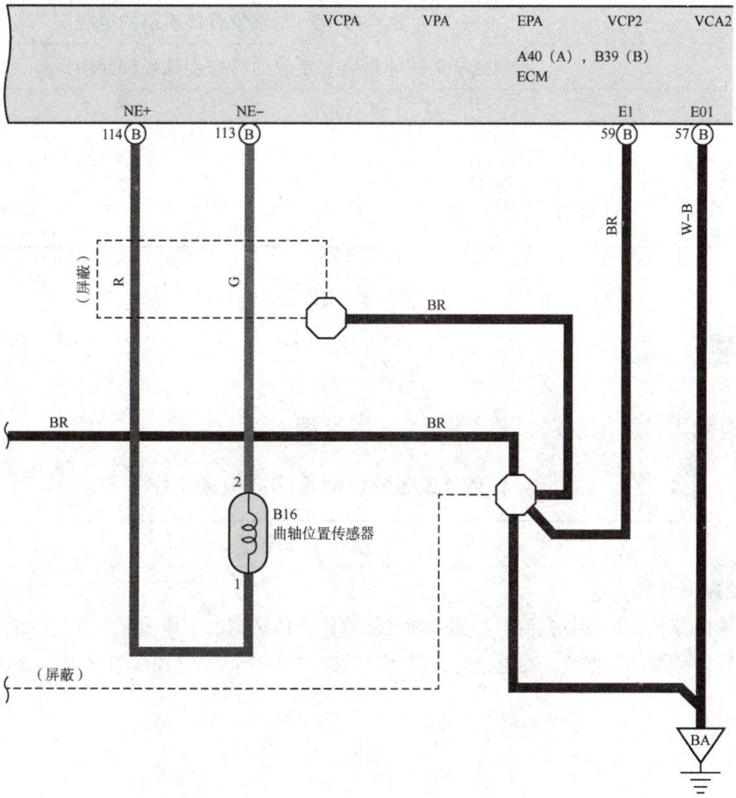 图4-3-6　卡罗拉曲轴位置传感器电路
曲轴位置传感器（3线）电路	如图4-3-7所示大众发动机曲轴位置传感器电路，共有3个端子，其中1号端子为屏蔽线端子，2号和3号端子为信号端子。

续表

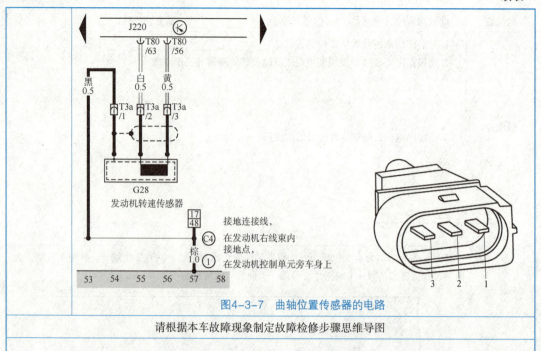

图4-3-7 曲轴位置传感器的电路

请根据本车故障现象制定故障检修步骤思维导图

任务实施

请按照以下工作手册，进行检修工作流程。

电磁式曲轴位置传感器检修

任务 4.3 曲轴位置传感器检修工作手册

检修工作流程
步骤1：数据流读取 用故障诊断仪的"读取数据流"功能判断发动机转速传感器的工作情况。选择"读取数据流"功能，读取发动机转速传感器的数据流，在急速时，发动机转速在 700～800 r/min，如图 4-3-8 所示。 | 数据流名 | 值 | 单位 | | 发动机转速 | 739.00 | rpm | 图4-3-8 电磁式曲轴位置传感器的数据流
步骤2：波形检测 用故障诊断仪的"读取波形"功能。波形为类似正弦波的感应电动势输出，其大小与磁通的变化率成正比。其频率和幅值随发动机转速的增大而增大。宽脉冲信号，对应于气缸 1 或气缸 4 压缩上止点前一定角度，如图 4-3-9 所示。

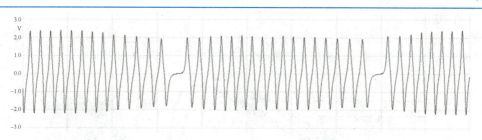

图4-3-9　电磁式曲轴位置传感器波形检测

步骤3：传感器电阻检测

选择万用表，校表后选择 20 kΩ 电阻挡，拔下曲轴位置传感器线束插头，红黑表笔分别连接传感器端2号和3号端子，显示电阻一般在 480～3 000 Ω，如图 4-3-10 所示，万用表读数为 1 800 Ω。

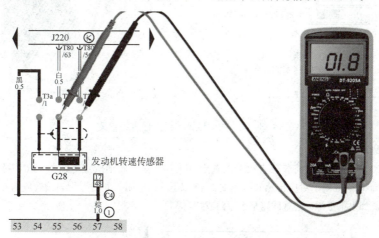

图4-3-10　曲轴位置传感器线圈电阻检测

步骤4：屏蔽线检测

万用表选择 20 kΩ 电阻挡，拔下线束插头，红表笔连接线束端1号端子，黑表笔连接车身可靠搭铁处，阻值应为0。红表笔连接线束端1号端子，黑表笔连接线束端2号端子，阻值应为无穷大。红表笔连接线束端1号端子，黑表笔连接线束端3号端子，阻值应为无穷大，如图 4-3-11 所示。

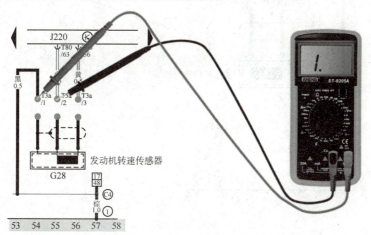

图4-3-11　曲轴位置传感器屏蔽线检测

步骤5：信号线检测

安插备针于传感器2、3号端子，万用表选择20 V交流电压挡，红黑表笔连接传感器2、3号端子备针，起动车辆，信号电压发生变化，且随发动机转速的增大而加速变化，如图4-3-12所示。

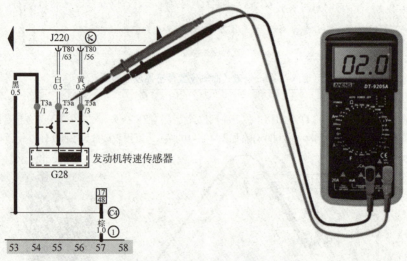

图4-3-12　曲轴位置传感器信号线检测

步骤6：传感器线路检测

万用表选择200 Ω电阻挡，将车辆点火开关置于OFF挡，拔下曲轴位置传感器、ECU线束插头，分别测量ECU线束端63、56端子对应传感器线束端2、3端子间的电阻，此时万用表读数应为0.5 Ω左右，如图4-3-13所示。如果不正常，检查线路是否短路或断路。

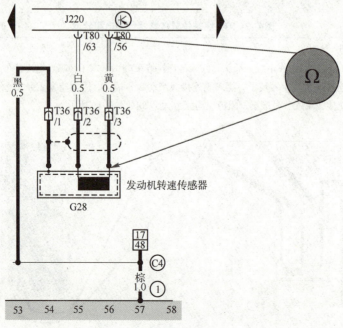

图4-3-13　曲轴位置传感器线路检测

任务 4.3 曲轴位置传感器检修学生工作活页

姓名		班级		学号	
任务名称	任务 4.3 曲轴位置传感器检修	日期		组长	
任课教师			实训教师		
领任务	该车辆的故障现象是_____。				
车辆信息					
识电路	请画出实训车辆曲轴位置传感器电路图。				

会检测

序号	名称	工具（挡位）、连接针脚号	测量值（单位）	标准值（单位）
步骤1	故障码读取			
步骤2	数据流读取			
步骤3	波形检测			
步骤4	传感器电阻检测			
步骤5	屏蔽线检测			
步骤6	信号线检测			
步骤7	传感器线路检测			

能维修

请根据检测结果确定故障点及维修方案。

任务评价	评价主体	评价等级	确认签字
	自评	优秀□ 良好□ 中等□ 及格□ 不及格□ （优秀比例不超过20%，良好比例不超过30%）	
	互评	优秀□ 良好□ 中等□ 及格□ 不及格□ （优秀比例不超过20%，良好比例不超过30%）	

任务 4.3 曲轴位置传感器检修工作评价活页

班级：　　　　学号：　　　　姓名：　　　　日期：

按要求完成在□打√，未按要求完成在□打×并扣除对应分数，扣分不得超过该项的总分。

工作评价活页（教师用）					
序号	评分项及配分标准	得分条件	得分	扣分
1	作业安全和职业操守 （10分）	□1. 能进行工位7S（整理、整顿、清理、清洁、素养、节约、安全）操作（4分） □2. 能进行设备和工具安全检查（2分） □3. 能进行工具、测量仪器清洁、校准、存放操作（2分） □4. 能做到油液、水液、工具三不落地操作（2分）		
2	信息查询和资讯检索 （10分）	1. 能正确使用维修手册、维修电路图查询资料（6分） 　□1.1 查询曲轴位置传感器的拆装流程（3分） 　□1.2 查询曲轴位置传感器接线端子的功用（3分） 2. 能在规定时间内查询曲轴位置传感器测量所需资料（4分） 　□2.1 能正确记录所查询资料章节页码（2分） 　□2.2 能正确记录所需检修信息（2分）		
3	保养、拆装、检测作业 （50分）	1. 拆装曲轴位置传感器（5分） 　□1.1 检查准备测量仪器，查阅了解拆装顺序（2分） 　□1.2 拆卸曲轴位置传感器线束插接器（3分） 2. 读取曲轴位置传感器故障码和数据流（10分） 　□2.1 读取故障码（5分） 　□2.2 读取数据流（5分） 3. 曲轴位置传感器检测（35分） 　□3.1 供电线检测（10分） 　□3.2 屏蔽线检测（10分） 　□3.3 信号线检测（15分）		
4	诊断、检测、调校分析 （10分）	□1. 能判断曲轴位置传感器维修决策（6分） □2. 维修方案正确（4分）		
5	表单填写和报告撰写 （10分）	□1. 语句通顺（4分） □2. 无错别字（2分） □3. 无抄袭（4分）		
6	团队合作和沟通表达 （10分）	□1. 团队合作、集体责任、共同决策（5分） □2. 沟通表达、交流分享、分工明确（5分）		
		合计		
		教师签字		

任务小结

任务小结

思政：不畏艰难自强不息
——世赛冠军蒋应成

任务测试

企业案例

任务 4.4　凸轮轴位置传感器检修

任务描述

1. 任务要求

一辆宝来轿车，车主反映发动机故障指示灯常亮，发动机怠速不良。经过对点火系统的全面检测，确认为凸轮轴位置传感器故障。

2. 任务目标

（1）掌握凸轮轴位置传感器的工作原理（×中级）。
（2）能检测凸轮轴位置传感器，并分析、确认故障原因（×高级＋大赛）。

3. 任务分组

对班级学生进行分组，6～8人一组，利用随机抽签的方法抽取本项目的项目经理。分组完成后，有序坐好，小组讨论制定组名、组训，营造小组凝聚力和文化氛围，并确定任务分工，完成任务单的填写。任务实施过程中，采用班组轮值制度，学生轮值担任项目经理、机电维修工程师、质检工程师、前台接待等角色，每个人都有锻炼组织协调项目管理、项目实施、项目验收能力的机会。通过小组协作，培养学生团队合作、互帮互助的精神和协同攻关的能力。

任务资讯

一、凸轮轴位置传感器的功用

凸轮轴位置传感器（Camshaft Position Sensor，CPS）的功用是采集配气凸轮轴的位置信号，并输入 ECU，以便 ECU 识别气缸 1 压缩上止点，从而进行顺序喷油控制、点火时刻控制和爆燃控制。此外，凸轮轴位置信号还用于发动机起动时识别出第一次点火时刻。因为凸轮轴位置传感器能够识别哪一个气缸活塞即将到达上止点，所以又被称为气缸识别传感器（Cylinder Identification Sensor，CIS）。

二、凸轮轴位置传感器的分类

按结构形式和工作原理不同，凸轮轴位置传感器可分为光电式、电磁式和霍尔式。目前广泛采用的是电磁式和霍尔式凸轮轴位置传感器。下面重点介绍霍尔式凸轮轴位置传感器。

三、霍尔式凸轮轴位置传感器的工作原理

1. 凸轮轴位置传感器的位置

凸轮轴位置传感器一般安装在凸轮轴的一端或者安装在气门室罩盖上靠近凸轮轴的位置，如图 4-4-1 所示。

霍尔式凸轮轴位置传感器工作原理

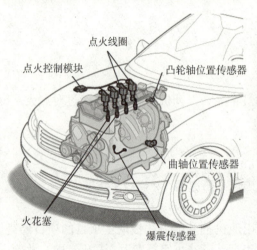
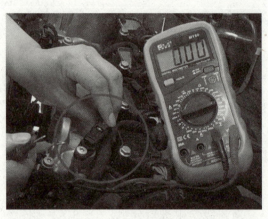

图4-4-1　凸轮轴位置传感器的位置

2. 霍尔式凸轮轴位置传感器的结构

霍尔式凸轮轴位置传感器主要由信号转子、永磁铁和霍尔元件等组成，如图 4-4-2 所示。信号转子又叫触发叶轮，安装在进气凸轮轴上，用螺栓和座圈固定。信号转子的隔板又称叶片。

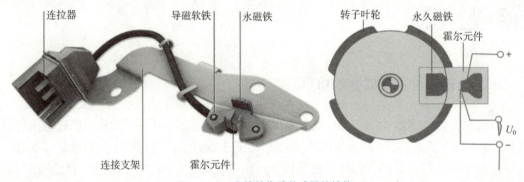

图4-4-2　凸轮轴位置传感器的结构

3. 霍尔式凸轮轴位置传感器的工作原理

如图 4-4-3 所示，霍尔元件与永磁铁之间有间隙，当信号转子随凸轮轴一同转动时，其上的隔板和窗口会分别从霍尔元件与永磁铁之间的间隙中转过。当信号转子的隔板进入间隙时，永磁铁中的磁场被旁路，霍尔元件上没有磁力线穿过，霍尔电压为零，传感器输出的信号电压为高电位，约 4.0 V；当信号转子的隔板离开间隙时，永磁铁的磁通经导磁片和霍尔元件构成回路，这时产生的霍尔电压约为 0.1 V，传感器输出的信号电

压为低电位。

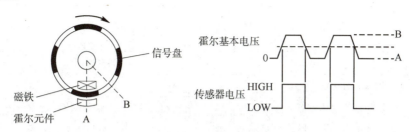

图4-4-3 凸轮轴位置传感器的工作原理

当 ECU 同时接收到曲轴位置传感器大齿缺对应的低电位信号和凸轮轴位置传感器对应的低电位信号时,可以识别出1缸活塞在压缩上止点而4缸活塞处于排气行程,并根据曲轴位置传感器小齿缺对应输出的信号控制点火提前角,如图 4-4-4 所示。

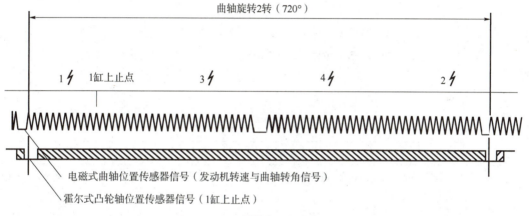

图4-4-4 凸轮轴位置传感器的波形

任务决策

任务 4.4 凸轮轴位置传感器检修任务单

组名			
组训			
项目经理(组长)	学号:		姓名:
团队成员	学号	角色	具体分工

续表

任课教师			实训教师	
领任务	该车辆的故障现象是_____。			
明作用	凸轮轴位置传感器又称为_____传感器。其功用是采集配气_____的位置信号，并输入 ECU，以便 ECU 识别气缸 1_____，从而进行顺序_____控制、_____时刻控制和_____控制。			
找位置	凸轮轴位置传感器一般安装在_____。			
懂原理	1. 目前广泛采用的凸轮轴位置传感器有_____和_____两种。 2. 请根据图 4-4-3 简要说明霍尔式凸轮轴位置传感器的工作原理。 3. 请画出霍尔式凸轮轴位置传感器的波形。			
控制电路分析				
宝来汽车凸轮轴位置传感器电路	如图 4-4-5 所示，凸轮轴位置传感器 G40，1 号端子为供电端子，2 号端子为信号端子，3 号端子为搭铁端子。 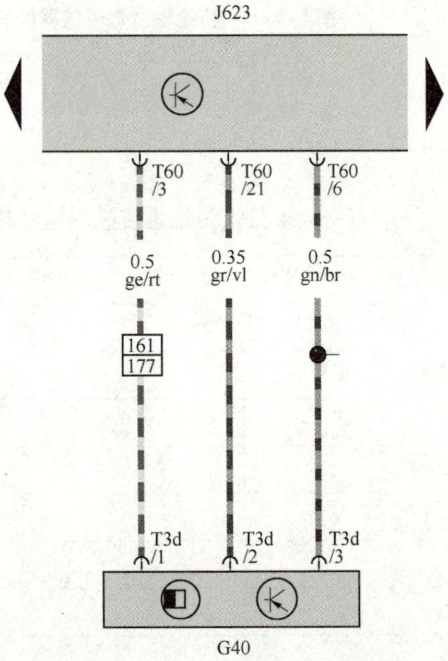 图4-4-5　宝来汽车凸轮轴位置传感器的电路			

续表

请根据本车故障现象制定故障检修步骤思维导图

任务实施

请按照以下工作手册，进行检修工作流程。

霍尔式凸轮轴位置传感器检修

任务4.4 凸轮轴位置传感器检修工作手册

检修工作流程

步骤1：波形的检测

用故障诊断仪的"读取波形"功能。信号波形为方波，应与曲轴位置传感器信号有同步关系。曲轴每转2圈霍尔传感器信号端子就转1圈，对应产生一个低电平信号和一个高电平信号，其中低电平信号对应于1缸上止点前一定角度。高电平为供电电压，为5 V左右，低电平为值为0的数字信号；信号的垂直沿好，频率随转速的增大而增大，如图4-4-6所示。

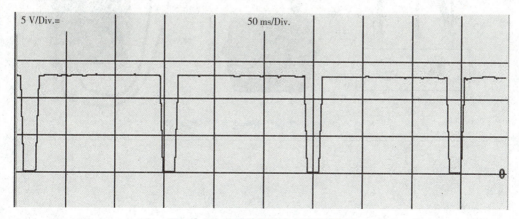

图4-4-6 凸轮轴位置传感器波形检测

续表

步骤2：供电电压检测

　　选择万用表20 V直流电压挡，拔下G40线束插头，红表笔接传感器线束端1号端子，黑表笔接蓄电池负极可靠搭铁，将点火开关置于ON挡，此时万用表读数应为5 V左右，如图4-4-7所示。如果不正常，检查ECU供电线路是否断路或短路，以及ECU是否有故障。

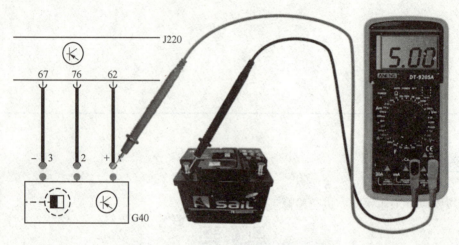

图4-4-7　凸轮轴位置传感器供电电压检测

步骤3：搭铁线检测

　　万用表选择200 Ω电阻挡，车辆点火开关置于OFF挡，拔下传感器线束插头，红表笔接线束端3号端子，黑表笔接蓄电池负极可靠搭铁，此时万用表读数应为0，如图4-4-8所示。如果不正常，检查电脑搭铁是否良好、搭铁线路是否断路或短路。

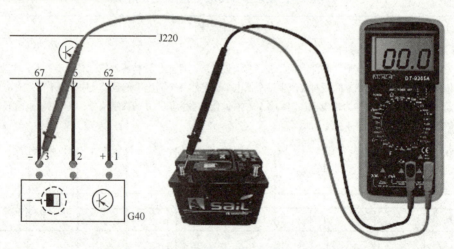

图4-4-8　凸轮轴位置传感器搭铁线检测

续表

步骤4：信号线检测

安插备针于2号端子，试灯连接在2号端子备针上，试灯夹子连接在蓄电池负极，起动车辆，此时试灯闪烁，正常，如图4-4-9所示。

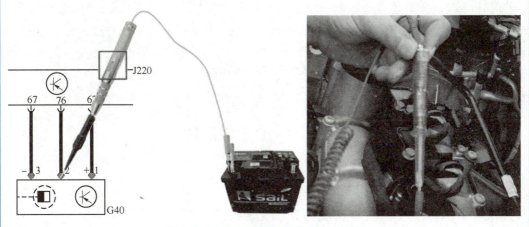

图4-4-9 凸轮轴位置传感器信号线检测

步骤5：传感器线路检测

万用表选择200 Ω电阻挡，将车辆点火开关置于OFF挡，拔下凸轮轴位置传感器、ECU线束插头，分别测量ECU线束端T60/3、T60/21、T60/6端子对应传感器线束端1、2、3端子间的电阻，此时万用表读数应为0.5 Ω左右，如图4-4-10所示。如果不正常，检查线路是否短路或断路。

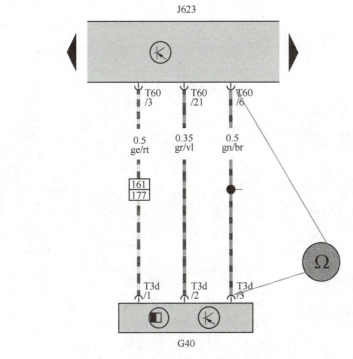

图4-4-10 凸轮轴位置传感器线路检测

任务 4.4 凸轮轴位置传感器检修学生工作活页

姓名		班级		学号	
任务名称	任务 4.4 凸轮轴位置传感器检修	日期		组长	
任课教师			实训教师		
领任务	该车辆的故障现象是_____。				
车辆信息					
识电路	请画出实训车辆凸轮轴位置传感器检修电路图。				

会检测					
序号	名称	工具（挡位）、连接针脚号	测量值（单位）	标准值（单位）	
步骤 1	故障码读取				
步骤 2	波形检测				
步骤 3	供电线检测				
步骤 4	信号线检测				
步骤 5	搭铁线检测				
步骤 6	传感器线路检测				

能维修
请根据检测结果确定故障点及维修方案。

任务评价	评价主体	评价等级	确认签字
	自评	优秀□ 良好□ 中等□ 及格□ 不及格□ （优秀比例不超过 20%，良好比例不超过 30%）	
	互评	优秀□ 良好□ 中等□ 及格□ 不及格□ （优秀比例不超过 20%，良好比例不超过 30%）	

任务 4.4 凸轮轴位置传感器检修工作评价活页

班级：　　　　学号：　　　　姓名：　　　　日期：
按要求完成在□打√，未按要求完成在□打×并扣除对应分数，扣分不得超过该项的总分。

序号	评分项及配分标准	得分条件	得分	扣分
	工作评价活页（教师用）			
1	作业安全和职业操守（10分）	□1. 能进行工位7S（整理、整顿、清理、清洁、素养、节约、安全）操作（4分） □2. 能进行设备和工具安全检查（2分） □3. 能进行工具、测量仪器清洁、校准、存放操作（2分） □4. 能做到油液、水液、工具三不落地操作（2分）		
2	信息查询和资讯检索（10分）	1. 能正确使用维修手册、维修电路图查询资料（6分） 　□1.1 查询凸轮轴位置传感器的拆装流程（3分） 　□1.2 查询凸轮轴位置传感器接线端子的功用（3分） 2. 能在规定时间内查询凸轮轴位置传感器测量所需资料（4分） 　□2.1 能正确记录所查询资料章节页码（2分） 　□2.2 能正确记录所需检修信息（2分）		
3	保养、拆装、检测作业（50分）	1. 拆装凸轮轴位置传感器（5分） 　□1.1 检查准备测量仪器，查阅了解拆装顺序（2分） 　□1.2 拆卸凸轮轴位置传感器线束插接器（3分） 2. 读取凸轮轴位置传感器故障码和波形（10分） 　□2.1 读取故障码（5分） 　□2.2 波形测量（5分） 3. 凸轮轴位置传感器检测（35分） 　□3.1 供电线检测（10分） 　□3.2 搭铁线检测（10分） 　□3.3 信号线检测（15分）		
4	诊断、检测、调校分析（10分）	□1. 能判断凸轮轴位置传感器维修决策（6分） □2. 维修方案正确（4分）		
5	表单填写和报告撰写（10分）	□1. 语句通顺（4分） □2. 无错别字（2分） □3. 无抄袭（4分）		
6	团队合作和沟通表达（10分）	□1. 团队合作、集体责任、共同决策（5分） □2. 沟通表达、交流分享、分工明确（5分）		
合计				
教师签字				

任务小结

任务小结　　思政：团队配合　　任务测试　　企业案例

任务 4.5　爆震传感器检修

任务描述

1. 任务要求
一辆宝来轿车，车主反映发动机故障指示灯常亮，发动机加速不良。经过对点火系统的全面检测，确认为爆震传感器故障。

2. 任务目标
（1）掌握爆震传感器的工作原理（×中级）。
（2）能检测爆震传感器，并分析、确认故障原因（×高级+大赛）。

3. 任务分组
对班级学生进行分组，6～8人一组，利用随机抽签的方法抽取本项目的项目经理。分组完成后，有序坐好，小组讨论制定组名、组训，营造小组凝聚力和文化氛围，并确定任务分工，完成任务单的填写。任务实施过程中，采用班组轮值制度，学生轮值担任项目经理、机电维修工程师、质检工程师、前台接待等角色，每个人都有锻炼组织协调项目管理、项目实施、项目验收能力的机会。通过小组协作，培养学生团队合作、互帮互助的精神和协同攻关的能力。

任务资讯

一、爆震传感器的功用

爆震也叫爆燃，是发动机的一种不正常燃烧现象，这种不正常燃烧使气缸内压力产生冲击，引起发动机机体振动或活塞敲缸，所以称爆震。爆震会使发动机油耗增高、动力下降、排放恶化，所以要防止爆震的产生。爆震传感器的作用是把气缸体上的振动转换成电压信号输送给ECU，ECU对信号进行滤波处理，判断有无爆震及爆震强度。有爆震则逐渐减小点火提前角，直到爆震消失为止。无爆震则逐渐增大点火提前角，当再次出现爆震时，ECU又开始逐渐减小点火提前角。

二、爆震传感器的分类

爆震传感器按结构不同，可分为压电式和电感式（磁致伸缩式）两种。压电式又分为共振型和非共振型。

三、爆震传感器的工作原理

1. 爆震传感器的位置

爆震传感器安装在发动机气缸体上，直列式发动机的爆震传感器安装在气缸体的一侧，V 型发动机爆震传感器安装在缸体 V 型中间位置，如图 4-5-1 所示。

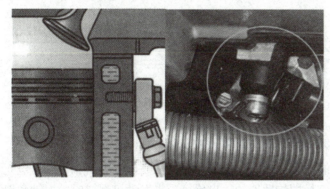

图4-5-1　爆震传感器的位置

2. 磁致伸缩式爆震传感器的工作原理

磁致伸缩式爆震传感器的外形和结构如图 4-5-2 所示。它由高镍合金的磁芯、永磁铁、感应线圈、壳体等构成。

当机体振动时，磁芯受到机体振动的影响，在传感器内产生轴向振动，使通过感应线圈的磁通发生变化，使感应线圈产生感应电动势，此电动势即爆震传感器输出的电压信号。传感器输出的电压信号大小与发动机振动的频率有关，当传感器自振频率与设定爆燃强度时发动机的振动频率产生谐振时，传感器的输出电压将达到最大值，ECU 根据该传感器的输出电压就可以对发动机是否爆燃作出判断。

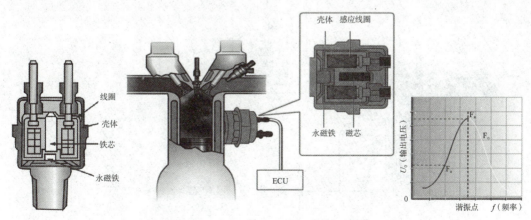

图4-5-2　磁致伸缩式爆震传感器外形和结构

3. 压电式爆震传感器的工作原理

压电式爆震传感器是一种利用压电原理检测机体振动的传感器。其根据结构特点分为共振型和非共振型两种。

1）共振型压电式爆震传感器

共振型压电式爆震传感器，是利用产生爆燃时发动机振动频率与传感器本身的固定频率"合拍"时产生共振现象来检测爆燃是否发生的，其结构如图4-5-3所示。该传感器由压电元件、振荡片和基座等构成。压电元件紧密贴合在振荡片上，振荡片则固定在传感器的基座上。

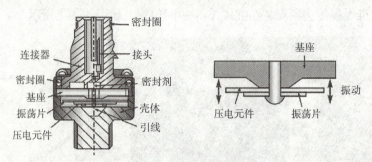

图4-5-3　共振型压电式爆震传感器结构

发动机工作时，振荡片随机体的振动而振荡，振荡片的振荡使与它紧密贴合的压电元件变形，并产生电压信号，此电压信号即传感器的输出信号。当发动机爆燃时的振动频率与振荡片的固有频率"合拍"时，振荡片产生共振，此时压电元件将产生最大的电压信号，这种传感器在爆燃发生时的输出电压比无爆燃时的输出电压高得多，因此不需要滤波器，ECU即可判别是否发生爆燃。

2）非共振型压电式爆震传感器

非共振型压电式爆震传感器是以接收加速度信号的形式来判断是否产生爆燃，其结构如图4-5-4所示。它由两个同极性相向对接的压电元件和配重构成，结构简单，制造时不需要调整。

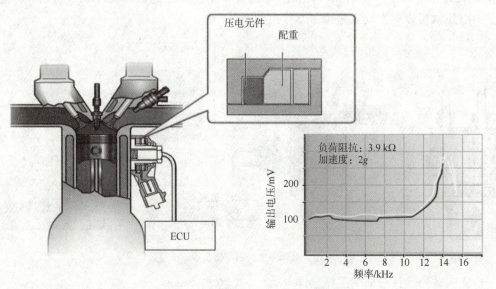

图4-5-4　非共振型压电式爆震传感器结构

发动机机体振动时，传感器内部的配重受机体振动的影响而产生加速度，压电元件就会受到配重加速时惯性力的作用而产生电压信号。在爆燃发生时的频率及该频率附近，这种频率（kHz）传感器输出的信号不会很大，而是具有平的输出特性。因此，为了能够根据该传感器输出的电压识别发动机是否发生爆燃，必须将反映发动机振动频率的输出电压信号送到识别爆燃的滤波器中，以判别是否有爆燃信号产生。非共振型压电式爆震传感器感测频率范围设计成零至数千赫兹，可检测具有较宽频率带的发动机振动频率。用于不同发动机上时，只需调整滤波器的过滤频率就可使用，而不需要更换传感器，这是非共振型压电式爆震传感器最突出的优点。

任务决策

任务 4.5 爆震传感器检修任务单

组名				
组训				
项目经理（组长）	学号：		姓名：	
团队成员	学号	角色		具体分工
任课教师			实训教师	
领任务	该车辆的故障现象是_____。			
明作用	1.爆震传感器的作用是把气缸体上的_____转换成_____信号输送给_____，ECU 对信号进行滤波处理，判断有无爆震及爆震强度。 2.有爆震则逐渐_____点火提前角，直到爆震消失为止。无爆震则逐渐_____点火提前角，当再次出现爆震时，ECU 又开始逐渐_____点火提前角。			
找位置	爆震传感器位于_____。			
懂原理	1.爆震传感器按结构不同，可分为_____和_____（磁致伸缩式）两种。压电式又分为_____和_____。 2.请根据图 4-5-2 简要说明磁致伸缩式爆震传感器的工作原理。			

续表

	3. 请根据图 4-5-4 简要说明非共振型压电式爆震传感器的工作原理。
控制电路分析	
爆震传感器电路	如图 4-5-5 所示为迈腾 1.8BL 发动机爆震传感器电路图,共有 3 个端子,其中 3 号端子为屏蔽线端子,1 号端子和 2 号端子为信号端子。 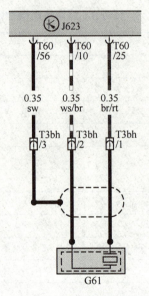 图4-5-5 爆震传感器电路
请根据本车故障现象制定故障检修步骤思维导图	

任务实施

请按照以下工作手册，进行检修工作流程。

爆震传感器检修

任务 4.5 爆震传感器检修工作手册

检修工作流程
步骤 1：故障码的读取 用故障诊断仪的"读取故障码"功能，检查爆震传感器的工作情况。选择"读取故障码"功能，读取爆震传感器的故障码，如图 4-5-6 所示。 图4-5-6　爆震传感器的故障码读取
步骤 2：波形的检测 用示波器检测爆震传感器，在不起动发动机的情况下，用金属物敲击爆震传感器附近的缸体，示波器上应有一突变波形，敲击力度越大，幅值也越大，如果波形显示只是一条直线，则说明爆震传感器没有信号输出，应检查线路和爆震传感器，如图 4-5-7 所示。

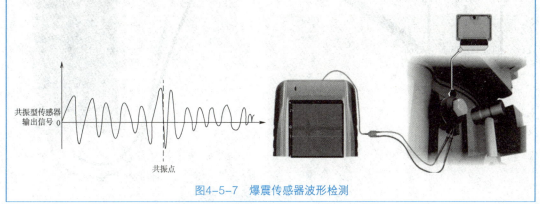

图4-5-7　爆震传感器波形检测

续表

步骤3：屏蔽线检测

关闭点火开关，拔下传感器线束插头，用万用表电阻挡检测传感器元件端1与2端子、1与3端子、2与3端子间电阻，应为无穷大，若电阻值为零，表示有短路或搭铁故障，如图4-5-8所示。

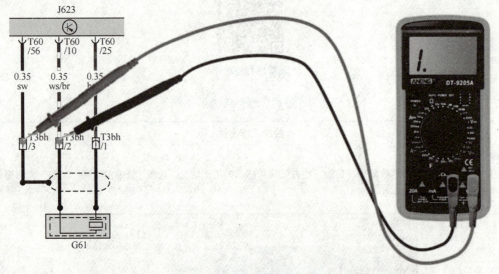

图4-5-8 爆震传感器屏蔽线检测

步骤4：传感器线路检测

万用表选择200Ω电阻挡，将车辆点火开关置于OFF挡，拔下传感器、发动机控制单元J623线束插头，分别测量J623线束端T60/56、T60/10、T60/56端子与传感器线束端T3bh/3、T3bh/2、T3bh/1对应端子间的电阻，万用表读数应为0.5Ω左右，如图4-5-9所示。如果不正常，检查线路是否短路或断路。

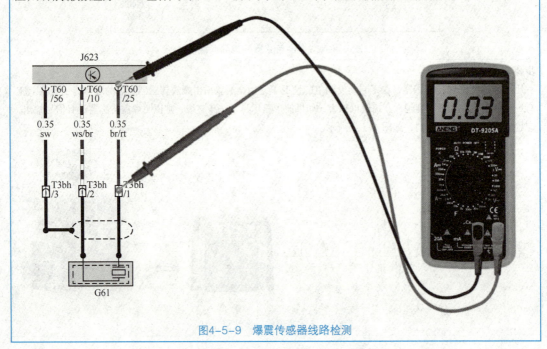

图4-5-9 爆震传感器线路检测

任务 4.5 爆震传感器检修学生工作活页

姓名		班级		学号	
任务名称	任务 4.5 爆震传感器检修	日期		组长	
任课教师			实训教师		
领任务	该车辆的故障现象是_____。					
车辆信息					
识电路	请画出实训车辆爆震传感器检修电路图。				
会检测					
序号	名称	工具（挡位）、连接针脚号	测量值（单位）	标准值（单位）	
步骤 1	故障码读取				
步骤 2	波形检测				
步骤 3	屏蔽线检测				
步骤 4	传感器线路检测				
能维修					
请根据检测结果确定故障点及维修方案。					

任务评价	评价主体	评价等级	确认签字
	自评	优秀☐ 良好☐ 中等☐ 及格☐ 不及格☐ （优秀比例不超过 20%，良好比例不超过 30%）	
	互评	优秀☐ 良好☐ 中等☐ 及格☐ 不及格☐ （优秀比例不超过 20%，良好比例不超过 30%）	

任务 4.5 爆震传感器检修工作评价活页

班级：　　　　学号：　　　　姓名：　　　　日期：

按要求完成在□打√，未按要求完成在□打×并扣除对应分数，扣分不得超过该项的总分。

工作评价活页（教师用）				
序号	评分项及配分标准	得分条件	得分	扣分
1	作业安全和职业操守（10分）	□1. 能进行工位7S（整理、整顿、清理、清洁、素养、节约、安全）操作（4分） □2. 能进行设备和工具安全检查（2分） □3. 能进行工具、测量仪器清洁、校准、存放操作（2分） □4. 能做到油液、水液、工具三不落地操作（2分）		
2	信息查询和资讯检索（10分）	1. 能正确使用维修手册、维修电路图查询资料（6分） 　□1.1 查询爆震传感器的拆装流程（3分） 　□1.2 查询爆震传感器接线端子的功用（3分） 2. 能在规定时间内查询爆震传感器测量所需资料（4分） 　□2.1 能正确记录所查询资料章节页码（2分） 　□2.2 能正确记录所需检修信息（2分）		
3	保养、拆装、检测作业（50分）	1. 拆装爆震传感器（5分） 　□1.1 检查准备测量仪器，查阅了解拆装顺序（2分） 　□1.2 拆卸爆震传感器线束插接器（3分） 2. 读取爆震传感器故障码和波形（10分） 　□2.1 读取故障码（5分） 　□2.2 波形测量（5分） 3. 爆震传感器检测（35分） 　□3.1 预供电检测（10分） 　□3.2 屏蔽线检测（10分） 　□3.3 线路检测（15分）		
4	诊断、检测、调校分析（10分）	□1. 能判断爆震传感器维修决策（6分） □2. 维修方案正确（4分）		
5	表单填写和报告撰写（10分）	□1. 语句通顺（4分） □2. 无错别字（2分） □3. 无抄袭（4分）		
6	团队合作和沟通表达（10分）	□1. 团队合作、集体责任、共同决策（5分） □2. 沟通表达、交流分享、分工明确（5分）		
		合计		
		教师签字		

任务小结

任务小结　　思政：自我调节能力　　任务测试　　企业案例

模块五　发动机排放控制系统检修

模块六　发动机电控系统常见故障诊断

参考文献

［1］杨智勇，金艳秋.汽车发动机电控系统检修［M］.北京：人民邮电出版社，2019.
［2］许建强.汽车发动机电控系统与检修［M］.北京：机械工业出版社，2018.
［3］张西振.汽车发动机电控技术［M］.北京：机械工业出版社，2021.
［4］上海景格科技股份有限公司.汽车发动机电控系统检修［M］.上海：华东师范大学出版社，2019.